magisches gartenjahr

ulrike ascher

magisches gartenjahr

von november bis oktober

hexenkunst
und grüner daumen

Ludwig

Für Omi – ohne die (noch immer unerreichten) Kirschen aus deinem Zaubergarten hätte ich vermutlich nie zu Harke und Spaten gegriffen.

For Violet – I hope my love and knowledge of gardening will some day match yours.

Wichtiger Hinweis:
Die Ratschläge in diesem Buch sind von der Autorin und vom Verlag sorgfältig geprüft worden. Sie bieten jedoch keinen Ersatz für kompetenten medizinischen Rat. Alle Leser sind für ihr Handeln selbst verantwortlich. Alle Angaben in diesem Buch erfolgen daher ohne jegliche Gewährleistung seitens des Verlages oder der Autorin. Eine Haftung der Autorin bzw. des Verlages und seiner Beauftragten für Personen-, Sach- und Vermögensschäden ist ausgeschlossen.

Umwelthinweis:
Dieses Buch wurde auf chlor- und säurefreiem Papier gedruckt.

Copyright © 2003 by Ullstein Heyne List GmbH & Co. KG, München
Der Ludwig Verlag ist ein Unternehmen der
Ullstein Heyne List GmbH & Co. KG
Gestaltung Umschlag: Kraxenberger Konzept & Design, München
Gestaltung Innenteil: Eisele Grafik-Design, München
Redaktion: Theresa Stöhr
Herstellung: Helga Schörnig, Angelika Kerscher, Gabriele Kutscha
Satz: Schaber Satz- und Datentechnik, Wels
Druck und Bindung: Weber Offset, München
Printed in Germany

ISBN 3-7787-5126-3

inhalt

Los geht's   7

lebendige kreisläufe 15

Das magische Gartenjahr   16
Von den Mondkräften   24
Zauberhafte Tage   28
Astrologische Planetenstunden   31

kleiner hexengrundkurs 39

Nur für EinsteigerInnen   40

winter - aus der ruhe kommt die kraft 79

November – wenn alles beginnt   80
Dezember – erstes Licht   98
Januar – die Kraft nimmt zu   114

frühling - leben pur 131

Februar – Aufbruch zu neuen Taten   132
März – Gärtnern im Gleichgewicht   145
April – fruchtbarer Mond   157

sommer – in der fülle leben 171

Mai bringt Fruchtbarkeit	172
Juni – im Zauberfeuer	188
Juli – weniger wird mehr	213

herbst – übergang und abschied 229

August – die erste Ernte	230
September – das Jahr im Gleichgewicht	244
Oktober – Jahresausklang	263

anhang 275

Adressen	276
Literatur	278
Autorin	279
Register	281
Bildnachweis	288

los geht's

Wäre es nicht eine fantastische Vorstellung, Sie würden nur einmal kurz mit dem Zauberstab wedeln und sämtliche Pflanzen in Ihrem Garten stünden am richtigen Ort und in voller Blüte? Oder alle Nacktschnecken, Blattläuse und Löwenzähne hätten sich mithilfe eines magischen Kopfnickens im Handumdrehen verflüchtigt? Das wäre zwar schön, würde Ihnen aber auch die gärtnerische Freude am Graben, Säen und Pflanzen rauben.   >>>

Und wo bliebe der Spaß beim Unkrautrupfen – Verzeihung –, Wildkrautjäten? Das ist so ähnlich, als wollten Sie auf jedes selbst gezogene Gewächs verzichten, nur weil es so schöne fertige Pflanzenarrangements zu kaufen gibt. Um Ihren Garten kurzfristig aufzupeppen, sind sie genau das Richtige, genauso, wie Sie zwischendurch auch gern mal eine Portion Mirácoli auf den Tisch stellen. Aber es geht doch nichts über eine selbst gekochte Pastasoße oder – auf die Botanik bezogen – über selbst gezogene oder zumindest selbst gepflanzte Bäume, Sträucher und Blumen. Diejenigen, die keinen Garten haben, seien auf den Balkon und die Fensterbank verwiesen, denn mit der Energie der vier Elemente und allen Geistern, die da sonst noch so in Ihrem grünen Salon wirken, können Sie blühende Landschaften erschaffen.

gärtnern wie
von zauberhand

Magische Gartenarbeit funktioniert zum großen Teil genauso wie die gewöhnliche. Sie werden auch dabei dreckige Hände bekommen und gelegentlich über Rückenschmerzen klagen, weil Sie den lieben langen Tag gebückt über Ihren Beeten verbracht haben. Magische GärtnerInnen tun aber noch ein wenig mehr.
Stellen Sie sich Ihren Garten als ein großes aufgeladenes Energiefeld vor, in dem die Kräfte der vier Elemente am Werk sind: Der Wind befruchtet Ihre Gartenblüten, trägt heilende Düfte an Ihre Nase. Das Feuer der Sonne sorgt für Wachstum und Kraft in Ihren Pflanzen und weckt nicht nur in Baum und Strauch alle Lebensgeister. Ohne die belebende Urgewalt des Wassers sähe Ihr Garten wohl kaum zauberhaft aus. Auch wir Menschen sind ganz und gar auf dieses lebenswichtige Element angewiesen. Die Erde schließlich trägt und nährt Ihre Pflanzen, und falls Sie Obst und Gemüse anbauen, sogar ganz

unmittelbar Sie selbst. Und auch der Brokkoli aus dem Gemüseladen kommt schließlich aus dem Schoß von Mutter Erde. Verbunden ist das alles durch etwas, das unsere Vorfahren den Äther nannten (nicht zu verwechseln mit dem Narkosemittel), was Sie auch Chi, Spirit oder Akasha nennen können. Es ist das fünfte Element, das alle anderen verbindet, durchdringt und zusammenhält.

Im Garten arbeiten Sie mit diesen fünf Elementen. Ein bisschen davon können Sie schon ahnen, wenn Sie sich mit geschlossenen Augen durch einen Raum bewegen. Wenn Sie ganz aufmerksam nachspüren, können Sie merken, wo eine Wand, eine Person oder sonst ein größerer Gegenstand in Ihrer Nähe ist. Manchmal vielleicht erst, wenn Sie direkt davor stehen und schon Gefahr laufen sich die Nase zu stoßen, aber probieren Sie diese kleine Übung mit geschlossenen Augen ruhig häufiger aus, und Sie werden merken, dass Sie Ihre Aufmerksamkeit schärfen. Oder Sie halten Ihre Hände aneinander und trennen sie dann langsam. Sie können Ihre andere Hand wahrnehmen, auch wenn schon mehrere Zentimeter zwischen Ihren Handflächen liegen und die Wärme nicht mehr zu spüren ist.

Vielleicht brauchen Sie aber eine wissenschaftliche Erklärung. Denken Sie an ein Atom. Da existiert eine Menge Zwischenraum und eine unglaubliche Menge an Energie, die das Ganze zusammenhält. Diese Energie fließt auch im Küchentisch, in Blumen, in Ihren Händen oder im Ozean. Egal, wie unterschiedlich, ob schnell oder langsam, groß oder klein, Energie ist der gemeinsame Nenner von allem. Magische Gartenarbeit geht bewusster mit dieser Kraft um und nutzt sie beispielsweise für schützende Eingangstore, harmonisch angelegte Balkonkästen und kleine Pflanzenwunder auf der Fensterbank. Magie ist der besondere Umgang mit dieser Energie, die das Universum im Innersten zusammenhält – eben ein magischer. Dieses magische Weltbild war in den Anfängen der Menschheit möglicherweise der Beginn von Religion, Philosophie und Naturwissenschaften: Das Wissen um den Ursprung gab der Kraft im Universum göttliche Namen, philosophische Überlegungen brachten vielleicht den einen oder ande-

Energie ist der gemeinsame Nenner von allem. Magische Gartenarbeit geht bewusster mit dieser Kraft um

ren dazu, über den vorzeitlichen Tellerrand zu blicken; Beobachtungen von Natur und Mitmenschen führten zu wissenschaftlichen Entdeckungen.

So manch ein äußerst vernünftiger Mensch ist heute felsenfest davon überzeugt, dass Magie blanker Unsinn ist, vermutlich weil sie sich nicht wie das Anrühren einer Instantsuppe unter Versuchslaborbedingungen wiederholen lässt. Gegenfrage: Haben Sie schon mal davon gehört, dass die berühmte Liebe auf den ersten Blick in einem Labor nachgewiesen worden wäre? Sparen wir uns also die Argumente und Gegenargumente, denn einen Menschen, der alles wissenschaftlich exakt bewiesen haben will, werden auch Sie weder überzeugen können noch wollen.

Reden wir lieber über die Pflanzen, die Sie gern wachsen lassen möchten. Auch diese nutzen die Kraft des Universums (oder Gottes oder wie immer Sie diese Energie nennen möchten), um zu blühen und zu gedeihen. Alles, was Sie hinzutun, unterstützt diesen Prozess. So können Sie darüber entscheiden, ob aus Ihrem Garten oder Balkon ein blühendes Wunder wird – oder eine Karstlandschaft, die Sie bei jedem Hinsehen nervt. Keine Panik, es ist mehr Spaß als Arbeit damit verbunden. Und darüber hinaus finden Sie in den entsprechenden Kapiteln dieses Buches auch Hinweise für besonders überarbeitete oder faule Hexen. Ob Sie nun ganze Monatszyklen mit Ritualen verbringen oder lieber nur eine Zehn-Minuten-Meditation machen möchten, auch das können Sie auswählen, mischen und umgestalten. Am besten ändern Sie alles, was immer Sie möchten, denn je persönlicher eine Zeremonie ist, desto mehr Kraft geht von ihr aus und entsprechend viel vermag sie zu bewegen. Legen Sie also unbekümmert los, beherzigen Sie aber den Hexenspruch: »Tu, was du willst, und schade niemand.«

so nutzen sie
ihr gartenbuch

Wie alle Gartenbücher bietet Ihnen auch dieses eine Fülle von einfachen und praktischen Anleitungen, also Tipps, was Sie wann in Ihrem Garten tun oder lassen sollten. Aber hier finden Sie eben noch das gewisse Extra, das magische Quäntchen: ein Ritual für Ihre Gartengeister oder eine bunte Energiespirale für kreative Höhenflüge beispielsweise.

Ungewöhnlich ist vielleicht auch der Beginn des magischen Gartenjahres im November, symbolisiert der Nebelmonat doch Tod und Vergänglichkeit, nicht Neubeginn und Leben. Weshalb es hier mal ganz spannend ist, im vermeintlichen Endpunkt den Anfang zu sehen, erfahren Sie an entsprechender Stelle – im Monat November.

Am wirkungsvollsten nutzen Sie Ihr neues Gartenbuch, wenn Sie schon im Winter ans nächste Jahr denken. Beginnen Sie also mit dem November-Kapitel und arbeiten Sie sich bis zum nächsten Oktober durch. Falls Sie zwischendurch – zum Beispiel im Wonnemonat Mai – auf dieses Buch stoßen, können Sie natürlich auch dann noch einsteigen. Blättern Sie dann einfach etwas hin und her, falls Sie mal nicht sicher sind, ob Sie alles ganz mitbekommen haben, oder falls Ihnen ein Begriff aus einem der Rituale keltisch vorkommt. Sie können auch lediglich die jeweiligen Gartenrituale, ganz ohne sich die Hände im Beet schmutzig zu machen, zelebrieren. Oder Sie verzichten umgekehrt auf die Rituale und wählen aus der Fülle der Pflanzen diejenigen aus, die Sie in der Erde zu einem magischen Hexengärtchen anlegen können. Für den ziemlich wahrscheinlichen Fall, dass Ihnen nicht hektarweise Gartenlandschaften zur Verfügung stehen, finden Sie zu den jeweiligen Pflanzen, Ritualen und Übungen Tipps – auch für das kleinste Fleckchen Erde.

Am besten blättern Sie dieses Buch als Erstes komplett durch und schauen sich an, wie und wo Pflanzen auftauchen, die Sie bereits kennen oder die Sie schon immer in Ihrem Garten ansiedeln wollten. Dabei werden Sie verschiedene Symbole entdecken. Sie sollen Ihnen dabei helfen, sich möglichst rasch zu orientieren und die für Sie geeigneten Vorgehensweisen herauszubekommen.

➜ **Der Pfeil verweist auf Erklärungen im »Hexen-Abc« (dann steht er direkt vor dem Wort) oder auf ein anderes Kapitel des Buches. Aber nutzen Sie auch das Register zum häufigen Kreuz- und Querlesen.**

✶ **Dieses Symbol kennzeichnet pflegeleichte Pflanzen, die kaum Arbeit machen – ein wichtiger Hinweis für alle faulen oder überarbeiteten Hexen.**

!!! **Dieses Zeichen warnt vor problematischen Pflanzen. Ob sie die Haut reizen, giftig sind oder vielleicht nur für Schwangere ungeeignet, wird bei den medizinischen Eigenschaften erklärt.**

 **Wenn Sie vor allem nach Ritualen suchen, ohne gleich zum Spaten greifen zu wollen, werden Sie bei diesem Symbol fündig.**

Folgende Symbole ordnen die Pflanzen
den jeweiligen Elementen und Planeten zu:

Elemente		
△	Feuer	
▽	Wasser	
▽ (mit Strich)	Erde	
△ (mit Strich)	Luft	
Planeten		
♃	Jupiter	
♂	Mars	
☉	Sonne	
♀	Venus	
☿	Merkur	
☽	Mond	
♄	Saturn	
Sonstiges		
✺	pflegeleicht	
!!!	Vorsicht geboten!	

Um die Rituale und Übungen im Buch ausführen zu können, sollten Sie bereits mit den Grundlagen der Magie vertraut sein. Doch ehe Sie Ihr Ränzel schnüren und in die Hexenschule wandern, schauen Sie sich die lebendigen Kreisläufe der Natur ein bisschen näher an.

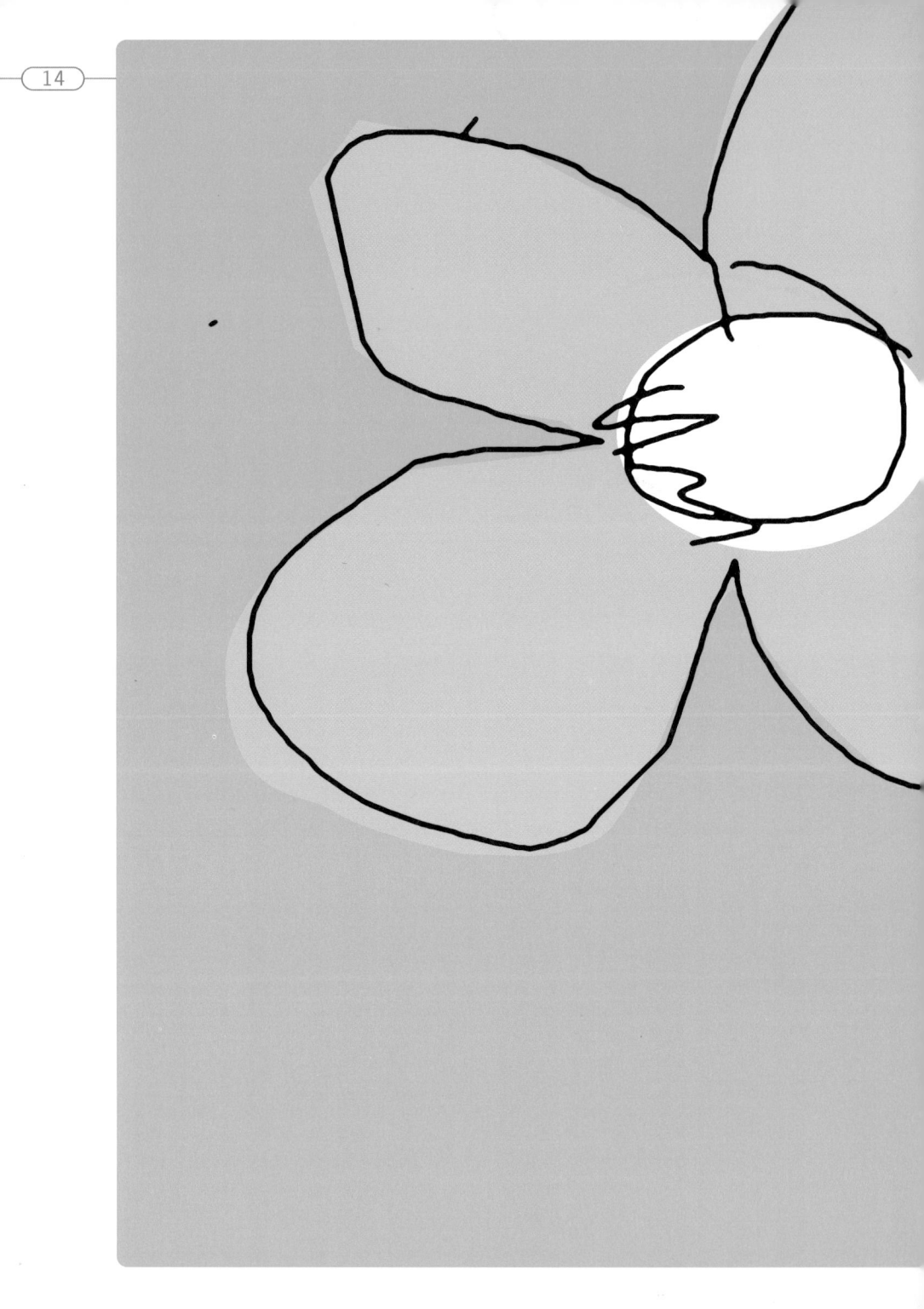

lebendige kreisläufe

- Das magische Gartenjahr
- Die kosmischen Mondphasen
- Der zauberhafte Tag
- Die astrologischen Planetenstunden

das magische gartenj

Im Gegensatz zum Gregorianischen Kalender beginnt das magische Gartenjahr im November - wie bereits erwähnt, wenn kaum jemand an Neuanfang oder Wachstum denkt. Falls Sie allerdings ein profimäßiger Gärtner oder ein Mensch mit grünem Daumen sind, werden Sie jetzt sofort protestieren. >>>

lebendige kreisläufe

Schließlich gibt es gerade im November einiges zu tun, wenn Sie im nächsten Jahr eine grüne Oase genießen wollen. Aber es ist nun einmal so, dass die meisten Menschen erst anfangen, über ihren Garten oder die Balkonkästen nachzudenken, wenn die ersten warmen Sonnenstrahlen im März den kommenden Sommer erahnen lassen – dabei hätte der Krokus schon im Vorjahr in die Erde gesetzt werden müssen.

Spulen Sie den Film also noch mal zurück auf den November, auch wenn Sie gerade auf Ihrem Balkon in der Maisonne sitzen. Beginnen Sie zumindest mental das Gartenjahr im Nebelmonat. Seit alters her war er die Zeit des Jahres, in der die Ernte eingefahren war und die Tiere, die nicht über den Winter gebracht werden sollten oder konnten, geschlachtet wurden. Die Vorbereitung auf den Winter und die Vorratshaltung lief auf Hochtouren. Zugleich ist der wetter- und vegetationsabhängige Winteranfang die Zeit, Dinge zu reparieren, die den Sommer über in Gebrauch waren, das Dach winterfest zu machen, dicke Pullover zu stricken oder einfach nur die warmen Decken vom Speicher zu

uralte mythen

Die vorchristliche Religion unserer Breiten war genauso wenig einheitlich wie das heutige Christentum, dennoch gibt es Übereinstimmungen: So wurde aus der großen Muttergöttin die heilige Maria, aus der weiblichen Dreifaltigkeit eine männliche und aus dem Leben spendenden Kessel der Muttergöttin der Kelch des Abendmahls, um nur einige der zahllosen Beispiele zu nennen. Die Verehrung der Großen Mutter versteht dieses Urbild als Quelle allen Lebens, als Urmutter aller Götter und Göttinnen. Ihr zur Seite steht ihr Gefährte, der das männliche Prinzip im Universum verkörpert. Beide tragen viele Namen und Gesichter, wie etwa Diana, Freya oder Pele; Cerunnos, Pan oder Apollo. Die Anhänger dieser Urreligion erleben sich als Teil der Natur und stellten sich alles im Universum als belebt und miteinander verbunden vor.

holen. Das traditionelle keltische Jahr (wie auch in anderen Kulturen) fängt mit einer Ruhephase an, wenn auch nicht mit einer Periode des Müßiggangs. Schließlich gab es damals mehr als genug zu besorgen und vorzubereiten, was uns heute Maschinen abnehmen. Wenn wir auch nicht gerade zu den Zeiten zurückkehren wollen, in denen es nötig war, genug Holz zu hacken, bevor der erste Schnee fiel, so lohnt es doch, sich an die alten Abläufe zurückzuerinnern.

winter – aus der ruhe kommt die kraft

Nutzen Sie das Ritual des Loslassens

Energetisch und somit magisch gesehen, ist die Winterzeit von Anfang November bis Ende Januar eine Ruhezeit, die aber von innerer Vorbereitung geprägt wird. Stellen Sie sich das wie eine Schwangerschaft oder die Entwicklungsphase eines Projekts vor: Es ist zwar viel los, aber sichtbare Ergebnisse sind eher rar. Ähnlich wie andere Vorhaben beginnen auch magische mit einer Aufräumphase. Sie schmeißen erst mal alles Alte auf den Kompost – sowohl alles übrig gebliebene Grünzeug als auch überholte Ideen. Nutzen Sie dafür das Ritual des Loslassens im Monat November, um sich von nutzlosem Ballast zu befreien. Es heißt ja auch schon bei Shakespeare, dass in den Raunächten die Grenzen zwischen der sichtbaren und der unsichtbaren Welt sehr durchlässig seien und es besonders leicht sei, mit der Anderswelt Kontakt aufzunehmen. Nützen Sie diese kosmische Chance! Dieser Jahresanfang gehört zu den Mondfesten und ist traditionell mit der Zeit des Neumonds verbunden. Um Verwirrungen vorzubeugen: Auch wenn das Samhain Anfang November zum Neumond gehört, nimmt dieser schließlich anschließend wieder zu, und Sie können getrost im Januar Ihre dort angegebenen Rituale zum zunehmenden Mond durchführen.

Nach dem alten Winteranfang folgt der Monat Dezember, in den eines der traditionellen Sonnenfeste – Mittwinter – fällt. Wie schon der Name sagt, liegt dieses Fest mitten im Winter, auch wenn in unserem Taschenkalender genau dort Winteranfang steht. Nach der alten Rechnung von Monden und Monaten beginnt mit der Sonnenwende das Lichtjahr, denn ab diesem Tag werden die Nächte wieder kürzer, die Tage länger – auch wenn das erst viel später auffällt. Das ist mit Ebbe und Flut vergleichbar: Wenn die Tide umschlägt, können Sie zwar noch nicht genau erkennen, wie weit das Wasser steigen wird, aber die Energie der Bewegung ist bereits eine andere, hat schon umgeschlagen.

Gönnen Sie sich in dieser Zeit öfter ein wärmendes Vollbad und eine Atemübung bei Kerzenlicht. Die Kraft dieser Jahreszeit besteht in ihrer sanften Stärke, die einen tief durchatmen lässt und dazu einlädt, endlich mal eine Pause einzulegen. Falls Sie jetzt schon ein kritisches Runzeln auf die Stirn bekommen, weil die Vorweihnachtszeit und die angeblich so stille Nacht alles andere als ruhig sind, dann tut gerade Ihnen die natürliche Energie dieser Zeit besonders gut. Sie gewinnen nicht nur an Ruhe, sondern stärken auch Ihre Kreativität fürs kommende (Garten-)Jahr. Wenn Ihnen Ihr Garten nicht genug kreative Entfaltungsmöglichkeiten bietet, überlegen Sie, wie Sie Ihre Schöpferkräfte sonst noch ausleben könnten. Vielleicht wäre es an der Zeit, endlich mal mit dem Klavierspielen, Malen oder Töpfern anzufangen. Sie können auch einen Yogakurs belegen oder im Kirchenchor mitsingen. Wie Sie sich selbst ausdrücken möchten, ist letztlich egal. Wichtig ist nur, dass Sie Ihrem Herzen und Ihrer Seele genug Auslauf gönnen. Auf Ihren Garten übertragen heißt das, zu planen, verrückte Ideen zu entwickeln oder einfach nur von Ihrem persönlichen Paradiesgarten zu träumen. Sollte er sich nur auf wenigen Quadratmetern Balkon verwirklichen lassen, können Sie sicher auch dort vorzüglich träumen – und die magischen Energien, die Sie wachrufen, sind sowieso dieselben.

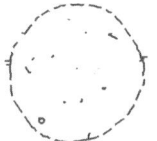 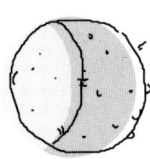 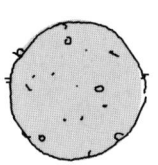 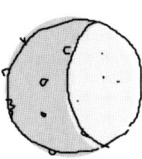

Der letzte Monat des Winterzyklus ist Januar. Hier liegt keines der großen Jahreszeitenfeste, die im Abstand von etwa sechs Wochen über das Jahr verteilt sind. Wenn es sonst schon keine wichtigen Angelegenheiten zu erledigen gibt, nützen Sie die Muße, sich mit der Kraft des Mondes eingehender vertraut zu machen. Schnappen Sie sich dafür eines der vielen Bücher, die zu diesem Thema auf dem Markt sind oder zelebrieren Sie zum Beispiel im November zum neuen Jahr ein Neumondritual für Ihren Garten. Der Neumond steht wie die Winterenergie für das Ende eines Zyklus und den Beginn von etwas Neuem, er symbolisiert per se das klassische »Stirb und werde!«. Im Januar nehmen Sie sich dann die erwachende Kraft des zunehmendes Mondes vor und entdecken dessen nützliche Eigenschaften für Balkon, Garten und Fensterbank – oder auch für den Rest Ihres Lebens.

frühling – leben pur

Den Frühlingsanfang, das nächste große Jahreszeitenfest, vermerkt der alte Kalender für den 2. Februar, der sicher noch manchen als Lichtmess in Erinnerung ist. Die Tage und damit die Energie des Lichtjahres werden zu dieser Zeit zunehmend stärker. Morgens ist es nicht mehr so dunkel und auch die Nachmittage enden deutlich nach vier Uhr. Die Lichterkönigin hat viele Namen, in Mitteleuropa heißt sie meist Maria. In Irland erinnert der St. Brigid's Day an die keltische Feuergöttin, die später zur christlichen Heiligen umfunktioniert wurde.

Auch Sie können zu diesen Tagen das Feuer des ersten Frühlings in Ihrem Garten wecken, indem Sie ➔ Kraftorte richtiggehend anfeuern. Diese Energiezentren kommen Ihnen im Sommer gelegen, falls Ihre Pflanzen mal Hilfe für gutes Wachstum oder gegen schädliche Plagegeister benötigen.

lebendige kreisläufe 21

In die Mitte des Frühlings fällt im März die Tagundnachtgleiche. Der modernen Zeitrechnung nach beginnt jetzt erst der Frühling. Wenn Sie allerdings ein Gespür für die Pflanzenwelt haben, wissen Sie, was sich da unterirdisch schon lange rührt. Diese Zeit im Jahreszyklus eignet sich besonders gut dazu, Ihre Kräfte im Gleichgewicht zu halten und das keimende Leben im Garten mit einer Zeremonie willkommen zu heißen.

Auch im letzten Monat des keltischen Frühlings, im April, liegt keines der acht großen Jahreszeitenfeste. Sie können sich deshalb mal wieder ganz entspannt der Kraft des Mondes widmen. Diesmal geht es um die Kräfte des Vollmonds, die schon die Fülle des Sommers ahnen lassen. Wenn Sie neben all den Arbeiten, die zu dieser Jahreszeit im Garten anstehen, noch ein magisches Quäntchen mehr tun möchten, stärken Sie die zunehmenden Kräfte der Natur mit einer bunten Energiespirale (➜ April).

sommer –
in der fülle leben

Den keltischen Sommer läutet der Tanz in den Mai ein, die Walpurgisnacht der Hexen auf dem Blocksberg. Dieser Monat und dieses Jahreszeitenfest sind ganz dem Thema Liebe und Leidenschaft verpflichtet. So wie es in Ihrem Garten grünt und blüht, treiben es auch Ihre Frühlingsgefühle – falls Sie nicht schon in festen Händen sind. Aber wenn Sie gerade auf Partnersuche sein sollten, ist dieses Fest ideal für einen Liebeszauber. Sind Sie zur Zeit gerade glücklich verbandelt, schadet ein klein wenig abgewandelter Liebeszauber Ihrem Garten auch nicht.

In der Mitte des Sommers liegt dem alten Kalender nach der Juni mit dem Mittsommerfest. Ob nun dank Shakespeare oder Woody Allen – die Mittsommernacht hat viel von ihrer magischen Kraft in unsere Zeit gerettet. Jetzt können Sie die Lebenskräfte Ihres Gartens stärken, indem Sie sonniges Gießwasser für trübere Tage ansetzen.

Mit dem Juli klingt der Sommer aus und auch in diesen Monat fällt keines der großen Jahreszeitenfeste; Zeit also sich etwas ausführlicher auf die Kräfte des abnehmenden Mondes einzulassen. Auch wenn es draußen noch so richtig heiß sein sollte, beginnt mit dem Reifen von Früchten und der nahenden Getreideernte energetisch bereits die Rückkehr zum Winter.

Im Garten haben Sie zu dieser Zeit mit dem richtigen Beschneiden von verblühten Pflanzen zu tun, was Sie mit einer magischen Übung zum Kompost verbinden könnten, ähnlich den Übungen zum Loslassen im November. So kurz vor der Ernte kommen leider auch allerhand Plagegeister zum Vorschein. Die Energie des abnehmenden Mondes eignet sich da hervorragend, um einen spirituellen Zaun um Ihre Beete zu legen (➜ Juli).

Die Energie des abnehmenden Mondes eignet sich hervorragend, um einen spirituellen Zaun um Ihre Beete zu legen.

herbst – das jahr rundet sich

Nach dem traditionellen Kalender beginnt der Herbst mit dem ersten der Erntefeste am 2. August. Jetzt wird alles eingebracht, was die Erde in diesem Jahr an Ertrag hervorgebracht hat, und Sie stellen sich auf diese Jahreszeit am besten ein, wenn Sie selber ein Erntedankfest für Ihre Gartengeister feiern. Genießen Sie zu dieser Zeit Ihren Garten oder Balkon, denn der nächste Winter steht schon vor der Tür.

September bringt wie schon der März eine Tagundnachtgleiche, doch jetzt ist nicht die ansteigende Energie das Ausschlaggebende, sondern die langsam nachlassende Kraft der Natur. Tag und Nacht sind zu dieser Zeit wieder im Gleichgewicht. Jetzt können Sie sehr gut erkennen, welche Schwachstellen Sie im nächsten Winter und Frühjahr beheben sollten, um auch die Balance Ihres Gartens wieder herzustellen. Schaffen Sie mit allerlei Zutaten ein energetisches Gleichgewicht, das Ihnen Ruhe und Harmonie für die nächste Jahreszeit verspricht.

Mit dem Oktober endet das magische Gartenjahr. Auch er ist wieder ein Monat ohne große Jahreszeitenfeste. Daher bietet sich auch hier noch einmal die Gelegenheit, der Energie des Mondes nachzugehen, diesmal liegt der Akzent auf dem Neumond, dessen Energie hier die Fülle des Jahres beendet. Seine Qualität liegt im Loslassen, das schon den Neubeginn in sich trägt und nahtlos in die Energie des beginnenden neuen Jahres im November übergeht. In diesen Tagen lohnt es sich, den Jahreszyklus Ihres Gartens und Ihres Lebens zu verfolgen. Außerdem wird es Zeit, in Ihrem grünen Zimmer aufzuräumen. Gönnen Sie auch Ihren Gartengeistern eine Zeremonie der herbstlichen Ruhe, die nicht nur Gartenzwerg und Blumenelfe entspannt, sondern auch Ihre eigene innere Gelassenheit bestärkt.

mond von den kräften

Es gibt sicher ganze Bibliotheken über die Kräfte des Mondes und seinen Einfluss auf uns und unsere Umwelt. Für Ihre Rituale empfiehlt es sich, die Energie der Mondphasen zu nutzen, wenn Sie dafür eine Antenne haben. Sie können dann mit einer unterstützenden Energie rechnen, ungefähr wie beim Segeln: Kommt der Wind von vorn, brauchen Sie etwas länger, um Ihr Ziel zu erreichen. >>>

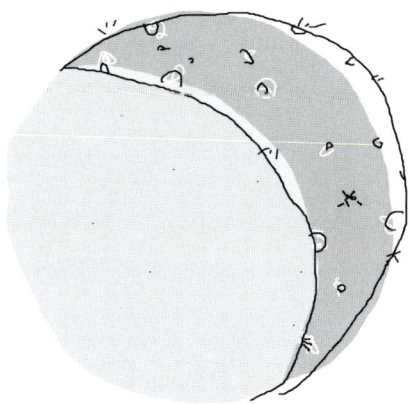

Bläst der Wind dagegen in die richtige Richtung, gleiten Sie mühelos auf Ihr Ziel zu. Um beim Beispiel zu bleiben: Wenn Sie mithilfe des Mondes, der Planeten, Tages- und Jahreszeiten arbeiten, dann weht für Ihre magischen Unternehmungen immer ein günstiger Wind.

Wenn Sie aber ein Ritual durchführen wollen, das gar nicht mit der gerade stattfindenden Mondphase übereinstimmt, bleiben Ihnen immer noch zwei Möglichkeiten: Zum einen können Sie es lassen und auf einen günstigeren Augenblick verschieben. Oder Sie wagen es einfach trotzdem. Seien Sie sich dann aber bewusst, dass Sie zusätzlich Unterstützung von Planetenstunden oder weiteren Utensilien sehr gut brauchen können. Gegen den Mond zu arbeiten heißt, dass Sie sich dann wie beim Segeln gegen den Wind einfach etwas mehr Anstrengung zumuten müssen.

Wenn Sie es sich leicht machen wollen, halten Sie sich möglichst an die Mondphasen, Jahreszeiteneinflüsse und was sonst noch so alles eine Rolle spielt, aber machen Sie sich damit auch nicht verrückt. Die Behauptung, ein Ritual hätte nicht wirken können, weil Sie es 50 Sekunden nach dem Wechsel vom zunehmenden zum abnehmenden Mond durchgeführt haben, ist schlicht Humbug. Wenn Sie die Mondphasen hilfreich in Ihren Knochen spüren, erledigen Sie automatisch alles zur richtigen Zeit. Falls Sie allerdings

Gegen den Mond zu arbeiten heißt, dass Sie sich dann einfach etwas mehr Anstrengung zumuten müssen.

gar nichts spüren, entgeht Ihnen auch wieder nicht so viel, da Sie dann sowieso aus Quellen schöpfen, die von anderen Kräften herrühren.

neumond

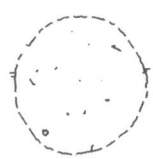

Als Neumond gelten die Tage, in denen der Mond auch am klaren Nachthimmel nicht zu sehen ist (was nicht ganz stimmt, da Sie sogar mit bloßem Auge noch einen winzigen Schimmer um den Neumond herum wahrnehmen können). Sie werden hier wie beim Vollmond merken, dass auch die Tage genau vor und nach dem eigentlichen Datum sehr viel von der Neumondenergie haben. Zu Neumond können Sie sowohl etwas beenden, was völlig ausgelaufen ist, als auch etwas ganz Neues anfangen. Wie der Vollmond hat also auch diese Mondphase eine doppelwertige Energie, die mindestens so stark ist wie die der anderen Mondphasen.

Fürs Gärtnern können Sie sich an diesen besonderen Tagen aussuchen, welcher der beiden Energien Sie den Vorrang geben wollen: ob Sie lieber den Schwerpunkt auf das Ende eines Kreislaufs legen oder eher den Neuanfang betonen wollen.

zunehmender mond

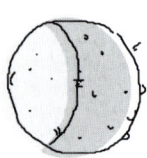

Diese Mondphase beginnt nach dem Neumond und dauert bis zum Vollmond. Wenn Sie sich nicht ganz sicher sind, wann denn nun genau der Mond umschwingt, lassen Sie vorsichtshalber einen Tag vorher und hinterher frei, dann ist garantiert, dass Sie Ihr Ritual im richtigen Mondzyklus abhalten. Während des zunehmenden Mondes können Sie besonders gut alle Rituale durchführen, die etwas heranholen oder wachsen lassen sollen.

Für Ihren Garten bedeutet das, in diesen zwei Wochen alles zu pflanzen, was über der Erde gut gedeihen soll. Dazu gehören übrigens auch alle Kräuter, deren Blätter Sie für Ihre Gesundheit, schmackhafte Gerichte oder als magische Begleiter für Kräuterbeutel oder Räucherwerk verwenden wollen.

vollmond

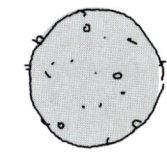

Zu den Vollmondnächten zählen energetisch – genauso wie zum Neumond – bis zu drei Nächte vor und nach dem eigentlichen Vollmondtermin. Das klingt nicht nur ungenau, das ist es auch. Je nachdem wie der Mond steht und in welchem Tierkreiszeichen, fällt er mal stärker und mal schwächer aus. Heute können wir dank modernster Technik auf die Sekunde genau den Vollmond berechnen (diese Uhrzeit steht in den meisten Taschenkalendern). Unsere Vorfahren haben sich da auf ihren Instinkt verlassen (müssen), und wenn Sie das auch mal probieren wollen, üben Sie ein Jahr lang das Mondritual (➔ April).
An Vollmondtagen können Sie Projekten einen zusätzlichen Kick geben, oder auch etwas abschließen, das auf seinem Höhepunkt angelangt ist.

abnehmender mond

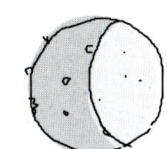

Während dieser Zeit, das heißt in den zwei Wochen zwischen Vollmond und Neumond, lässt sich gut abwehren, auflösen und beenden. Sie ahnen es schon: Fiese Viecher, die nichts auf Ihren Pflanzen zu suchen haben, können Sie dann für immer in die Wüste schicken. Außerdem eignet sich die Zeit des abnehmenden Mondes besonders gut zum Anpflanzen von Gemüsearten, deren Ernte unterirdisch heranreift.

zauberhafte tage

Nicht nur Sonne, Mond und Sterne können Sie bei Ritualen oder anderen Übungen unterstützen. Falls Sie eine geplante Zeremonie mal nicht zur »richtigen« Mond-Zeit abhalten können, dann wählen Sie sich zumindest den passenden Tag für Ihr Vorhaben. >>>

Wenn Sie tagsüber außer Haus arbeiten, verlegen Sie Ihre Aktionen auf den Abend oder aufs Wochenende. Falls Sie dabei an einem ungünstigen Tag landen, wählen Sie die richtige Planetenstunde, und schon gelingt Ihr Zauber. Lassen Sie sich von Ihrem Gefühl leiten, auch wenn Ihnen eine diplomierte Hexe höchst glaubhaft versichert, dass Ihr Zauber an diesem Tag unmöglich gewirkt haben kann. Verabschieden Sie sich von so jemandem am besten höflich, aber schnellstens.

Traditionell fangen Hexentage mit dem Sonnenuntergang an, das heißt, der Montag beginnt schon am Sonntagabend.

Sonntag

Dieser Tag gehört zum Planeten Sonne. Für Männer eignet er sich gut für einen Liebeszauber, da seine Energie – zum Feuer gehörend – eher in die Kategorie männlich fällt. Allgemein können Sie an diesem Tag alle freundschaftlichen Beziehungen magisch pflegen – auch die zu Ihren Gartengeistern.

Montag

Der Name verrät es schon: Der Tag steht unter der Mondenergie. Wenn Sie Ihr Selbstwertgefühl und eine gesunde Eigenliebe stärken möchten oder sich mehr Verständnis bei Partnern oder Freunden wünschen, dann wählen Sie einen Montag aus.

Dienstag

Mars beherrscht diesen Tag. Jetzt können Sie Ihren Mut und Durchsetzungswillen stärken. Schutzzauber für Ihre Privatsphäre und für blühende Gärten bekommen durch die Mars-Energie des Dienstags mehr Nachdruck.

Mittwoch

Wenn bei Ihnen im Kopf Funkstille herrscht, dann verschaffen Sie sich mittwochs besonders elegant Abhilfe dagegen. Dieser Tag gehört zu Merkur, dem Gott der Diebe und der gegenseitigen Verständigung.

Donnerstag

Er ist ideal für eine Bestandsaufnahme Ihres Gartens und seiner weltlichen Anteile. Er gehört zum Göttervater Jupiter und zu den Themen Besitzstand und weltliche Güter.

Freitag Der Tag der Venus ist der beste Tag, wenn Sie ein neues Kapitel in Ihrem Leben aufschlagen wollen. Außerdem eignet er sich besonders gut für Schönheitsrituale und natürlich alles, was zum Thema Liebe und Zweisamkeit gehört. Gönnen Sie Ihren Pflanzen venusisches Wasser, das mit einer entsprechenden Meditation aufgeladen wurde, damit Ihre Sommerblüher und die Obsternte noch üppiger ausfallen.

Samstag Der Samstag ist ein sehr guter Tag für jeden Zauber, der irgendetwas beenden soll. Zum Samstag gehört Saturn, der die Begrenzung symbolisiert. Wenn Sie einer alten Gewohnheit endlich Lebewohl sagen wollen, veranstalten Sie Ihren Trennungszauber samstags.

astrologische planeten stunden

Die hier zu findenden Planeten lehnen sich in ihrer Bedeutung sehr an die Tradition der westlichen Astrologie an. Astrologen mögen an dieser Stelle starke Verkürzungen verzeihen. >>>

Sonne Die *Sonne* ist im astronomischen Sinn kein Planet, zählt aber bei den astrologischen Zeichen als solcher. Sie steht für die Lebendigkeit und das Ich eines jeden Lebewesens. So wie die Sonne aus sich heraus Wärme und Licht ausstrahlt, so auch die Menschen, die unter ihrem Zeichen geboren werden (Löwe). Es geht dabei um den Lebenskern eines Wesens. Ohne Sonnenschein hätten Sie in Garten und Balkon nicht ein einziges Pflänzchen zu bewundern – mal ganz abgesehen davon, dass es Sie gar nicht gäbe.

Mond Der *Mond* ist ebenfalls kein Planet. Der Erdbegleiter steht für die sich ständig wandelnde Natur der Welt und für eine Energie, die nicht aus sich selbst strahlt, sondern eher widerspiegelt und im Miteinander stark ist (Sternzeichen Krebs). Er symbolisiert die unbewussten Kräfte in uns, den Instinkt. Ebenso starke Auswirkungen wie die Sonne hat der Mond auf das menschliche, tierische und pflanzliche Leben. Die Mondphasen beeinflussen sichtbar vor allem die Bewegungen allen Wassers auf dem Planeten. Seine Wirkung wird als eher weiblich bezeichnet, so wie die Sonne als männlich.

Merkur Der Planet *Merkur* steht für die Kommunikation, den Handel und allgemein den spielerischen und durchdachten Ausdruck. Nicht zuletzt ist dieser gewitzte Gott der Schutzherr aller Händler und Diebe (Zwillinge und Jungfrau). Er stellt die Vermittlung zwischen den beiden ersten Prinzipien – Sonne und Mond – dar. Blitzschnelle Erkenntnis gehört ebenso zum Merkur wie die leichtfüßige Verbindung zwischen den Elementen. Bei jedem Ihrer Rituale, besonders bei neuen, blickt Ihnen diese Energie über die Schulter.

Venus Die *Venus* ist der Planet für Liebe, Harmonie und Ästhetik. Die schönen Dinge des Lebens sind hier daheim. Nach der römischen Göttin der Liebe benannt, geht es hier wie beim Mond eher um ein weiblich empfundenes Prinzip. Das Venus-Prinzip des Tierkreiszeichens Stier bietet Ihnen alles, was eine Gärtnerin erfreut: reiche Erde, Fruchtbarkeit und Sinnlichkeit. Wenn es mehr Richtung Waage tendiert, verfeinert sich die Erdverbundenheit des Stiers zur klaren

Ästhetik. Als Gärtnerin sind Sie im Zweifelsfall mehr mit Ersterem als mit Letzterem beschäftigt, wenn auch ein gesundes Gefühl für Proportionen, Farben und ein Verständnis für die Energien dahinter sicher nützlich sind.

Mars

Beim *Mars* sind wir dann wieder ganz beim männlichen Gegenstück angelangt. Dieser Planet verkörpert Mut, Kraft, Angriffslust und Durchsetzungsvermögen. Doch auch große Leidenschaften in der Liebe können ebenso wie eine handfeste Auseinandersetzung mithilfe des Mars gewonnen werden. Sein Lebensprinzip ist das des Widders, der als erstes Zeichen im astrologischen Kreis steht.

Jupiter

Der *Jupiter* ist der größte Planet unseres Sonnensystems. Seine Energie entspricht der des Herrschers, nach dem er benannt wurde. Sie ruft uns auf, unseren Horizont zu erweitern und die Mechanismen hinter der offensichtlichen Oberfläche zu betrachten. Wer den Kopf über den Tellerrand hebt, um den Rest der Welt zu sehen, gönnt sich Jupiterenergie – und könnte zum Beispiel im Zeichen des dazu gehörenden Schützen geboren sein. Kein Planet lässt Ihre grünen Freunde üppiger wachsen.

Saturn

Der *Saturn* war im römischen Götterhimmel der älteste der Götter. Er sorgt dafür, dass alles zu seiner Zeit geschieht und dass die kosmischen Regeln eingehalten werden. Wenn Sie sich erden wollen, reden Sie am besten mit einem Steinbock. Das bringt Sie bei jedem Problem sofort wieder auf die materielle Seite einer Frage. Wenn Sie Steine bewegen oder Ihre Garten- bzw. Topferde besonders gut behandeln möchten, dann düngen Sie an einem Tag, der über viel Saturnkraft verfügt, also an einem Samstag.

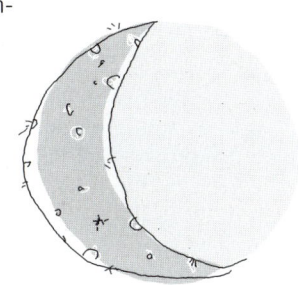

	Sonntag	Montag	Dienstag	Mittwoch	Donnerstag	Freitag	Samstag
1	Jupiter	Venus	Saturn	Sonne	Mond	Mars	Merkur
2	Mars	Merkur	Jupiter	Venus	Saturn	Sonne	Mond
3	Sonne	Mond	Mars	Merkur	Jupiter	Venus	Saturn
4	Venus	Saturn	Sonne	Mond	Mars	Merkur	Jupiter
5	Merkur	Jupiter	Venus	Saturn	Sonne	Mond	Mars
6	Mond	Mars	Merkur	Jupiter	Venus	Saturn	Sonne
7	Saturn	Sonne	Mond	Mars	Merkur	Jupiter	Venus
8	Jupiter	Venus	Saturn	Sonne	Mond	Mars	Merkur
9	Mars	Merkur	Jupiter	Venus	Saturn	Sonne	Mond
10	Sonne	Mond	Mars	Merkur	Jupiter	Venus	Saturn
11	Venus	Saturn	Sonne	Mond	Mars	Merkur	Jupiter
12	Merkur	Jupiter	Venus	Saturn	Sonne	Mond	Mars

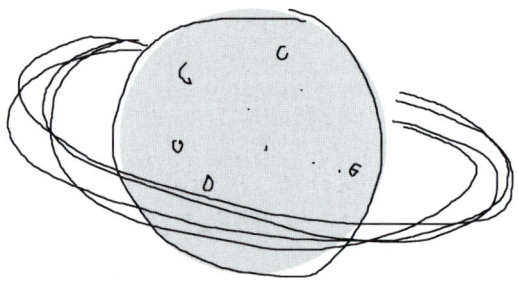

Falls Sie einmal für Ihre Gartenzeremonie nur einen bestimmten Tag zur Verfügung haben, der von seiner Energie überhaupt nicht passt, dann wählen Sie zumindest die entsprechende Stunde für Ihr Vorhaben.

Angenommen, Sie möchten ein Ritual durchführen, das mit der Venus in Verbindung steht, können aber wirklich nicht bis zum Freitag, dem Venustag, warten. Dann suchen Sie sich die Stunde zwischen Sonnenuntergang und Sonnenaufgang aus, die an Ihrem gewählten Tag von der Venus dominiert wird. Wenn Sie zum Beispiel an einem Sonntag zaubern wollen, ist die Venusstunde die vierte Stunde nach Sonnenuntergang.

Die Planetenstunden sind aufgeteilt wie die Tage der Woche. Achten Sie aber darauf, dass die Zeiteinteilung eines magischen Tages nicht Ihrer Armbanduhr folgt. Rechnen Sie stattdessen aus, wie viel Zeit zwischen Sonnenuntergang und Sonnenaufgang liegt (und umgekehrt) und teilen Sie sie durch die Zahl der Planeten, wie auf der Tabelle gezeigt.

Falls Sie also zum Beispiel einen Wunsch an Ihre Gartengeister haben und sicher gehen wollen, dass die Verständigung klappt, dann wählen Sie eine Stunde aus, die von Merkur beherrscht wird, der dann postwendend für einen regen Gedankenaustausch sorgt.

Neben den beschriebenen Planetenenergien gibt es astrologisch noch die drei Planeten Uranus, Neptun und Pluto, deren Einfluss für Sie nützlich sein kann, denen aber weder besondere Tage noch Stunden zugeordnet sind:

Uranus

Wer in seinem Leben irgendwie festhängt oder auch nur in seinem Garten völlige Tabula rasa machen will, der holt sich dafür Energie vom *Uranus*. Uranus ist immer dann gefragt, wenn es gilt, verstaubte Ansichten über den Haufen zu werfen oder alles mal von einer ganz anderen Warte aus zu betrachten. Diese Kraft wird Sie geradezu aufladen und mit plötzlichen Einsichten versehen, die mehr auf der überpersönlichen Ebene angesiedelt sind als die des Merkurs. Gönnen Sie dieser Energie mindestens eine Ecke in Ihrem Garten, wo Sie verrückt und rebellisch sämtliche Regeln zum Beispiel der Farbauswahl auf den Kopf stellen. Erlauben Sie sich zumindest im grünen Bereich Ihre eigene kleine Revolution. Dort könnte sich dann ein Wassermann besonders gut verstanden fühlen.

Vorsicht ist geboten, wenn Sie mithilfe dieser Energie etwas verändern wollen, denn diese Kraft lässt sich nicht so einfach bremsen. Uranus sendet plötzliche und sehr heftige Bewegung in Ihr Leben.

Neptun

Der *Neptun* herrscht nicht nur über das Element Wasser, sondern auch – wie könnte es anders sein – im Tierkreis über das Zeichen der Fische. Wenn Sie entweder zu viel oder zu wenig kostbares Nass in Ihrem Garten haben, lohnt sich ein Ritual zu Ehren eines der vielen Wassergötter. Neptun bringt Sie mit höheren Bewusstseinsebenen in Verbindung. Wenn Sie in Ihrem Garten diesen Einfluss verstärken möchten, werden Sie vielleicht nicht gleich vor Erleuchtung eine Hand breit über dem Boden schweben. Sie haben dann aber beste Aussichten, vielleicht schon bald das Wesen der Liebe selbst zu verstehen. Die Energie dieses Planeten besteht in der Auflösung aller Verbindungen, sodass sich alles harmonisch und intuitiv miteinander austauscht und ineinander aufgeht. Klingt etwas verwaschen – tja, so ist er halt, der Neptun.

> Wenn Sie entweder zu viel oder zu wenig kostbares Nass in Ihrem Garten haben, lohnt sich ein Ritual zu Ehren eines der vielen Wassergötter. Neptun bringt Sie mit höheren Bewusstseinsebenen in Verbindung.

D er letzte der traditionellen Planeten ist der *Pluto*. Sein griechischer Name lautet Hades und als solcher ist er als Herrscher über die Unterwelt bekannt. Die Energie dieses Planeten führt uns durch solche Prozesse wie Tod und Wiedergeburt, Reinigung und Neuanfang – ebenso wie sich die Jahreszeiten in der Natur immer wieder erneuern. Der Skorpion mit seinem giftigen Stachel symbolisiert den Wächter an der Schwelle in die ➜ Anderswelt.

Pluto

Pluto gehört nach der traditionellen Astrologie des Westens zum Übergang zwischen den Welten. Diese Energie ist besonders wirksam, wenn Sie sich mehr mit Magie und Ritualen beschäftigen wollen. Für Ihren Garten kann sie interessant sein, wenn Sie in einer Pluto-Ecke besondere Hexenpflanzen ziehen wollen.

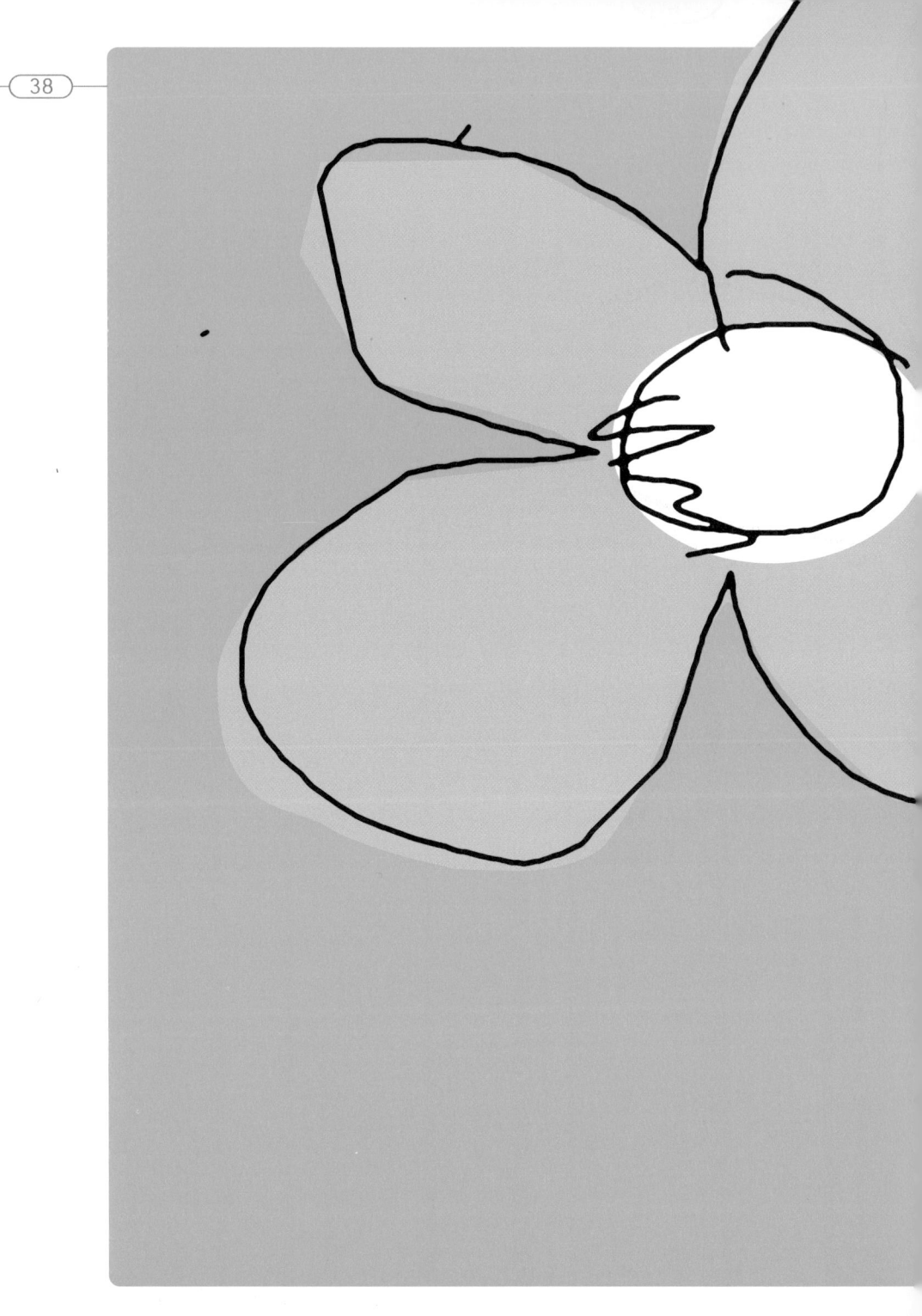

kleiner hexen grundkurs

Nur für Einsteigerinnen

nur für eins

Falls Sie noch nie etwas mit Magie und Ritualen zu tun hatten, lesen Sie sich am besten das folgende Kapitel durch, bevor Sie Ihren Zauberstab im Garten schwenken. Wenn Sie erst einmal wissen, wie es bei einem Ritual zugeht und was Sie dafür brauchen, können Sie alle Übungen und Rituale im Buch ohne weiteres »nachzaubern«. Falls Sie schon ein alter Hase sind und darauf brennen, sich in Ihre Harry-Potter-ähnliche Robe zu stürzen, um endlich den Nacktschnecken auf Ihrem Salat magisch eins auszuwischen, dann überblättern Sie dieses Kapitel und machen gleich beim Kapitel »November« weiter.

>>>

teiger innen

die anderswelt

Die Anderswelt liegt innerhalb und neben unserer alltäglichen Wirklichkeit. Wenn wir träumen, auch wenn wir in den Tag hineinträumen, berühren wir diesen Raum. Hier können Sie andere Bereiche der Wirklichkeit erschließen, die über Ihre alltägliche Wahrnehmung hinausführen. Immer wenn Sie ➔ schamanisch reisen oder magisch arbeiten, stehen Sie mit der Anderswelt in Verbindung. Dabei stellen Sie einen bewussten und zielgerichteten Kontakt mit dieser Anderswelt her.

In den Übungen und Ritualen wechseln Sie immer wieder zwischen verschiedenen Ebenen der Wahrnehmung hin und her. Im Alltag nehmen Sie die Welt mit Ihrem alltäglichen Bewusstsein und der alltäglichen Wahrnehmung auf. Wenn Sie magisch arbeiten, verschieben Sie Ihre Wahrnehmung. Es ist in etwa so, als wenn Sie vor sich hin träumen, nur dass Sie nicht nur einfach herumdriften, sondern Ihre Aufmerksamkeit gezielt auf die Anderswelt richten.

Wenn Sie noch ungeübt sind, sollten Sie nach magischen Ritualen und Ähnlichem nicht sofort ins Auto steigen oder sonstige Tätigkeiten ausüben, die Sie gefährden könnten, weil sie ebenfalls ein hohes Maß an Konzentration erfordern. Stellen Sie unbedingt sicher, dass Ihre Aufmerksamkeit wieder ganz im Hier und Jetzt angekommen ist, bevor Sie etwas Neues anfangen. Sofort geerdet sind Sie, wenn Sie etwas essen oder trinken, ein paar Nüsse und Wasser reichen schon aus, und die können Sie auch bei Ritualen außerhalb Ihrer vier Wände immer dabeihaben.

meditationen

Es gibt eine Vielzahl von Meditationsarten. Jede kann Ihnen helfen, sich auf Ihre magische Arbeit vorzubereiten und Ihren Kopf vom alltäglichen Kleinkram befreien. Es wäre für Ihr Ritual schließlich ziemlich abträglich, wenn Sie mittendrin dauernd an Ihre ungeputzten Schuhe oder den Abwasch vom vergangenen Tag denken würden. Wenn Sie noch nie meditiert haben, suchen Sie sich etwas aus, das Sie nicht auf eine bestimmte Weltanschauung festlegt (es sei denn, gerade das entspricht Ihnen). Sie können dann eher Ihren eigenen Weg ausprobieren und belasten sich nicht mit weiteren Gedanken, die wiederum in Ihren Ritualen ablenken könnten. Unter ➔ Visualisierung finden Sie eine kurze Übung, die Sie auch als Einstieg in ein Ritual verwenden können. Wählen Sie diese oder jede andere Alternative, die Sie ruhig und aufmerksam werden lässt.

Ob Sie nun einen ausgeglichenen oder eher chaotischen Lebensstil haben, es gibt eine ganze Anzahl verschiedener Meditationen, die Sie in Ihren Alltag einbauen können, selbst wenn Sie sich zu Anfang vielleicht nur zehn Minuten täglich gönnen.
Wichtig ist nur, regelmäßig über einen längeren Zeitabschnitt dranzubleiben. Je regelmäßiger Sie sich mit der von Ihnen gewählten

Übung beschäftigen, desto besser. Am einfachsten ist es, einen Kurs in der Volkshochschule zu belegen oder mit einem(r) Privatlehrerln zu üben. Sie haben dabei die Auswahl von Transzendentaler Meditation (TM) und Zen bis zu Bewegungs-, Farb- oder Atemmeditationen.

Selbst Tai Chi können Sie ohne weiteres dazu rechnen. Probieren Sie relativ geregelte Abläufe wie TM aus, wenn Sie eher Wert auf eine hierarchische Organisation legen. Sie können aber auch über das autogene Training einsteigen. Wenn Sie Unabhängigkeit schätzen, wählen Sie LehrerInnen, die keiner bestimmten Organisation angehören. Es ist übrigens nicht zwangsläufig alles gut, was teuer ist. Es ist tatsächlich so, dass alles Wissen umsonst ist, auch wenn Sie die Zeit Ihrer TrainerInnen andererseits nicht gratis erwarten können.

Wenn Sie eine Meditation testen wollen, ohne gleich wochenlang Verpflichtungen einzugehen, probieren Sie die Technik einfach einmal zu Hause aus.

Dafür eignen sich sanfte Meditationsarten, die zunächst nur als Entspannung spürbar sind. Wenn Sie ausdauernd bei der Sache bleiben, führt Sie jede Art von Meditation zu einer höheren Bewusstseinsebene.

Zu warnen ist dagegen vor allzu heftigen Techniken, die zu sprunghaften Veränderungen Ihres inneren Gleichgewichts führen. Auch Drogen bringen zwar vordergründig eine Abkürzung, was aber nützt sie Ihnen, wenn Sie gar nicht wissen, was eigentlich Ihr Ziel ist? Lassen Sie sich für alle Erfahrungen genügend Zeit. Wenn Sie sich nicht sicher sind, stellen Sie lieber eine Frage zu viel als eine zu wenig – und allein die Tatsache, dass Sie für einen Kurs oder eine Stunde bezahlt haben, sollte Sie nicht davon abhalten, Ihre Sachen zu packen und zu gehen, wenn Sie den Eindruck haben, dass diese Angelegenheit nichts für Sie ist. Es geht hier wohlgemerkt nicht darum, ob Ihr(e) LehrerIn etwas verkehrt macht. Eine Technik, die für Sie katastrophal sein kann, hilft vielleicht Ihrem Nachbarn zu einem Durchbruch.

Lassen Sie sich für alle Erfahrungen genügend Zeit. Wenn Sie sich nicht sicher sind, stellen Sie lieber eine Frage zu viel als eine zu wenig.

meditation zum ausprobieren

Suchen Sie sich einen ruhigen Platz, am besten setzen oder legen Sie sich immer an denselben. Auf diese Weise programmieren Sie Ihre Wahrnehmung auf die kommende Meditation, und sobald Sie sich dort niederlassen, werden Sie merken, wie Sie sich automatisch entspannen und in die richtige Stimmung kommen.
Machen Sie es sich bequem. Das fängt bei der richtigen Kleidung an. In einem engen Kostüm werden Sie kaum tief atmen können. Sorgen Sie auch dafür, dass Ihnen warm genug ist. Sobald Sie sich entspannen und ruhig werden, kühlen Sie automatisch ab. Legen Sie sich eine Decke um oder ziehen Sie warme Socken an. Wenn Sie sich im Yogasitz wohl fühlen, nur zu. Experimentieren Sie, bis Sie die angenehmsten Voraussetzungen für Ihre Entspannung gefunden haben.

Dann schließen Sie die Augen und beginnen damit, all Ihre Muskeln zu entspannen. Den meisten Menschen fällt das am leichtesten, wenn sie liegen, aber auch im Sitzen können Sie Ihre Schultermuskeln mal wirklich locker oder Ihren Kiefer herunterfallen lassen. Fangen Sie am besten bei Ihren Füßen an und arbeiten sich dann mit Ihrer Aufmerksamkeit weiter Ihren Körper hinauf bis zum Kopf. Besonders bei den ersten Malen brauchen Sie dafür mehrere Minuten Zeit. Mit etwas Übung können Sie sich wie auf Knopfdruck entspannen. Schwangerschaftsgymnastik ist übrigens eine fabelhafte Methode der Sofortentspannung – falls Sie damit Erfahrung haben, nutzen Sie diese als Einstieg in die Meditation.

atemmeditation

Wenn Sie entspannt sind, atmen Sie siebenmal tief ein und aus. Strengen Sie sich dabei möglichst nicht an, auch wenn Sie wirklich tief Luft holen. Stellen Sie sich vor, Ihre Lungen füllen sich von ganz allein, ohne Ihr Zutun. Atmen Sie ebenso ruhig und zwanglos aus.

Halten Sie nun ein Nasenloch zu und atmen wieder ein. Sie atmen diesmal durch den Mund aus. Machen Sie das Ganze fünfmal auf der einen und dann fünfmal auf der anderen Seite. So schaffen Sie eine Art Kreislauf der Luft durch Ihren Körper.

Die nächsten Atemzüge lang holen Sie wieder die Luft durch Ihre Nase herein und atmen durch den Mund aus. Visualisieren Sie dabei, wie Sie die Energie einatmen, die Sie gerade besonders benötigen. Wenn Sie sich nicht sicher sind, wie das geht, beginnen Sie am besten mit der Luftenergie, weil sich das am leichtesten mit dem Atmen verbinden lässt. Falls Sie Boden unter den Füßen brauchen, atmen Sie Erdenergie und so weiter.

Beim Ausatmen visualisieren Sie alles, was Ihnen im Augenblick im Wege steht und was Sie an Energie gerade gar nicht gebrauchen können. Halten Sie das mindestens sieben Atemzüge lang durch.

Danach atmen Sie wieder ganz normal weiter. Lassen Sie die Gedanken, die Ihnen vielleicht kommen, einfach gehen, halten Sie nichts fest, sondern bleiben Sie einfach in Ihrer Ruhe. Alle wichtigen Gedanken werden zur gegebenen Zeit zu Ihnen zurückkehren und dann können Sie sich immer noch mit ihnen beschäftigen. Das fällt Ihnen anfangs sicher schwer, aber wenn Sie diese Übung konsequent jeden Tag mindestens einmal machen, werden Sie merken, dass Sie nach und nach immer leichter in die Ruhe finden können.

Wenn Sie das Gefühl haben, nun sei es genug, nehmen Sie drei tiefe Atemzüge und atmen laut durch den Mund aus. Bleiben Sie noch einen Moment ruhig liegen und spüren Sie Ihrem Atem nach. Beobachten Sie einfach nur, ohne irgendetwas verändern zu wollen. Bewegen Sie nun Ihre Zehen und Finger und sagen zum Beispiel laut: »Ich bin hier.« Auf diese Weise stellen Sie sicher, dass Sie wieder ganz im Hier und Jetzt ankommen.

farbmeditation

Wenn es Ihnen zu langweilig ist, einfach nur so in der Gegend zu sitzen und ›om‹ oder Ähnliches zu summen, probieren Sie doch mal eine Farbmeditation aus. Sie beginnen dabei wieder mit Ihrem Atem.

Machen Sie es sich bequem und schließen Sie Ihre Augen. Atmen Sie siebenmal hintereinander tief ein und aus. Visualisieren Sie nun, wie Sie auf einer grünen Wiese stehen, umgeben von Gras und blühenden Blumen. Das Wetter ist schön und die Luft warm. Sie erblicken vor sich einen Regenbogen. Gehen Sie darauf zu, bis Sie an den farbigen Lichtsäulen angelangt sind.

Visualisieren Sie, wie Sie als Erstes in die Säule des roten Lichts eintreten. Spüren Sie die Energie der roten Farbe, atmen Sie Rot ein und aus, bewegen Sie sich darin, genießen und beobachten Sie, welchen Eindruck diese Farbe in Ihnen hinterlässt.
Wenn Sie vom Rot genug haben, gehen Sie als Nächstes ins Orange. Halten Sie sich auch dort wieder so lange auf, wie es Ihnen angenehm ist. Gehen Sie von hier aus ins Gelb, dann ins Grün, ins Blau und zuletzt ins Violett.

Schließlich treten Sie aus dem Regenbogen heraus, zurück auf die Wiese. Gras, Landschaft und Regenbogen verblassen langsam und Sie kehren mit Ihrer Aufmerksamkeit in Ihren Körper zurück. Holen Sie wieder siebenmal tief Luft. Sie können auch jetzt durch die Nase ein- und durch den Mund ausatmen. Bewegen Sie Finger und Zehen, bis Sie wieder ganz da sind. Dann öffnen Sie die Augen. Nicht zu hastig aufstehen, sonst wird Ihnen schwindlig!

Neben Entspannung und einer gehörigen Portion Energie bietet Ihnen die Farbmeditation auch noch die Möglichkeit, etwas über Ihre momentane Stimmung zu erfahren, je nachdem, welche Farbe Sie als angenehm oder unangenehm empfinden.

Zunächst einmal können Sie mithilfe Ihrer Empfindungen erkennen, an welcher Energie Sie gerade einen Mangel haben. Wenn Sie sich beispielsweise müde und schlapp fühlen, bringt Ihnen der Aufenthalt im roten Licht besonders viel. Kämpfen Sie aber momentan mit einem Schnupfen, fühlen Sie sich vermutlich im Blau besonders wohl.

Genauso wie Sie auf diese Weise Schwachstellen aufspüren, können Sie auch etwas über Ihre derzeitigen starken Seiten erfahren. Wenn Ihnen danach ist, durchs Grün einfach so hindurchzurauschen, dann könnte es sein, dass Ihre Erdung im Augenblick besonders gut klappt. Fällt Ihnen zu Gelb nicht viel ein, dann laufen vermutlich alle Projekte, mit denen Sie zurzeit schwanger gehen, hervorragend.

Wenn Sie beispielsweise eine der Farben möglichst schnell durchqueren wollen oder sich darin nicht wohl fühlen, ist das ein Anzeichen, dass Ihr Ego rumzickt und sich mit bestimmten Anliegen einfach nicht beschäftigen will. Mit ein bisschen Übung bekommen Sie aber sehr schnell heraus, ob Sie eine Farbe nur deshalb als unangenehm erleben, weil Sie über deren Energie gerade im Überfluss verfügen oder weil Sie einem wichtigen Thema in Ihrem Leben ausweichen.

Wenn Sie gern mit dieser kurzen Farbmeditation arbeiten, wenden Sie sie doch auch einmal in Ihrem Garten an. Wer beispielsweise vermutet, dass die eine oder andere Ecke darin nicht richtig schwingt, kann sie im Geiste mal mit der einen oder anderen Farbe aufladen. Aber bitte achten Sie darauf, es nicht zu übertreiben! Begnügen Sie sich zunächst einmal nur mit einer kleinen Dosis einer Farbe und sehen Sie dann weiter.

magische rituale

Einfach ausgedrückt ist ein magisches Ritual der eher ungewöhnliche Umgang mit jener Energie, die alles im Universum zusammenhält. Stellen Sie sich das wie beim Atmen vor. Sie können einfach nur Luft holen. Dann leben Sie fröhlich vor sich hin und es geht Ihnen (hoffentlich) einigermaßen gut, mal abgesehen von all den zufälligen Dingen, die Ihnen so über den Weg laufen und die ganz schön atemberaubend sein können. Oder Sie fangen mit Yoga oder einem anderen ganzheitlichen Training an und bringen dabei mit Ihrem Atem so manches ins Rollen.

So ähnlich funktioniert auch Magie. Sie wenden eine bestimmte Technik an, um etwas in Bewegung zu bringen. Ob Sie nun Rituale durchführen oder nicht, hängt ganz davon ab, ob Sie sich mit solchen Abläufen verbunden fühlen. Lassen Sie Rituale unbedingt sein, wenn Sie unsicher sind oder dazu überhaupt keinen Draht haben. Rituale sind keine Fertigsuppen, denen Sie nur die richtige Menge Wasser beimischen müssen und – schwuppdiwupp – sind Sie reich und berühmt und haben selbstverständlich einen Gärtner, dem Sie dann dieses Buch schenken können.

Lassen Sie Rituale unbedingt sein, wenn Sie unsicher sind oder dazu überhaupt keinen Draht haben.

Wenn Sie aber Spaß an Ritualen finden, überlegen Sie, ob Sie mehr der minimalistisch veranlagte Typ sind oder eher zu barocken Massenveranstaltungen neigen. Ein simples Fruchtbarkeitsritual kann nämlich eine halbe Stunde oder einen halben Monat dauern, je nachdem, was Ihnen mehr zusagt. Die Wirkung hängt nicht unmittelbar mit der Länge zusammen und beruht auch nicht auf der Menge der richtigen Zutaten.

Unsere Hexen-VorfahrInnen benützten einfache Küchengeräte für ihre Rituale. Diese unverdächtigen Gegenstände erschwerten es der Inquisition wenigstens ein bisschen, den Nachweis fürs Hexen zu erbringen.

Heute können Sie sich den Luxus gönnen, Ritualgegenstände ausschließlich für diesen Zweck zu verwenden, aber es müssen nicht juwelenbesetzte Kelche und brillant polierte Zauberstäbe sein. Richten Sie sich nicht nur beim Ablauf eines Rituals nach Ihren ganz persönlichen Bedürfnissen, sondern auch bei den Zutaten. Wenn Sie beispielsweise entweder eine sehr empfindliche Nase oder einen Rauchmelder im Haus haben, dann verzichten Sie lieber auf intensives Räuchern mit Salbei. Benützen Sie stattdessen ätherisches Öl. Die Energie bleibt dieselbe. Wenn Sie nicht gerade neben einer heiligen Quelle wohnen, segnen Sie das Wasser aus Ihrer Leitung.

Das Wichtigste ist Ihre persönliche Anteilnahme am Ritual. Egal wie ausgefallen Ihre Zutaten auch sein mögen, wenn Sie bei Ihrem magischen Kreis an das nächste Doppelkopfspiel denken, brauchen Sie sich über ausbleibenden Erfolg nicht zu wundern. Andererseits können Sie eine völlig unvorbereitete Zeremonie durchführen, weil sie gerade in diesem Augenblick für Sie lebenswichtig ist – und Sie erzielen trotz der »falschen« Mondphase sagenhafte Ergebnisse.

Garantiert ist bei einem magischen Ritual nur eines: Sie bekommen das, was Sie wirklich brauchen. Der Haken ist, dass wir selber häufig nicht wissen, was das ist. Besonders wenn wir tragische Verluste erleben, können wir die Frage nach dem Sinn oft nicht beantworten, und die Fähigkeit, zu diesem Zeitpunkt noch über das Gute in einer solchen Situation zu sinnieren, geht uns fast völlig ab. Erst viel später können wir erkennen, wie das vermeintlich katastrophale Ereignis unseren Lebensweg in eine Bahn gelenkt hat, die aus dem einen oder anderen Grund wichtig war – für uns oder für andere.

Vielleicht sind Sie der Überzeugung, dass wir nicht darüber entscheiden können, was genau uns im Leben begegnet. Aber selbst wenn Sie an ein fremdbestimmtes Schicksal glauben, es liegt immer noch bei Ihnen, wie Sie damit umgehen. Zumindest für die Art und Weise, wie wir unseren Lebensumständen begegnen, liegt die Verantwortung bei uns allein.

Schmeißen Sie also Ihre Kelche, magischen Steine oder Zauberstäbe nicht gleich auf den Müll, wenn das eine oder andere Ritual nicht sofort zu paukenschlagartigen Resultaten führt. Lassen Sie den magischen Kräften Zeit, zu wirken und das bestmögliche Ergebnis zum bestmöglichen Zeitpunkt herbeizuführen. Hängen Sie deshalb an jedes Ritual den Spruch an: »Es möge allen nützen!« So können Sie sicher sein, dass Sie nicht schon innerhalb kürzester Zeit bedauern müssen, dass Sie zwar den perfekten Gärtner gefunden haben, er aber mit Ihrem Tafelsilber durchgebrannt ist. Rechnen Sie immer mit Unerwartetem. Und wenn mal etwas nicht ganz richtig klappt, nehmen Sie es mit Humor.

sicherheit geht vor

Lassen Sie sich bei allem, was Sie tun, ob Gartenarbeit, Rituale, Zeremonien und Übungen, unbedingt von Ihrer eigenen Intuition leiten. Schließlich sollen Sie sich wohl und verbunden damit fühlen – ob in Ihrer Wohnung und auf Ihrem Balkon oder in Ihrem Haus und Garten. Leben Sie mit mehreren Menschen zusammen, können Sie alle mit einbeziehen, die das auch wollen. Selbst Kinder, sofern Erwachsene dabei sind. Stellen Sie sich das Ganze wie Feuerwerksraketen vor: Wer die Anleitung befolgt, ist auf der sicheren Seite. Nur wer unwissend und leichtsinnig damit herumspielt, kann etwas ins Auge bekommen.

Auch Zeremonien und Zaubereien können das eine oder andere Ungemach bereiten. Um noch ein Beispiel zu bemühen: Stellen Sie sich vor, Sie wollten ein Feuer machen, um zu grillen. Wenn Sie alles gut vorbereiten und sich an die Gebrauchsanleitung halten, geduldig alles in der richtigen Reihenfolge durchführen, können Sie sich hervorragend gegrilltes Fleisch und Gemüse schmecken lassen. Sollten Sie allerdings Spiritus in Ihren Grill schütten, den Rost mit bloßen Händen anfassen oder nicht auf die Zeit achten, braucht es keine hellseherischen Fähigkeiten, um zu behaupten, dass Sie eher die Feuerwehr unterhalten als Ihre Gäste.

Wie beim Grillen geht es auch in der Magie um die richtigen Zutaten zur richtigen Zeit, die dann bitte auch noch mit etwas gesundem Urteilsvermögen und Umsicht auf den Weg gebracht werden. Wenn Sie ein Ritual vorhaben, vergewissern Sie sich zunächst, ob Sie es ohne Störungen von Anfang bis Ende durchführen können. Das ist vor allem für Ihren Garten wichtig, denn da könnte der eine oder andere Nachbar seine Nase über den Zaun stecken und freundlich interessiert nachfragen, wieso Sie Zauberstab-schwingend mitten auf der Wiese stehen und irgendwelche gereimten Ungereimtheiten aufsagen. Wählen Sie also Ort und Zeit so aus, dass Sie von Anfang bis zur Beendigung genügend Spielraum haben, um mit allem fertig zu werden.

Gehen Sie lieber nach drinnen, wenn Sie auf Ihrem Balkon oder in Ihrem Garten mit Unterbrechungen rechnen müssen. Auch Zauberei in den vier Wänden für das Grünzeug draußen kommt energetisch am richtigen Ort an. Ihr Haus oder Ihre Wohnung ist mit dem Freien verbunden, denn zum einen gibt es da nicht nur einen räumlichen Übergang, sondern auch Ihre eigene Lebensenergie als BewohnerIn knüpft diese Verbindung.

Falls Sie einmal mitten in einem Ritual gestört werden sollten, springen Sie auf keinen Fall sofort auf, um sich der Unterbrechung zuzuwenden. Beenden Sie Ihr Ritual und öffnen Sie erst dann den klingelnden Freunden. Fiese Monster haben Sie zwar nicht zu erwarten, selbst wenn Sie mal unsanft unterbrochen werden sollten, es ist aber wichtig, dass Sie keine losen Energieenden zurücklassen. Sie fühlen sich sonst wie ein Schlafwandler, den jemand zu schnell aus dem Schlaf gerissen hat. Ihre Energie kann dadurch heftig durcheinander geraten und Sie können sich dabei sehr schlecht fühlen.

Wenn Sie mit anderen zusammen eine Zeremonie durchführen, vergewissern Sie sich, dass alle wissen, was sie wann machen. Am besten sprechen Sie vorher auch darüber, wie viel Erfahrung die Teilnehmer haben, damit alle auf dem gleichen Wissensstand sind oder sich von jemandem anleiten lassen, der bereits gute Kenntnisse besitzt. Dabei geht es nicht um vorturnende Gurus, sondern eher um geschickte Akrobaten. Stellen Sie sich vor, dass Sie mit Freunden jonglieren. Mittendrin entscheidet sich einer, Ihnen ein Messer statt einer Holzkeule zuzuwerfen – für einen geübten Jongleur ein Kinderspiel, für den Ungeübten eine unliebsame Überraschung.

Als Letztes sei noch erwähnt, dass es bei der Zauberei nicht ausschließlich darum geht, unter allen Umständen die eigenen Wünsche zu erfüllen. Gerade wenn Sie in Ihrem Garten werkeln, tun Sie das nicht nur zu Ihrem eigenen Vergnügen, sondern auch für andere, von Gartengeistern bis zu Mutter Natur.

Ebenfalls nicht zu unterschätzen ist das allgemein verbreitete Bedürfnis, anderen etwas Gutes zu tun. Ob das nun Ihr Gartenzwerg, Nachbar oder Liebling ist, spielt keine Rolle. Bevor Sie loslegen und für irgendjemanden einen ach so gut gemeinten Zauber auf den Weg bringen, finden Sie unbedingt heraus, ob der Adressat damit überhaupt einverstanden ist. Ist Ihr »Opfer« ein Mensch, fragen Sie ihn und machen erst weiter, wenn Sie ein klares Ja als Antwort bekommen. Handelt es sich um einen Gartenzwerg, Mutter Natur oder sonst jemanden ohne postalische Adresse, begeben Sie sich umgehend zu Ihrem Pendel (➔ Dezember), den Tarotkarten oder sonst einem esoterischen Anrufbeantworter und fragen nach. Auch jetzt legen Sie erst los, wenn Sie eine zustimmende Antwort bekommen haben.

Wenn Sie nicht glauben, gerade in der angemessenen Stimmung für ein Ritual zu sein, dann lassen Sie es lieber bleiben. Auch wenn Sie sonst irgendwelches Unbehagen spüren, fangen Sie gar nicht erst an, brechen Sie ab oder verschieben Sie es auf einen anderen Tag. Ihre innere Warnblinkanlage hat einen triftigen Grund, weshalb sie gerade jetzt und gerade hier anspringt, auch wenn dieser nicht auf Anhieb erkennbar ist. Lassen Sie sich nicht von Ihrem Verstand verwirren, der Ihnen vielleicht einredet, dass es doch der richtige Zeitpunkt wäre und alle Mondphasen günstig stünden. Wenn Ihre Intuition den Kopf schüttelt, dann leihen Sie sich lieber ein nettes Video, als ein Ritual durchzuführen. Auch wenn es Ihnen gerade heute unaufschiebbar dringend erscheint, selbst weltbewegende Dinge können meist noch einen Tag warten.

Wenn Sie über Ihre eigenen Grenzen hinweggehen und gegen den Willen eines anderen ein Ritual durchführen, sind Sie mitten drin in der schwarzen Magie. Sie senden etwas, was dort nicht hingehört. Eine alte Hexenweisheit besagt, dass alles, was Sie ausschicken, gleich dreifach zu Ihnen zurückkehrt. Vielleicht erwischt Sie diese Welle nicht heute oder morgen, aber zurück kommt sie auf jeden Fall. Meistens passiert es, wenn Sie überhaupt nicht damit rechnen und wirklich keinen Nerv dafür haben. Und plötzlich stehen Sie vor einem Problem, das Sie selbst vielleicht Jahre vorher angeschoben haben. Schon wegen dieser Unwägbarkeiten lohnt schwarze Magie überhaupt nicht. Ganz nebenbei gesagt, macht weiße Magie auch viel mehr Spaß. Wenn Dinge so richtig schön in Schwung sind und der Fluss der Energie Sie sanft auf Händen trägt, könnte das Leben gar nicht besser sein. Wer ist schon dumm genug, darauf zu verzichten? Zaubern Sie also nur mit dem ausdrücklichen Einverständnis aller Betroffenen.

Damit dann in Ihrem Ritual auch wirklich alles zum Besten läuft, hängen Sie an Ihre Wünsche immer den oben schon erwähnten kleinen Satz dran, der Ihnen so manches Kopfzerbrechen ersparen wird: »Es möge allen nützen!« Diese Formel ist Ihr Sicherheitsventil. Es kann passieren, dass Sie sich etwas wünschen, alle Beteiligten damit auch ganz und gar einverstanden sind, Sie aber schlichtweg etwas übersehen haben. Oder das Ergebnis stellt Weichen für eine Zukunft, die für Sie ungünstig wäre. Stellen Sie sich beispielsweise vor, Sie haben gerade mithilfe eines Rituals Ihren Traumgarten gefunden und ein halbes Jahr harter Arbeit hineingesteckt. Als Nächstes bekommen Sie Ihren absoluten Traumjob in einer anderen Stadt angeboten – in der Sie leicht genervt schon wieder auf die Suche nach Traumwohnung oder -garten gehen müssten ... Hätten Sie beim ersten Mal den Sicherheits-Satz an Ihr Ritual gehängt, dann wäre Ihnen diese überflüssige Arbeit erspart geblieben. Wenn Sie natürlich einfach nur gerne Gärten zum Leben erwecken, dann wird Ihnen die doppelte Arbeit nichts ausmachen.

grundritual

Rituale können etwas ganz Alltägliches sein – wie die Art und Weise, sein Frühstücksbrot zu belegen oder sich die Zähne zu putzen. Andere sind bedeutend und scheinbar kompliziert – wie eine Hochzeitszeremonie in einer griechisch-orthodoxen Kirche. Jede dieser rituellen Handlungen hat mit magischen Ritualen etwas gemein: Bekannte Abläufe wiederholen sich und versetzen damit den Geist in eine bestimmte Grundstimmung. Wer ein magisches Ritual vorhat, verwendet ebenfalls immer wiederkehrende Abläufe, selbst wenn er oder sie nicht jedes Mal genau dieselbe Handlung durchführt. Zu Beginn Ihrer magischen Karriere empfiehlt es sich allerdings, Ihre Rituale eher einfach zu halten. Sie haben dann weniger, was schief gehen könnte oder woran Sie unbedingt denken müssen. Je weniger Sie über den Ablauf als solchen nachdenken, desto mehr Energie bleibt für Ihr Ritual übrig.

Je einfacher, desto besser, zumindest am Anfang ist das so, und gilt auch für die Zutaten und Bekleidung. Verwenden Sie einfache Haushaltsgegenstände, bevor Sie sich in größere Ausgaben für spezielle Hexenutensilien stürzen. Auch jeder ganz gewöhnliche Gegenstand bekommt durch ein Ritual das gewisse Etwas und wird durch Ihre magische Handlung zum besonderen Zauberutensil. Das Wasserglas aus der Küche reicht für den Anfang also völlig. Wenn Sie weiterhin mit Ritualen arbeiten, können Sie entweder bei alltäglichen Haushaltsgegenständen bleiben oder aber Sie besorgen sich beispielsweise einen besonderen Kelch.

Auch was Ihre Bekleidung betrifft, lassen Sie es lieber bei etwas Schlichtem bewenden. Schließlich wollen Sie sich auf Ihr Ritual konzentrieren und nicht etwa durch einen herabfallenden Zauberhut oder einen brennenden Kleidersaum abgelenkt werden. Der magische Erfolg würde ausbleiben – im Gegensatz zur Feuerwehr.

Neben den wenigen grundlegenden Zutaten für ein Ritual brauchen Sie einen ➔ Kraftort, an dem Sie Ihre Utensilien aufbauen. Legen Sie sich rechtzeitig alles bereit und proben Sie eventuell den Ablauf vorher, damit Sie wissen, ob Sie genug Platz für alle Bewegungen haben und ob nicht doch noch etwas fehlt.

Für ein Ritual benötigen Sie in jedem Fall Gegenstände, die die vier Elemente symbolisieren: Räucherwerk für den Osten, Kerzen für den Süden, Wasser für den Westen und Erde für den Norden (➔ September).

Die vier Elemente im magischen Kreis

Noch bevor Sie mit der rituellen Handlung beginnen, reinigen Sie alle Gegenstände, die Sie benützen wollen. Gleichgültig, ob Ihre Utensilien nagelneu sind oder im Haushalt häufig gebraucht werden, jede fremde Energie, die nicht zu Ihrem Vorhaben passt, sollten Sie vorher beseitigen. Schließlich wollen Sie nur diejenigen Kräfte in Ihr Ritual aufnehmen, die dort hingehören, und nicht etwa auch den Krach mit den lieben Kleinen, die neulich mal wieder mit Ihren Ritualsteinen Fußball gespielt haben.

Bevor Sie loslegen, stellen Sie die Gegenstände für die Elemente in die entsprechenden Himmelsrichtungen. Achten Sie darauf, dass Sie genug Platz haben, innen wie außen einen Kreis abzugehen. Wenn es dafür nicht ausreichen sollte, bilden Sie mit den Gegenständen einen Kreis auf dem Boden oder einer anderen geeigneten Fläche, zum Beispiel auf einem Altar.

Sie schließen den Kreis, indem Sie nacheinander die Elementarwesen bitten, Ihren Kreis zu schützen und Sie in Ihrem Vorhaben zu unterstützen. Dabei gehen Sie im Uhrzeigersinn vor und fangen im Osten an. Wenn Sie keinen rechten Draht zu den Elementarwesen haben, können Sie auch Göttinnen, Erzengel oder die Hüter der Himmelsrichtungen anrufen. Sprechen Sie dabei mit Ihren eigenen Worten oder reimen Sie (➔ Zaubersprüche), ganz wie Ihnen zumute ist.

Während Sie den Kreis schließen, entzünden Sie für den **Osten, das Element Luft**, Ihr **Räucherwerk**. Denken Sie daran, Kohletabletten schon vorher anzuzünden, da sie eine Weile brauchen, bis sie durchgeglüht und brauchbar sind. Eine praktische Alternative zu Kohletabletten sind runde Metallnetze, die Sie über ein Teelicht legen. Dafür können Sie eine Duftlampe mit einem Einsatz für das Wasser verwenden, den Sie für Ihr Ritual herausnehmen und durch das Netz ersetzen. Dann entzünden Sie das Teelicht und streuen ein wenig Ihres Räucherwerks auf das Netz. Der Vorteil ist, dass keine dichten Rauchschwaden Ihnen den Atem verschlagen (wie bei den Kohletabletten) und Ihnen nur die feinstoffliche Energie Ihrer Mischung in die Nase steigt (an eine feuerfeste Unterlage denken, damit nichts anbrennen kann, falls Kerze oder Räucherwerk Glut verlieren!).

Für den **Süden, das Element Feuer,** entzünden Sie eine **Kerze** in der passenden Farbe (beim Garten und allem, was mit Wachstum zu tun hat, liegen Sie mit Grün immer richtig). Gehen Sie auch hier auf Nummer Sicher und sorgen Sie für einen stabilen Stand und feuerfeste Unterlage, mit genug Abstand zu allem, was anbrennen könnte, Sie selbst eingeschlossen. Die Kerze für die Himmelsrichtung können Sie auch bei anderen Ritualen weiterverwenden. Wenn Sie beispielsweise ein besonderes Thema über einen längeren Zeitraum begleitet – Sie könnten immer dann eine dicke Kerze anzünden, wenn Sie im Garten arbeiten –, verbindet die immer wieder angezündete Kerze auf Dauer alle Rituale miteinander. Vermeiden Sie, diese Kerze für andere Zwecke zu benutzen.

Für den **Westen, das Element Wasser,** nehmen Sie, falls möglich, frisches **Quellwasser**, das aus der Leitung oder Flasche tut es aber auch. Achten Sie allerdings darauf, dass es nicht abgestanden ist, es sei denn, Sie verwenden Regenwasser. Doch auch dies sollte kein altes aus der abgedeckten Regentonne sein. Wasser ist ein Element, das ständig in Bewegung ist, wirklich stehendes Gewässer ist in der Natur sehr selten, irgendein Austausch findet immer statt. Wählen Sie also Wasser, das dieser Energie möglichst entspricht. Sammeln Sie Ihr eigenes bewegtes Wasser, indem Sie im Garten oder auf dem Balkon eine Schale aufstellen, die eine so große Oberfläche hat, dass es darin ständig verdunstet und sich mit dem nächsten Regen auffüllt. Damit haben Sie Wasser innerhalb des natürlichen Kreislaufs,

auch wenn das nicht immer reichen sollte und Sie gelegentlich etwas Leitungswasser dazu brauchen.

Für den **Norden, das Element Erde,** nehmen Sie **Erde,** Sand oder einen Stein. Sie können auch Vogelsand (achten Sie darauf, dass dieser keine chemischen Zusätze enthält) oder Gartenerde verwenden. Am besten ist es, wenn Sie etwas benützen, zu dem Sie bereits eine Beziehung haben. Besser heißt in diesem Fall, dass Sie erheblich mehr Energie produzieren, wenn Sie Gegenstände und Ritualformen wählen, die Ihnen wirklich etwas bedeuten. Ein Ritual durchzuführen, wie man eine Instantbrühe anrührt, bringt nicht viel. Wenn Sie noch keine Übung haben, ist es meist sehr hilfreich, sich ein paar Tage zuvor eingehend mit dem Ritual zu beschäftigen, sich einen günstigen Zeitpunkt auszusuchen, alle Gegenstände liebevoll bereitzulegen, den Raum entsprechend vorzubereiten und vorher vielleicht sogar noch eine reinigende Dusche zu nehmen (➔ Reinigen und segnen).

Nachdem Sie die Geister (Engel, Hüter, Götter oder wen auch immer) der vier Himmelsrichtungen gerufen haben, drehen Sie sich weiter im Uhrzeigersinn der Mitte zu. Sie bilden damit eine Spirale, die sich im Uhrzeigersinn dreht und im Zentrum Ihres Kreises endet. Auf diese Weise schließen Sie den magischen Energiekreis.

Zuletzt rufen Sie in der Mitte die Geister der unteren Welten (das sind vielleicht Ihre persönlichen Krafttiere oder Elementargeister). Dann wenden Sie sich den Wesen der oberen Welt zu (das könnten zum Beispiel Engel sein) und bitten diese ebenfalls um Schutz und Unterstützung. Als Letztes wenden Sie sich der Mitte zu, dort, wo Sie in der mittleren Welt stehen. Sie bitten all Ihre persönlichen Helfer und Unterstützer, sich Ihres Rituals anzunehmen. So erschaffen Sie eine Art Energiekugel, innerhalb derer Sie Ihr Ritual durchführen.

Jetzt kommen Sie zum eigentlichen Anliegen Ihres Rituals, warum Sie Ihr Vorhaben überhaupt ausführen. Während Sie so nachdrücklich wie möglich ➔ visualisieren und sich vorstellen, wie Sie das erhalten, was Sie möchten, halten Sie sich im Mittelpunkt Ihres

Die Hauptsache im Mittelpunkt

magischen Kreises auf. Basteln Sie dort Wunschgeflechte oder schreiben Sie etwas auf Papier, Barke oder Holzstücke. Stellen Sie dort auch Kräuterbeutel her, wenn Sie diese für bestimmte Vorhaben in Ihrem Garten brauchen. Oder Sie setzen eine Pflanze in die Mitte und verbinden Ihren Zauber mit diesem Gewächs. Ihren Wünschen sind keine Grenzen gesetzt, seien Sie sich jedoch über die möglichen Folgen Ihrer Zaubereien im Klaren. Je intensiver Sie sich etwas vorstellen und je mehr Ihre Gefühle bei der Sache sind, desto besser werden die Ergebnisse Ihrer magischen Anstrengungen.

Halten Sie das Bild Ihres Wunsches eine Weile und schmücken Sie es nach allen Regeln der Kunst aus. Wenn Sie dann das Gefühl haben, gleich zu platzen, lassen Sie diese Energie mit Schwung los. Sie können dieses Loslassen auch noch mit einer entsprechenden Hand-, Arm- oder Körperbewegung verbinden, zum Beispiel wie wenn Sie einen Schwarm Vögel in die Luft werfen würden. Oder Sie pusten, schreien, springen in die Luft oder was auch immer Ihnen passend erscheint.

Wenn Sie mit allem fertig sind, öffnen Sie Ihren Kreis wieder, indem Sie sich von den Elementarwesen verabschieden oder von denjenigen, die Sie stattdessen gerufen haben. Diesmal geht es gegen den Uhrzeigersinn und Sie fangen in der Mitte an. Anschließend bedanken Sie sich oben, unten, dann im Norden und so weiter. Ob Sie Ihre andersweltlichen Helfer nun als Totemtiere, Engel oder geistige Prinzipien verstehen, spielt keine Rolle, wichtig ist nur, dass Sie eine sehr klare Vorstellung haben, mit wem Sie da »magisch telefonieren«, sonst kriegen Sie unter Umständen nur ein »falsch verbunden« zurück. Ein bisschen Recherche lohnt sich also, bevor Sie einen Donnergott oder eine Waldfee herbeirufen.

Erdung Für jedes Ritual ist es unerlässlich, sich hinterher zu erden, entweder bevor Sie den magischen Kreis öffnen oder unmittelbar danach. Sie lassen dabei alle Energie abfließen, die Sie eventuell aus Ihrem Ritual noch bei sich tragen. Am einfachsten ist es, wenn Sie sich auf den Boden setzen oder in die Hocke gehen und die Hände mit den Handflächen nach unten auf die Erde legen. Schließen Sie dann die

Augen und geben Sie alles ab, was Ihnen an Energie unpassend oder zu viel erscheint. Oder Sie essen einen Happen, denn jede körperliche Aktivität erdet Sie automatisch.
Wenn Sie Ihren magischen Kreis wieder geöffnet haben, können Sie einen traditionellen Spruch aufsagen, der deutlich einen Schlussstrich unter Ihr Ritual zieht:

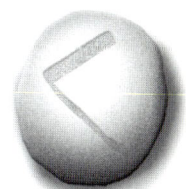

Der Kreis ist offen, doch ungebrochen,
froh auseinander und bald wieder getroffen.

Nach Ihrem Ritual legen Sie die Dinge beiseite, die Sie weiterhin benutzen wollen wie zum Beispiel Ihren Erdstein. Achten Sie darauf, dass Sie die Gegenstände, die Sie für magische Zwecke einsetzen, möglichst getrennt von anderen aufbewahren – und wenn Sie sie nur in einen Schuhkarton legen. Besser ist es, sich dafür einen eigenen Platz in der Wohnung zu reservieren, wo Sie ohne Störungen durch Haustiere, Kinder oder Lebensgefährten arbeiten können (➔ Altar, ➔ Kraftort).

Kerzen, die Sie in der Mitte Ihres Kreises für eine bestimmte Zauberei verwendet haben, sollten Sie auch nur dafür benutzen. Wenn Sie das Wachs nicht wieder einschmelzen wollen, um eine frische Kerze daraus herzustellen, wiederholen Sie ein Miniritual jeden Abend vor dem Zubettgehen, bis Ihre Kerze ganz heruntergebrannt ist. Oder lassen Sie – vorausgesetzt, Sie leben mit verständnisvollen MitbewohnerInnen zusammen – die Kerze in der Badewanne oder Dusche stehen, bis sie abgebrannt ist (da kann nichts Feuer fangen, wenn Sie den Duschvorhang in Sicherheit bringen).

Das im Ritual verwendete Wasser gießen Sie in ein fließendes Gewässer. Auch wenn Elbe, Isar oder Rhein nicht vor Ihrem Fenster vorbeifließen – aus ganz praktischen Erwägungen heraus gelten bei modernen Hexen auch normale Abflüsse als fließend. Lassen Sie also ein bisschen Wasser laufen und gießen Sie Ihr magisches dazu.

Ihr Räucherwerk entsorgen Sie bitte erst dann, wenn nichts mehr glüht und alles abgekühlt ist. Am besten wäre es, die Reste der Erde zu übergeben, zum Beispiel in einem Blumentopf auf Ihrer Fensterbank oder im Gartenbeet.

mondritual

Bei jedem Vollmond und/oder Neumond können Sie ein kleines Ritual oder eine kurze Meditation durchführen. Das muss nicht Stunden dauern, ein paar Minuten reichen schon aus.

Setzen Sie sich still hin und gehen Sie in die Ruhe, wie wenn Sie einen magischen Kreis schließen wollten. Dann nehmen Sie Verbindung mit der Kraft des jeweiligen Mondes auf. Am besten funktioniert das, wenn Sie ihn direkt sehen können, also abends. Falls das nicht klappt oder zu viele Wolken die Sicht versperren, visualisieren Sie den Mond. Bitten Sie um Informationen, welche Kraft der Mond zu diesem Zeitpunkt ausübt.

Sobald Sie nach Ihrer Meditation wieder ganz da sind, schreiben Sie in Ihr ➜ Buch der Schatten, was Sie erfahren haben. Vergessen Sie nicht, Datum und Uhrzeit dazuzuschreiben. Schauen Sie erst am Ende des Jahres nach, wie der Mond damals astrologisch stand (deshalb das Datum und die Uhrzeit). Auf diese Weise lernen Sie zunächst, Ihrer eigenen Beobachtung zu vertrauen und auf Ihr persönliches Empfinden in Bezug auf die Energie des Mondes zu achten, ohne von vermeintlich richtigen – weil astrologisch belegten – Zuordnungen abgelenkt zu werden. Sie können außerdem später feststellen, welche Planetenstunde gerade dran war. Notieren Sie diese zusätzlichen Informationen ebenfalls in Ihrem Buch der Schatten.
Besondere Unterstützung für Ihre Vorhaben bekommen Sie, wenn Sie ein Ritual mit mehreren Menschen zusammen zelebrieren. Tauschen Sie sich mit anderen aus und stellen Sie fest, wie sich Ihre Sicht einer bestimmten Energie von der anderer HexenmeisterInnen unterscheidet. Sie können auf diese Weise sehr genau feststellen, welche energetischen Vorgaben für Sie persönlich gut geeignet sind, wenn Sie zum Beispiel einen Zauber gegen Läuse oder für besonders rote Kirschen vorhaben. Vorschläge aus einem Buch wie diesem können Sie dann nach Ihren persönlichen Vorlieben abändern.

Ein netter Nebeneffekt dieser Übung ist, dass Sie ein hervorragendes Gespür für die Kraft um Sie herum bekommen und es Ihnen viel leichter fallen wird, sich auf den kosmischen Wind in Ihren Segeln zu verlassen.

medizinische und magische pflanzen

Alle Pflanzen dieser Erde können auf die eine oder andere Weise medizinisch und magisch angewandt werden. Ob Sie über Aromatherapie den Duft einer Blume einsetzen, um Ihr Wohlbefinden zu steigern, oder eine Blütentinktur (➔ August) herstellen, die Ihnen Linderung verschafft – Pflanzen oder auch nur einzelne Pflanzenbestandteile begünstigen seit Menschengedenken Gesundheit und Wohlbefinden.

Wenn Sie allerdings Pflanzen medizinisch nutzen wollen, ist es unerlässlich, genügend darüber zu wissen, um mögliche tödliche Irrtümer zu vermeiden. Denn der Fingerhut ist zwar schön anzusehen und hilft auch gegen Herzbeschwerden – wenn Sie allerdings in der Dosierung nicht Bescheid wissen, provozieren Sie eher einen Herzkasper als die erwünschte Anregung.

Falls Sie also nicht gerade Apotheker oder Ärztin sind, ist es ratsam, es bei den bewährten Hausmitteln bewenden zu lassen. Mit einem Kamillentee können Sie schwerlich jemanden umbringen, auch wenn selbst bei diesem so wirkungsvollen Mittel aus Großmutters Kräuterapotheke eine Anwendung über einen längeren Zeitraum nicht ratsam ist (die Wirkung lässt dann nach). Medizinische Anwendungen von Pflanzen sind deshalb in diesem Buch nur dort aufgeführt, wo auch Laien keine Katastrophen anrichten können. Sie ersetzen unter keinen Umständen eine ärztliche, homöopathische oder sonstige professionelle Diagnose oder Behandlung. Sie dienen nur dazu, Ihnen Ideen zu liefern, die Sie bei einer Behandlung ansprechen könnten. Wie schon gesagt, sind problematische Pflanzen deutlich gekennzeichnet (!!!). Auch noch so sanfte Naturheilmittel können bei falscher Anwendung ohne das erwünschte Resultat bleiben oder unerwünschte Nebenwirkungen nach sich ziehen. In den Pflanzenporträts wird besonders hervorgehoben, wenn Gewächse giftig sind. Für manche gibt es nur höchst eigentümliche und in jeder Beziehung mittelalterliche Rezeptvorschläge, die nicht zu unseren modernen Vorstellungen von Medizin passen. Oder Sie müssen einfach so vorsichtig mit Anwendung und Dosierung sein, dass es für Laien wirklich besser ist, gar nicht erst auszuprobieren, wie denn nun Narzissen wirken, wenn man in sie hineinbeißt. In diesen Fällen finden Sie keinerlei Angaben über medizinische Anwendungen.

Wenn Sie sich für Kräuterkunde und die heilsamen Eigenschaften von Pflanzen interessieren, beginnen Sie erst einmal mit Tinkturen oder mit der Aromatherapie. Nicht dass Sie da gar nichts falsch machen könnten, aber die Folgen sind – zumindest nicht auf Anhieb – tödlich.

Bei der magischen Anwendung ist es ähnlich wie bei der medizinischen: Wenn Sie nicht genau wissen, wie denn nun eine Flugsalbe zu mischen ist, dann ist es besser, gar nicht erst damit anzufangen. Sicher gibt es Schamanen im brasilianischen Urwald, die sich mit Magic Mushrooms und anderen bewusstseinsverändernden Drogen auskennen, doch wer erübrigt schon die Zeit, mal eben fünfzehn oder zwanzig Jahre dort zu verbringen, um sich die nötige Erfahrung anzueignen?

Bleiben Sie bei einfachen Dingen wie dem Räuchern mit Weihrauch, der ebenfalls eine wenn auch leichte Droge ist. Der Duft dieses Harzes unterstützt Sie sanft in Ihren Ritualen und Meditationen, ohne Sie mit einem chemischen Fußtritt an anderweltliche Orte zu befördern, an denen Sie sich einfach nicht zu Hause und sicher fühlen könnten. Nur aus Neugier lohnt dieser Trip nicht.

An denselben Prinzipien, die für einen um- und vorsichtigen Umgang mit unseren pflanzlichen Freunden zu medizinischen Zwecken von größter Wichtigkeit sind, orientieren sich die Hinweise für magische Anwendungen von Pflanzen. Auch hier werden Sie keine gefährlichen Vorschläge finden. Sie können die jeweiligen Anregungen sogar mit Kindern aufgreifen.

das hexeneinmaleins

Wenn Sie es genau nehmen, ist jede Zahl eine magische Zahl. Tatsächlich werden Sie allerdings nur etwa das erste Dutzend wirklich regelmäßig benützen. Vielleicht hängt das damit zusammen, dass wir, spätestens wenn es um dreistellige Zahlen geht, nur noch recht verschwommene Vorstellungen von der tatsächlichen Menge haben. Der Unterschied zwischen eins und drei ist dagegen sehr viel einfacher vorstellbar.

Eins
Diese Zahl steht für die Einheit aller Dinge und die Vollkommenheit, das Universum sowie die Quelle aller Kraft. Benutzen Sie einen einzelnen Gegenstand in Ihrem Garten oder in Ihren vier Wänden, um die Energie im Raum auf einen Punkt und damit in ihre Vollkommenheit zu lenken. Wenn Sie dafür zusätzlich einen geweihten Gegenstand verwenden, verstärken Sie diese Absicht.

Zwei
Sie gehört zu den sich ergänzenden Paaren. Wir sind es gewohnt, diese als Gegensätze zu betrachten. Wenn Sie allerdings vorhaben, länger mit magischen Ritualen zu arbeiten, dann lohnt es sich, diese Vorstellung über Bord zu werfen. Machen Sie sich lieber klar, dass es um ein Sowohl-als-auch geht. Denn was wäre schon der Tag ohne die Nacht, die Kälte ohne Wärme, die Entfernung ohne die Nähe?

Drei
Diese Zahl steht für jede Dreieinigkeit, die es gibt. Angefangen bei der ersten geometrischen Fläche, dem Dreieck, über die Dreiheit der Großen Göttin (Jungfrau, Mutter und Alte) bis zur Dreifaltigkeit (Vater, Sohn und Heiliger Geist) der christlichen Kirchen. Zauber-

sprüche wirken besonders gut, wenn sie dreimal wiederholt werden. Diese Zahl stellt außerdem die Verbindung zwischen den geistigen, körperlichen und spirituellen Fähigkeiten des Menschen dar.

Vier Das Gleichgewicht und die Ausgewogenheit wird durch die Vier symbolisiert. Sie spiegelt die Kreisläufe der vier Himmelsrichtungen, der Jahreszeiten und der vier Winde wider.

Fünf Dies ist eine besondere Zahl. Aus fünf Punkten können Sie das Pentagramm (➜ Dezember) formen, einen fünfeckigen Stern, der sich in einem Strich, ohne abzusetzen, zeichnen lässt. Die Fünf versinnbildlicht deshalb die Unendlichkeit und wie die Spirale die ständige Bewegung im Universum, die keinen Anfang und kein Ende kennt. Darüber hinaus steht sie für die fünf Sinne des Menschen sowie für die vier Elemente plus das fünfte Element ➜ Akasha.

Sechs Die Sechs verdoppelt die Drei und kann in einem Ritual als Verstärker wirken. Verwenden Sie statt drei Gegenständen sechs (neun, zwölf usw.) und fassen Sie diese zu Dreiergruppen zusammen.

Sieben Diese Zahl ist uns aus zahlreichen Märchen und Sagen wohl vertraut. Sie bezeichnet die ursprünglich sieben bekannten Planeten und gilt als magische Schutzzahl.

Acht Nicht nur Symbol für die Unendlichkeit, ist acht auch die Anzahl der Jahreszeitenfeste: Samhain (31. Oktober), Mittwinter (21. Dezember), Frühlingsanfang (2. Februar), Tagundnachtgleiche im März (21. März), Walpurgisnacht (30. April), Mittsommer (21. Juni), Erntefest (2. August), Tagundnachtgleiche im September (23. September).

Neun Eine Neun verdreifacht die Drei und gilt als heilige Zahl der Großen Muttergöttin. Verwenden Sie die Zahl ähnlich wie die Sechs, um die Zahl Drei mehrfach in Ihrem Ritual unterzubringen.

das hexen-abc

Akasha

Für diesen Begriff gibt es keine richtig gelungene deutsche Übersetzung, deshalb bezeichne ich Akasha lieber mit dem englischen Begriff »Spirit«. Grob gesagt beschreiben beide jene sehr schwer fassbare Energie, die alle Elemente im Innersten zusammenhält und beinhaltet und doch weit mehr ist als alle enthaltenen Bestandteile zusammengenommen. Es ist sozusagen das gewisse Etwas, die Extraportion Kraft, die aus der Anderswelt zu uns in die alltägliche Welt herüberreicht.
Im magischen Kreis gehört Akasha in die Mitte, dorthin, wo Sie Ihr eigentliches Ritual durchführen. Im Pentagramm steht es an der Spitze, die anderen vier Elemente verteilen sich auf die anderen vier Zacken (➜ Dezember: Dort finden Sie einen Infokasten mit Skizze).

Altar

Vergessen Sie für unser Thema, was Sie über kirchliche Altäre wissen, und nehmen Sie es ruhig eine Nummer kleiner. Jeden Ort, den Sie entsprechend vorbereiten, können Sie zu einem Altar weihen – ob für einen Tag oder für ständig. Reservieren Sie sich in Ihrem Garten eine gewisse Stelle, an der Sie grundsätzlich Ihre Rituale durchführen wollen. Stellen Sie zum Beispiel einen besonderen Pflanzentopf dorthin – die traditionelle Himmelsrichtung für einen solchen ➜ Kraftort ist der Norden. So können Sie zu Füßen einer besonders schönen Pflanze Muscheln, Steine, Wurzelstücke drapieren und je nach Jahreszeit umdekorieren. Oder Sie stellen tatsächlich die Statue einer Göttin oder eines Gottes in Ihrem Garten auf. Vielleicht einen Buddha oder ein besonders schönes Erbstück, Bild oder etwas anderes, das für Sie von Bedeutung ist und deshalb zu Ihrem heiligen Ort gehören soll.
Sie können auch symbolische Gegenstände für die vier Elemente und den Spirit aufstellen: Eine Schale mit Sand für Ihre Räucherstäbchen; einen Kerzenhalter für Ihre Kerzen, einen ➜ Kelch oder ein anderes Gefäß für das Wasser und ein Stein für die Erde. Für das fünfte Element, das Herzstück Ihres Altars, wählen Sie einen Gegenstand, der diese Mitte und den Zusammenhalt aller Elemente besonders gut versinnbildlicht.

Falls Sie einen Balkon haben, passt die Altar-Alternative im Blumentopf besonders gut. Vor allem, wenn Sie den Balkon nicht allein nutzen oder nicht möchten, dass andere mitbekommen, was Sie da so treiben, können Sie Ihren Blumentopf zwischendurch woanders unterbringen und vor neugierigen Augen oder kleinen Patschepfoten in Sicherheit bringen. Allerdings sollten Sie in diesem Fall lieber darauf verzichten, Ihren Altartopf zu bepflanzen. Die Gewächse würden den ständigen Wechsel von Licht und Temperatur verübeln. Und nichts wirkt unangebrachter als ein verdurstetes Pflänzchen auf einem Gartenaltar.

Buch der Schatten Jede Hexe, die etwas auf sich hält, besitzt ein Buch der Schatten. Ob Sie einen mittelalterlich anmutenden Folianten oder ein einfaches Schreibheft verwenden, bleibt Ihnen überlassen. Und schreiben können Sie mit allem, was Sie zur Hand haben – von Feder über Bleistift bis Kugelschreiber.

Sie benutzen Ihr Buch der Schatten immer, wenn Sie sich eine Sache merken wollen. Es ist so eine Art magisches Tagebuch, in dem Sie herumblättern können, wenn Ihnen der eine oder andere Zauberspruch entfallen ist oder wenn Sie noch mal nachschlagen wollen, wie Sie im letzten Jahr Ihr Ritual für Gartenzwerge durchgeführt haben. Schreiben Sie Ihre Beobachtungen, Erfahrungen, Rezepte und alles andere auf, das Ihnen persönlich wichtig ist.

Falls Sie gleichzeitig ein Traumtagebuch führen möchten, verwenden Sie dafür lieber ein anderes Buch. Sie kommen sonst leicht durcheinander und es kann über die Jahre sehr unübersichtlich werden. Technisch versierte Hexen sollen laut jüngsten Umfragen sogar Palmtops verwenden, die neben dem Bett liegen. Das hat den Vorteil, dass Sie jeden Begriff in Sekundenschnelle wieder finden können.

Göttliche Helfer Wenn Sie sich mit mehr als einer Göttin oder einem Gott verbunden fühlen, bitten Sie die eine oder den anderen aus dem folgenden Sortiment um Rat zur Tat – je nachdem, was Sie in Haus und Garten vorhaben. Bringen Sie ihnen dabei die notwendige Ehrfurcht entgegen. Denn die überirdischen Helfer können Berge versetzen, uneinsichtigen Sterblichen sind sie hingegen selten wohl gesonnen.

Aphrodite Die griechische Göttin der Liebe, Fruchtbarkeit und Schönheit würde sich in Ihrem Rosengarten besonders wohl fühlen. Richten Sie Ihr eine hübsche Ecke in Rot oder Rosa ein.

Aurora Die Göttin der Morgenröte, Mutter der aufgehenden Sonne. Von den Griechen auch Eos genannt. Stellen Sie ihr im Osten Ihres Gartens eine Ecke zur Verfügung oder an einem Platz, wo morgens die ersten Sonnenstrahlen Ihren Garten begrüßen.

Balder Nordischer Göttersohn, der seinem Vater Odin als Opfer dargebracht wurde. Er kehrte daraufhin in das Reich seiner Mutter Hel zurück, um am Ende der Welt (Ragnarök) wieder geboren zu werden. Nach der Götterdämmerung der alten gewalttätigen Götter sollte er ein neues goldenes Zeitalter beherrschen. Falls Sie im Norden Europas wohnen, weihen Sie diesem Gott zusammen mit einer nordischen Göttin eine Gartenecke und Sie können sicher sein, dass Ihnen die Geister Ihres Ortes gewogen sind.

Brigid Ein Name für die keltische Feuergöttin und dreifache Göttin (Jungfrau, Mutter, Alte). Die HüterInnen ihres heiligen Feuers in Kildare übernahm die katholische Kirche als Nonnen der heiligen Brigid. St. Brigid's Day liegt im christlichen Kalender Anfang Februar, genau am heidnischen Fest Imbolg, an dem die weibliche und die männliche Kraft im Universum (wie Tag und Nacht) im Gleichgewicht sind. In der christlichen Tradition wurde dieser Tag als Lichtmess (2. Februar) übernommen.

Cerridwen Keltischer Name der Großen Göttin. Sie erscheint als Furcht erregende Totengöttin, die in Gestalt einer Sau die Toten verspeist, damit sie aus ihr wieder geboren werden können. Ähnlich traten auch die griechischen und syrischen Göttinnen Artemis und Astarte in der Gestalt von Säuen auf. Diese Göttin können Sie besonders gut brauchen, wenn Sie einen Ihrer Trennungs- und Aufräumzauber vorhaben. Sie ist ebenfalls gut für Ihre Kompostecke.

Cybele Muttergöttin der römischen Mythologie. Ihr Tempel stand an der Stelle, an der sich heute der Petersdom erhebt. Römische Herrscher wie Augustus beteten zu ihr als einer wichtigen Instanz des römischen Götterhimmels. Sie wurde als Mutter aller Götter verehrt. Deshalb passt das Thema Fruchtbarkeit besonders gut zu ihr.

Demeter Muttergöttin der Griechen, der in den alten Heiligtümern von Mykene geopfert wurde. Die dort gefundenen Steingräber symbolisieren mit ihren langen schmalen Eingängen und runden Innenräumen den Körper der Göttin, in dessen Gebärmutter die Toten wieder geboren werden. Wie viele antike Göttinnen ist Demeter eine Fruchtbarkeitsgöttin und eignet sich besonders gut für jeden Zauber, mit dem Sie Ihren Garten zum Blühen bringen.

Diana Sie werden sich fragen, was denn die römische Göttin der Jagd in dieser Aufzählung zu suchen hat. Schließlich beherbergen Sie in Ihrem Garten keine wilden Tiere. Wenn Sie aber zum Beispiel eine heranwachsende Tochter haben, bietet sich diese Göttin als Schutzpatronin an, da sie ebenfalls jung und ungebunden ist. Bitten Sie sie außerdem zu Ihren Ritualen, wenn Ihnen eher ein wildwüchsiger Garten liegt.

Dionysos Einer der zahlreichen Namen für den Gefährten/Vater/Sohn der Großen Göttin. Als Gott des Weines und der Trunkenheit ist er wohl bekannt. Eine der vielen Verkörperungen des gehörnten Gottes, Herrscher über das Tierreich (wie Pan bei den Griechen oder Cernunnos bei den Kelten). Wenn Sie Gäste einladen, bitten Sie am besten diesen Gott mit zu Tisch, wundern Sie sich aber nicht, wenn es ein Gelage gibt. Eine Gabe an Dionysos verspricht reiche Weinernte, falls Sie einen Weinberg besitzen.

Eros Der griechische Gott der Liebe ist das Gegenstück zum römischen Amor. Beide tragen praktische Köcher mit Pfeilen bei sich, die sie bei Gelegenheit auf Verliebte abschießen, damit diese für immer und ewig verliebt bleiben. Ein kleiner Schrein in der passenden Gartenecke (zum Beispiel im Süden) bringt Eros' Energie in Ihren Garten und in Ihr Leben.

Freya Sie ist die Mutter- und Liebesgöttin des germanischen Götterhimmels, der die Erfindung der Runen zugeschrieben wird. Ihr Sohn/Bruder/Vater/Gefährte Freyr wurde an der Wintersonnenwende gefeiert, wenn er aus seiner Mutter/Schwester/Tochter/Gefährtin wieder geboren wurde. Ihr ist der Freitag gewidmet, der auch nach ihr benannt wurde. Deshalb gilt es als Glück bringend, an einem Freitag zu heiraten. Freya kann auch als »die Vielseitige« übersetzt werden: Sie ist Gestaltverwandlerin und Göttin der Katzen. Wenn ihre Tränen ins Meer fallen, wird daraus Bernstein; ihr verdanken die nordischen Poeten ihre Inspirationen. Falls Sie Ihr Leben mit samtpfotigen Hausgenossen teilen, können Sie mit Hilfe von Freya für diese Schutzzauber und andere Rituale veranstalten.

Gaia Sie ist eine der ältesten Göttinnen des Mittelmeerraums. Bei den alten Griechen gilt sie als eine der Urmütter aller Götter und Göttinnen und ist selbst eine starke Erdgottheit.

Hera Die stets als eifersüchtig dargestellte Gattin des Zeus glauben wir bestens aus Fernsehserien und Sagen zu kennen. Sie werden sich vermutlich bestens an ein ewig nörgelndes Hausmütterchen erinnern, das auch dem armen Herkules das Leben schwer machte. Wenn Sie mal die Propaganda weglassen, kommt eine der mächtigsten Göttinnen des Olymps zum Vorschein. Ihr Wort war Gesetz, und selbst Zeus konnte es nicht wagen, sich über ihr Urteil hinwegzusetzen. Unter Heras Schutz stehen Heim und Herd, Partnerschaft und Familie. Die ideale Schutzgöttin für Haus und Hof also.

Kore Einer der ältesten griechischen Verkörperungen der Großen Göttin, besonders hinsichtlich der Bedeutung als Jungfrau. Ihren heiligen Tag am 6. Januar übernahmen die Christen später als Epiphanias. Das Fest der Kore kennzeichnete die Geburt des Gottessohnes, den Beginn eines neuen Sonnenjahres. Das heilige Zeichen der Göttin Kore ist ein Pentagramm (→ Dezember); heilig ist ihr außerdem der Apfel, dessen Kerngehäuse wie ein fünfzackiger Stern geformt ist. Sie ist eine *der* Göttinnen, wenn es um Fruchtbarkeit jeder Art geht.

Mars Der römische Gott des Krieges und des Kampfes. Mars entspricht dem nordischen Gott Tiw, der wie Mars zugleich ein Gott der Fruchtbarkeit ist. Als Symbol für den Liebesakt tragen beide den Speer, Sinnbild für die männliche Kraft, und einen Schild als Symbol der weiblichen Stärke.

Medea Muttergöttin, deren Name aus dem Sanskritwort für Weisheit (medha) abgeleitet wurde. Sie ist die Hüterin heilender Kräfte (aus der gleichen Sprachfamilie kommt auch der Begriff Medizin) und kann in ihrem heiligen Kessel die Toten zum Leben erwecken (→ Kelch). Wählen Sie diese Göttin, wenn Sie mit den Kräutern in Ihrem Garten nicht nur Ihr Essen würzen, sondern diese auch zum Heilen benutzen wollen.

Pan Der gehörnte griechische Gott der Wälder und wilden Tiere. Die gefiederten Lebewesen und die Pelztiere stehen unter seinem Schutz. Wenn Sie Haustiere schützen wollen oder einen Bauernhof haben, kann Ihnen dieser Gott hilfreich zur Seite stehen.

Pele Die hawaiianische Feuergöttin wird auf der pazifischen Insel noch heute verehrt. Ihre Vulkane lassen ununterbrochen neues Land entstehen und damit fruchtbare Erde für Pflanze, Tier und Mensch.

Ran Sie ist die germanische Meeresgöttin, das Gegenstück zum römischen Neptun.

Saturn Der römische Gott des Todes. Seine Anhänger trugen schwarze Gewänder. Seine Jahreszeit ist der Winter, sein Fest die Wintersonnenwende. Er steht für den Übergang zwischen Leben und Tod, zwischen Tod und Wiedergeburt.

Sol Germanische Sonnengöttin. War zwar für die Wärme auf Erden zuständig, lebte aber auch in ihrem unterirdischen Palast in Hel, der Unterwelt, und beherrschte also auch diese. Nach der Götterdämmerung sollte Sols Tochter Sunna die Aufgaben ihrer Mutter übernehmen, der neuen Welt Wärme und Licht bringen und gemeinsam mit Balder über das neue Paradies herrschen.

Sophia Sie ist die Göttin der Weisheit. Die christlichen Gnostiker sahen in ihr die Mutter des Gottvaters, die schon existierte, bevor er die Welt erschaffen hatte. Ihr Sinnbild ist die Taube und sie wird oft als der Heilige Geist in der Dreieinigkeit bezeichnet. Wenn Sie in Ihrem Garten oder auf dem Balkon besonders für Ihre persönliche Erleuchtung sorgen wollen, wenden Sie sich an Sophia.

Tiamat Sumerisch-babylonische Göttin des Meeres und der Tiefe, aus deren formlosem Sein die Welt geboren wurde. Wenn Sie Inspiration für neue Gartenanlagen brauchen, wenden Sie sich an diese Göttin.

Wotan Ein germanischer Name des nordischen Gottvaters Odin. Der Wotanstag, heute der Mittwoch, war ihm heilig. Er geleitete die Toten in die Unterwelt. Wählen Sie diesen Gott aus, wenn Ihnen Merkur für den Mittwoch nichts sagt.

Zeus Griechischer Göttervater, Jupiter bei den Römern. Herr über Sturm, Blitz und Donner. Wenden Sie sich an diesen Herrn, wenn Sie gutes Wetter brauchen.

Kelch

Wenn Sie öfter Rituale durchführen, lohnt es sich, einen Behälter, in dem Sie das Wasser für den Westen aufbewahren, anzuschaffen. Das ist dann der berühmte Kelch, der für Gartenrituale wirklich wasserfest sein sollte, damit er auch mal im Regen draußen bleiben darf. Ein Kelch aus Holz beispielsweise würde sich also nur zu dekorativen Zwecken eignen.
Der rituelle Kelch steht in sehr enger Verbindung mit dem Kelch des Abendmahls der christlichen Kirche, der wiederum auf den noch älteren Mythen des großen Kessels der Wiedergeburt beruht (➜ Medea).

Kraftort

Jeder Platz, an dem Sie sich besonders gestärkt oder energetisch aufgeladen fühlen, kann Ihr persönlicher Kraftort sein. Das bedeutet nicht, dass Sie in Ihrem Garten einen meterhohen Steinkreis errichten müssen oder grundsätzlich nur an einem Hünengrab Rituale feiern können. Lassen Sie sich von Ihrer Umgebung inspirieren und wählen Sie eine Stelle, an der Sie sich besonders wohl fühlen. Wenn Sie mit anderen gemeinsam eine Zeremonie planen, dann suchen Sie gemeinsam einen Ort dafür aus. Sie können aber auch Ihren ganzen Garten oder Balkon zu einem Kraftplatz machen, indem Sie zum Beispiel Halbedelsteine in Ihre Gartenplanung einbeziehen (➜ Januar).

Reinigen und segnen

Sie können magische Gegenstände auf viele Arten und Weisen reinigen. Welche Sie auswählen, hängt vom Material Ihrer Gegenstände ab und davon, was Ihnen am besten gefällt. Wenn Sie mit Steinen arbeiten, können Sie einfaches Wasser verwenden, wenn Sie eine Feder klären möchten, bietet sich zum Beispiel Rauch an. Wenn Sie nichts weiter zur Hand haben, können Sie unerwünschte Energien auch einfach wegpusten.
Blasen Sie kräftig über Stein oder Kerze und ➜ visualisieren Sie, wie sich alles löst, was da nicht hingehört. Schicken Sie die unerwünschte Energie mit einem freundlichen Dankeschön an Mutter Erde fort, verbunden mit dem Wunsch, sie an geeigneter Stelle einzusetzen.

Bevor Sie gekaufte Gegenstände in einem Ritual verwenden, sollten Sie diese unbedingt einer Reinigungszeremonie unterziehen. Es ist einfacher mit ihnen zu arbeiten, wenn Sie nicht die »spirituellen Fingerabdrücke« eines jeden mit berücksichtigen müssen, der Ihren Gegenstand irgendwie bearbeitet oder irgendwann einmal in der Hand gehabt hat.

Segnen können Sie Ihre Gegenstände ebenfalls ganz einfach, indem Sie eine kurze Meditation mit ihnen durchführen und dabei visualisieren, wofür sie Ihnen in Zukunft dienen sollen. Damit eignen Sie sie ihrer neuen Aufgabe zu, vergleichbar einem Versprechen. Achten Sie darauf, die so gesegneten Zutaten dann auch wirklich ihrem Vorhaben entsprechend einzusetzen.

Schamanische Reise

Neben Ihren Ritualen können Sie sich auch auf eine geistige Reise begeben, um die Dinge in Ihrem Garten (und in Ihrem Leben) in Bewegung zu bringen. Die hier beschriebene Form ist nur dazu geeignet, schnell Informationen zu finden, und Sie sollten Sie auch nur dazu anwenden. Wenn Sie sich grundsätzlich für diese Form der Fortbewegung in spirituellen Welten interessieren, dann lernen Sie am besten richtig, wie es funktioniert (➔ Adressen).

Wählen Sie als Eingang in die andere Welt einen Ort aus, an dem Sie sich wirklich wohl fühlen und den Sie gut kennen. Am besten eignet sich dafür ein Platz, der Ihnen sehr lieb und vertraut ist, weil Sie ihn unter Umständen recht häufig aufsuchen werden. Dieser Ort ist Ihr Anker in der mittleren Welt. Sehr gut eignet sich zum Beispiel ein großer alter Baum, den Sie vielleicht noch aus Ihrer Kindheit kennen. Setzen Sie sich wie üblich in Ruhe hin und stellen Sie sicher, dass Sie auf keinen Fall gestört werden können. Schließen Sie unter Umständen die Tür ab, um wirklich sicher zu gehen.

> Wählen Sie als Eingang in die andere Welt einen Ort aus, an dem Sie sich wirklich wohl fühlen und den Sie gut kennen. Am besten eignet sich dafür ein Platz, der Ihnen sehr lieb und vertraut ist, weil Sie ihn unter Umständen recht häufig aufsuchen werden.

Entspannen Sie sich und gehen Sie mit Ihrer Aufmerksamkeit in Ihren Atem. Nehmen Sie wahr, was Ihnen an Empfindungen auffällt, halten Sie sich aber nicht weiter damit auf. Lassen Sie Geräusche und Gedanken einfach vorbeiziehen. Gehen Sie nun in Gedanken zu Ihrem Baum und stellen Sie sich ganz dicht davor. Berühren Sie ihn mit den Händen, seien Sie ganz da. Nun machen Sie einen Schritt in den Baum hinein. Wenn Ihnen das schwer fällt, lassen Sie eine Tür in der Rinde aufgehen, durch die Sie in das Innere eintreten. Von dort führt eine Treppe nach unten ins Wurzelwerk. Folgen Sie ihr, bis Sie unten angekommen sind. Orientieren Sie sich und wählen Sie zwischen den Wurzeln einen Ort aus, an dem Sie genügend Platz haben.

Als Nächstes rufen Sie zum Beispiel den Geist der Erde und bitten um Informationen zu dem von Ihnen gewählten Thema Ihrer schamanischen Reise. Achten Sie auf jede Antwort, auch wenn sie vielleicht kein bühnenreifer Monolog ist. Es könnte sich um Bilder, Gerüche, Worte, Farben oder andere Empfindungen handeln. Interpretieren Sie sie nicht, nehmen Sie einfach nur wahr.

Wenn Sie den Eindruck haben, dass Sie fertig sind, bedanken Sie sich für die Informationen und gehen die Treppe im Baum wieder nach oben. Treten Sie aus dem Baum heraus und verweilen Sie einen Augenblick ruhig. Kehren Sie nun wieder ins Hier und Jetzt zurück. Lassen Sie sich Zeit, wieder ganz in Ihrem Körper anzukommen. Und schreiben Sie Ihre Erfahrungen auf der Reise auf, bevor Sie womöglich in Vergessenheit geraten. Falls Sie an irgendeiner Stelle Ihrer Reise den Eindruck haben, dass Sie etwas bremst, lassen Sie das Ganze lieber sein. Diese natürliche Grenze überschreiten Sie dann besser erst, wenn Sie aufürlich gelernt haben, wie Sie schamanisch reisen.

Visualisieren

Es gibt nur weniges, was Sie wirklich brauchen, um ein richtig gutes Ritual hinzubekommen. Unerlässlich ist das Visualisieren. Das heißt nichts weiter, als dass Sie sich auf Anhieb eine bestimmte Sache möglichst genau vorstellen können. Je mehr Einzelheiten Sie dabei »sehen«, desto besser. Falls Sie zum Beispiel eine neue Wohnung suchen und sich dabei eine bestimmte Art von Balkon oder Terrasse wünschen, dann stellen Sie sich die neue Umgebung möglichst deutlich vor und vergegenwärtigen Sie sich das Gefühl, das Sie empfinden, wenn Sie in Ihr neues grünes Zimmer hinaustreten.

Seien Sie beim Visualisieren ruhig auch mal unverschämt: Wünschen Sie sich einfach alles, was Ihr Herz begehrt. Bescheidenheit ist in diesem Fall keine Zier, sondern überflüssig. Vielleicht sind Sie gerade dran, um im Überfluss zu schwelgen, warum dann kleinliche Beschränkungen vorgeben?

Falls Sie zu den Menschen gehören, die in ihrer Vorstellungskraft keine Filme ablaufen lassen können, verzagen Sie nicht. Sie können allemal visualisieren, wie Sie sich in der gewünschten Situation fühlen, oder vielleicht, wie sich etwas anhört, schmeckt oder anfühlt. Ihnen steht eine große Palette an Möglichkeiten zur Verfügung – handeln und visualisieren Sie entsprechend.

Visualisierung heißt nichts weiter, als sich etwas sehr eindringlich vorzustellen. Wenn Sie etwas an Ihrem Leben ändern wollen und dafür ein Ritual machen, dann stellen Sie sich unbedingt Ihre neue Lebenssituation ganz deutlich vor, lassen Sie alles andere außen vor. Überlegen Sie allerdings nicht, wie sich etwas von A nach B entwickelt, sondern denken Sie nur an das gewünschte Ergebnis. Wie bei Ritualen halten Sie es auch beim Visualisieren einfach, und schmücken Sie nur aus, wenn Sie sich sicher sind, dass Sie Ihr Ziel so und nicht anders wollen. Mit jedem Detail, das Sie vielleicht zu viel angeben, schmälern Sie die Möglichkeiten der guten Geister, die Sie gerufen haben, Ihnen das bestmögliche Ergebnis zu präsentieren. Denn das könnte ganz anders aussehen, als Sie im Augenblick meinen.

Probieren Sie doch die folgende Übung aus: Suchen Sie sich einen ruhigen Platz, an dem Sie mindestens eine halbe Stunde lang ungestört sind (selbst wenn Sie am Ende vielleicht viel weniger Zeit brauchen). Machen Sie es sich bequem, entspannen Sie sich und schließen Sie die Augen. Beobachten Sie Ihre Atmung, ändern Sie nichts, spüren Sie Ihrem Atem nach und lassen sie ihn fließen. Wenn Ihnen Gedanken in den Sinn kommen, sehen Sie sich diese Gedanken an und lassen Sie sie weiterziehen. Später ist genug Zeit, sich mit allem zu beschäftigen. Was jetzt wichtig ist, wird auch noch in einer halben Stunde wichtig sein.

Dasselbe gilt für Geräusche. Wenn die Kinder quengeln oder ein Autoalarm losgeht, lassen Sie alles an sich vorüberziehen, es hat im Augenblick keine Bedeutung (falls Sie eine Feuersirene schrillen hören, müssten Sie allerdings schon reagieren, denn gesunden Menschenverstand sollte Ihre Meditation oder Magie keinesfalls ausschalten). Wenn Sie ganz entspannt sind, kann es sich ein bisschen wie schweben anfühlen, auf jeden Fall aber wohlig, sonst hören Sie lieber auf und versuchen es zu einem anderen Zeitpunkt noch einmal.

Aus der Ruhe heraus stellen Sie sich ein Pentagramm vor. Zeichnen Sie es vor Ihrem inneren Auge einmal so und einmal anders herum, bis Sie es im Schlaf können. Wenn Sie keine Lust mehr haben, gehen Sie wieder in die Ruhe und kommen dann langsam in den Alltag zurück. Zappeln Sie ein bisschen mit Händen und Füßen, bevor Sie die Augen öffnen, das hilft Ihnen, wieder ganz da zu sein. Sie können auch einen Schluck trinken oder einen Happen essen. Weltliche Genüsse bringen Sie ganz schnell auf die Erde zurück.

> **visualisierung**
> heißt nichts weiter, als sich etwas sehr eindringlich vorzustellen. Wenn Sie etwas an Ihrem Leben ändern wollen und dafür ein Ritual machen, dann stellen Sie sich unbedingt Ihre neue Lebenssituation ganz deutlich vor, lassen Sie alles andere außen vor.

Zaubersprüche

Wenn Sie Ihr Ritual mit einem Zauberspruch abrunden wollen, sollten Sie nicht gerade auf so abgegriffene Sprüche wie etwa »Hokuspokus Fidibus, dreimal schwarzer Kater« zurückgreifen – auch wenn etwas Kichern noch keinem Ritual geschadet hat. Wenn Sie es sich leicht machen wollen, verwenden Sie eine einfache Bestätigungsformel wie: »So soll es sein!« Nehmen Sie möglichst immer dieselben, falls diese nicht auf einen bestimmten Zauber gemünzt sind. Solche Sprüche funktionieren unter anderem deshalb so gut, weil sie unser Gehirn beschäftigen, das sonst ständig mit seiner Fragerei nach Sinn und Unsinn von Magie dazwischenplärrt.

Selbstverständlich können Sie auch schön gereimte Sprüche verwenden. Wie wir alle aus der Schule wissen, lassen sich Reime einfach besser behalten. Halten Sie auch hier wieder alles relativ kurz, Sie müssen sonst zu viel auswendig lernen oder vergessen auf halbem Wege, was Sie eigentlich sagen wollten. Beides bremst Ihre magische Energie aus. Darüber hinaus zwingt ein kurzer, gereimter Spruch Sie dazu, sich auf das Entscheidende zu beschränken.

Ein guter Allerweltsspruch, den Sie für jedes Ritual und für jeden Zauber verwenden können, ist ein simpler Zwei- oder Vierzeiler. Hier ein Beispiel:

> Feuer, Wasser, Erde, Wind,
> folg ich eurer Macht geschwind.
> Wind und Feuer, Wasser, Erde,
> machtvoll so mein Zauber werde.

Sie können auch nur die letzten beiden Zeilen sprechen oder noch etwas dranhängen, was zu Ihrem jeweiligen Thema gut passt. Dichten Sie, benutzen Sie diese Zeilen, tauschen Sie Teile aus, verlängern und verkürzen Sie, mit anderen Worten, machen Sie etwas daraus, das bis ins i-Tüpfelchen Ihrem jeweiligen Vorhaben entspricht.

Zauberstab Wie Sie schon von Harry Potter wissen, gibt es für jeden den richtigen Zauberstab. Ihren finden Sie am besten im Wald, am Wasser oder sonst wo in der Natur. Wenn Sie ihn selber bearbeiten, wirkt sich das besonders günstig aus, denn schließlich ist er Ihr persönliches Handwerkszeug. Achten Sie nur darauf, dass Sie ein Stück Holz nicht von einem lebendigen Baum oder Strauch nehmen, Ihre Gar-

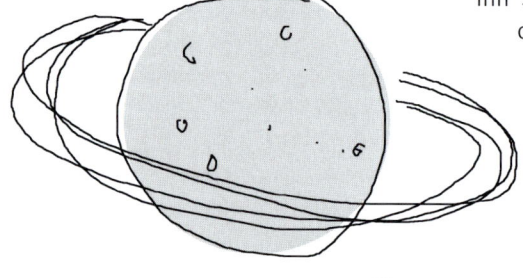

tengeister fänden das gar nicht lustig. Auch hier gibt es wie immer und überall Ausnahmen.

Haben Sie einen Baum beispielsweise mit Respekt gefällt, dann können Sie um eine Gabe für Ihre zauberischen Unternehmungen bitten. Schenken Sie dann dem Baum etwas als Ausgleich für den Zweig, den Sie mitgenommen haben.

Verwenden Sie Ihren Zauberstab, um die Energie zu lenken und sich auf einen bestimmten Punkt oder eine bestimmte Himmelsrichtung zu konzentrieren. Sie können damit auch ein magisches Gebräu wie Ihr Badewasser umrühren. Wenn Sie das tun, achten Sie nur darauf, dass Sie für herbeirufenden Zauber im Uhrzeigersinn und bei bannendem Zauber gegen den Uhrzeigersinn rühren. Das Gleiche gilt auch, wenn Sie mit dem Zauberstab Kreise in die Luft zeichnen.

Verwenden Sie Ihren Zauberstab, um die Energie zu lenken.

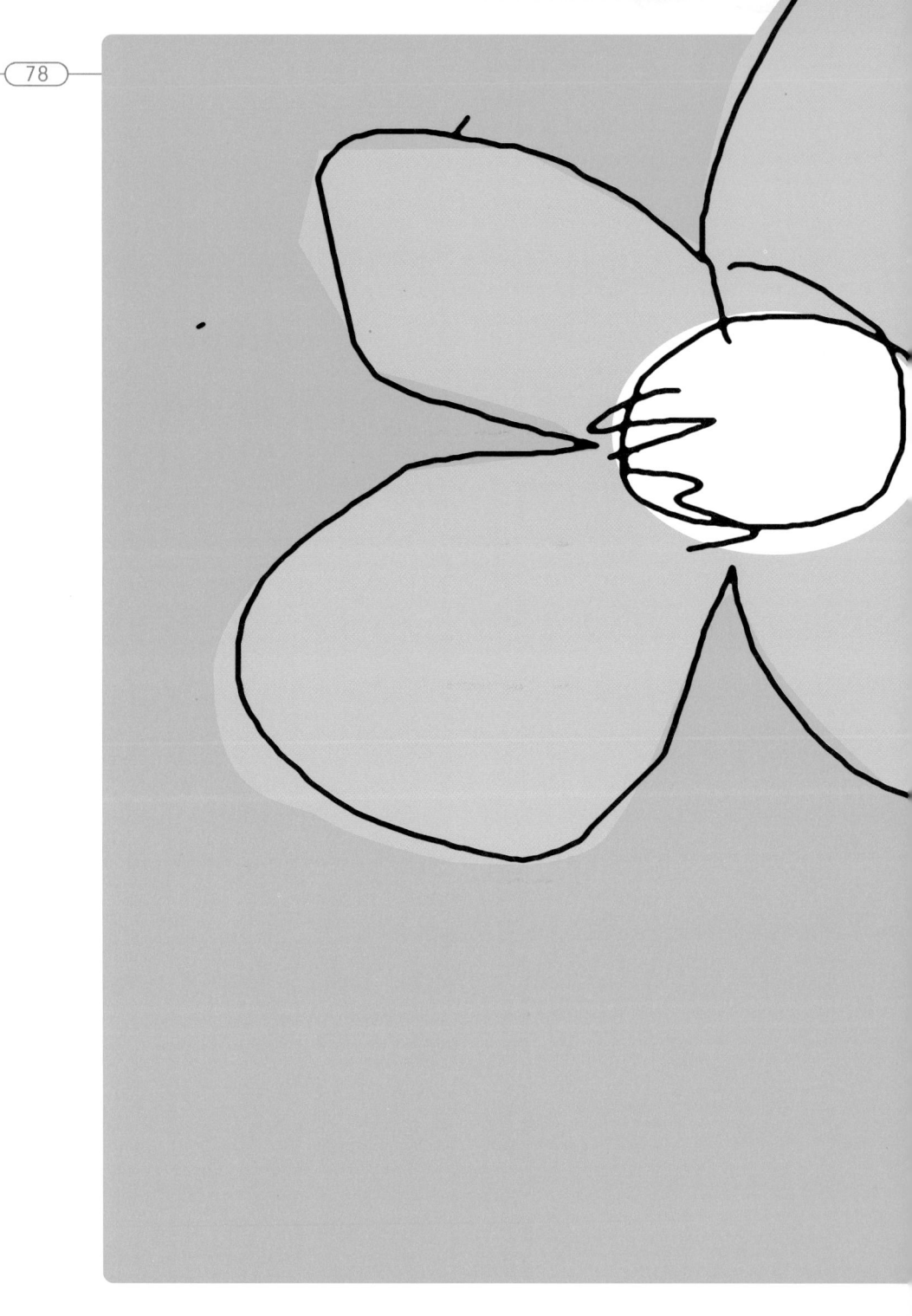

winter
aus der ruhe
kommt die kraft

- November - wenn alles beginnt
- Dezember - erstes Licht
- Januar - die Kraft nimmt zu

nove
wenn alles beginnt

Draußen ist es nasskalt, Heizung oder Kaminfeuer machen es drinnen so richtig gemütlich - wer denkt jetzt schon an den Garten? Doch so richtig schlaue Gärtner treiben sich auch in dieser Jahreszeit im nicht mehr ganz so Grünen herum - und zauberkundige erst recht. >>>

Denn mit dem Ersten des Monats beginnt das neue magische Jahr. Samhain heißt dieser Tag, an dem die Grenzen zwischen den Welten, der alltäglichen und der Anderswelt, verschwimmen und durchlässiger werden. Schütten Sie deswegen auf keinen Fall einen Eimer Wasser zur Tür hinaus! Sie könnten vielleicht Großmutter Agathe oder Großonkel Berthold damit treffen, die gerade zu einem Geisterbesuch heranschweben. Das erzählt man sich jedenfalls in Irland.

Um Ihre anderswöltlichen Gäste angemessen zu empfangen, empfiehlt sich ein Ahnenritual zum Jahreswechsel, das Sie hervorragend mit den kleinen und großen Arbeiten verbinden können, die auch in diesem Monat in Ihrem Gärtchen oder auf dem Balkon anfallen. Denn jetzt gilt es, Ihre grüne Oase winterfest zu machen.

winteranfang

Bevor Sie den Winter und das vorchristliche neue Jahr feierlich begrüßen, sollten Sie erst mal klar Schiff machen. Die Wachstumssaison ist vorüber, selbst wenn hier oder dort noch ein vereinzeltes Blättchen oder eine vereinsamte Blüte den Oktoberstürmen oder erstem Schneetreiben tapfer getrotzt hat. Beete und Bäume begeben sich in den Winterschlaf.

winteranfang im garten

● Stellen Sie bei einem Gang durch Ihren Garten sicher, dass wirklich alles für den Winter vorbereitet ist. Zurren Sie locker gewordene Spaliere ordentlich fest, hämmern Sie dringend benötigte Nägel in die Halterungen von Dachrinnen, Pfosten oder Ähnlichem. Das Gleiche machen Sie auch im Frühjahr wieder, aber wer sagt eigentlich, dass etwas erst kaputtgehen muss, bevor es unsere Aufmerksamkeit verdient?

● Achten Sie besonders darauf, dass empfindliche Pflanzen ausreichend gegen eisige Winde und kommende Schneemassen gefeit sind. Schützen Sie vor allem Ihre Rosen gegen Frost. Bedecken Sie die Wurzeln mit kleinen Erdanhäufungen, auf die Sie Tannenzweige legen.

● Um die dunkelgrünen Frostschützer zu beleben, befestigen Sie einfach ein paar farbige Weihnachtsdekorationen daran (schließlich ist es in spätestens acht Wochen mal wieder so weit!). Wer über einen Stromanschluss im Freien verfügt, kann seine Lichterketten zur Abwechslung mal über Rosen- und Tannenzweige drapieren statt wie immer über Bäume und Büsche.

● Hören Sie spätestens jetzt auf, den Rasen zu mähen. Auch wenn er etwas höher dasteht, der Winter macht ihn sowieso platt. Eine leichte Rasendecke verhindert, dass Schnee- und Wassermassen Ihre kostbare Erde wegschwemmen.

● Je nachdem wie mild das Wetter in Ihrer Gegend ist, können Sie auch jetzt noch Stauden durch Teilung vermehren und umpflanzen sowie Rosenstöcke setzen. Im Zweifelsfall fragen Sie eine Gärtnerei in Ihrer Umgebung nach der richtigen Saison. Dort kann man Ihnen sicher weiterhelfen.

● Achten Sie beim Ausgraben der Stauden darauf, dass die Erde zwar feucht, aber nicht völlig matschig ist. Sie sehen sonst hinterher nicht nur so aus, als hätten Sie eine Schlammschlacht verloren, Sie haben es Ihren Pflanzen auch unnötig schwer gemacht: Da die Erde von den Wurzeln nicht locker herunterfällt, reißt sie leicht kleine Wurzeln mit ab.

● Graben Sie umgesetzte Pflanzen großzügig aus und wieder ein. Geben Sie genügend geeigneten Kompost dazu, damit Ihre Pflanzenzwillinge gut wieder anwachsen können.

● Wenn Sie Blumenzwiebeln zum Überwintern ausgraben wollen, sehen Sie erst einmal bei der entsprechenden Pflanze nach, ob das überhaupt nötig ist. Sehr bequem sind die allseits beliebten Zwiebelvertreter wie Krokus oder Narzisse. Die bleiben über Winter, wo sie sind, nämlich in der Erde.

● Umgekehrt ist jetzt Pflanzzeit für Narzissen & Co. Wer sich für die ersten Frühlingstage eine dichte Blütenpracht wünscht, muss jetzt Zwiebeln setzen. Vor allem langweilige Rasenflächen gewinnen mit einem Krokusteppich. Noch bevor der erste Rasenschnitt fällig ist, sind die Frühblüher wieder verschwunden, ihr Blattgrün kann ohne weiteres mitgemäht werden. Besonders hübsch machen sich ganze Büschel an Krokussen, aber sie gedeihen auch vereinzelt. Einmal gesteckt, dürfte Krokus eine der anspruchslosesten Pflanzen überhaupt sein: Sie brauchen sich nie wieder um ihn zu kümmern.

winteranfang auf dem balkon

● Auch auf dem Balkon ist jetzt Pflanzzeit für Zwiebelgewächse, die im Frühling blühen sollen. Achten Sie aber darauf, dass Ihre Blumentöpfe nicht durchfrieren, sonst beschädigt Ihnen der Frost die neu gesetzten Zwiebeln.

● Stellen Sie empfindliche Pflanzen an einen kühlen, aber frostfreien Ort, zum Beispiel in den Keller. Dieser sollte allerdings nicht vollkommen dunkel sein.

- Wenn bei Ihnen die Frostgefahr nicht sehr groß ist, stellen Sie eine große, gut mit Zeitungen ausgepolsterte Holzkiste auf den Balkon. Dort bringen Sie Ihre grüne Familie mitsamt ihren Übertöpfen unter. Oder Sie sammeln das Jahr über Plastikverpackungen, am besten Luftpolsterfolie, wickeln zuerst eine Lage Zeitungspapier darin ein und legen das Ganze dann wiederum um Ihre Töpfe. Die zuletzt genannten Varianten sind mit Sicherheit aufwändiger als ein Umzug nach drinnen und reichen bei sehr strengem Frost nicht unbedingt aus.

- Vielleicht können Sie ja auch den einen oder anderen Topf in Ihrem Hausflur unterbringen, falls Vermieter und Nachbarn nichts dagegen haben. Dort darf er dann freundlich Ihre Eingangstür bewachen.

- Gießen Sie Ihre Pflanzen zu dieser Jahreszeit nur ganz sparsam, wenn das Wetter nicht sowieso für ausreichende Nässe sorgt. Falls Sie die Kistenunterbringung gewählt haben, stellen Sie sicher, dass der Zeitungsfüllstoff nicht nass wird (deshalb die Plastikverpackung). Denn sobald das Wasser in den Zeitungen gefriert, ist der wärmende Effekt des Papiers zwar nicht komplett zum Teufel, Frostschäden aber mehr als wahrscheinlich.

- Entfernen Sie alles, was nicht niet- und nagelfest ist, vom Balkon. Packen Sie kleinere Gegenstände in Kartons und lassen Sie auch Ihre Balkonmöbel nicht draußen stehen. Dann haben Sie länger Freude an Blumentöpfen, Rankgerüsten und Deko.

winteranfang auf der fensterbank

- Sie können auf dem Fensterbrett zwar Ihre Kräuter oder Zierblumen den ganzen Winter über genießen, doch auch drinnen ist für Ihre grünen Mitbewohner ein Winterschlaf angesagt.

- Auch hier gilt es, nicht mehr übermäßig zu gießen und bei der Ernte von Kräutern vorsichtig zu sein. Lassen Sie unbedingt genügend Blätter stehen, damit Ihre Pflanzen weiter gedeihen können.

- Achten Sie darauf, dass Ihre Gewächse drinnen nicht von der trockenen Heizungsluft gekillt werden. Besprühen Sie Blätter regelmäßig mit abgestandenem Wasser (damit kein Kalk mehr drin ist) oder mit Wasser aus der Regentonne (falls Sie eine Regenwassersammelanlage für Brauchwasser haben).

schaffen sie platz
für neues

Die ideale Jahreszeit zum Aufräumen in Haus und Garten. Werden Sie jetzt los, was Sie im nächsten Jahr nicht mehr brauchen. Das gilt auch für Pflanzen und Pflanzenteile, die Sie nicht mehr behalten wollen.
Wenn es irgend geht, verschenken Sie Ihre übrigen Lieblinge oder setzen Sie sie an geeigneter Stelle in die Natur aus. Aber bringen Sie keine Exoten in der deutschen Mittelgebirgslandschaft unter. So schön Sie beispielsweise das Gelb einer Forsythie auch finden mögen, dieser Strauch eignet sich nicht zum Auswildern, da er für einheimische Tierarten wenig attraktiv ist. Achten Sie also darauf, wirklich nur geeignete Pflanzen in die Freiheit zu entlassen, sonst sorgen Sie eher für botanisches Chaos, als dass Sie der Welt einen Liebesdienst erweisen.
Wenn Sie Gewächse loswerden möchten, die auch noch viel Pflege brauchen oder nicht für die freie Wildbahn geeignet sind, überlegen Sie, welche Freunde vielleicht noch etwas für Garten, Balkon oder Fensterbank gebrauchen könnten. Aber fragen Sie vorher auf jeden

Fall an, ob Ihre Gabe auch erwünscht ist, damit sie nicht auf dem Kompost landet.

Wenn partout keine andere Unterbringungsmöglichkeit zu finden ist, kommt nur noch der Kompost in Frage. Zu den meisten Haushalten gehören heute grüne Tonnen, wenn Sie nicht sowieso schon einen solchen Haufen in einer unauffälligen Gartenhecke pflegen.

kompostieren – do it yourself

Wenn Sie einen Komposthaufen anlegen wollen, gibt es dabei einiges zu beachten, was Ihnen später das Leben erleichtern kann. Bauen Sie Ihre Kompostecke auf keinen Fall in der Nähe des Hauses auf. Auch bei noch so guten Zutaten, Filtern oder anderem, ein bisschen gesunder Duft bleibt Ihnen immer erhalten – und sei es nur beim Befüllen. Außerdem sind weder Komposttonne noch -haufen ein besonders schöner Anblick.

Achten Sie bei der Standortsuche nicht nur auf die praktische Seite, sondern auch auf die energetische. In einer Nordecke ist verrottendes Grünzeug gut aufgehoben, gehört diese Himmelsrichtung doch zum Element Erde. Und die stellen Sie schließlich mit Ihrem Kompost letztendlich wieder her. Der Untergrund sollte abfließendes Wasser aufnehmen können, also nicht auf Beton oder Stein errichten. Balkonbesitzer können ihren Kompost auch auf kleinstem Raum, beispielsweise in einer Wurmkiste, herstellen.

Wenn Sie sich mal im Garten eines gewieften Gärtners umsehen, entdecken Sie vielleicht zwei Komposthaufen nebeneinander. Es hat sich bewährt, einen zweiten aufzubauen, während der erste langsam reift, denn die Kompostierung dauert ihre Zeit.

Kleiden Sie beide Kompostkästen mit Material aus, das Wärme zurückhält, aber Feuchtigkeit durchlässt. Die beiden Vorderseiten sollten sich leicht nach oben herausziehen lassen, damit Sie später einfach von unten Ihren frischen Kompost entnehmen können.

Beginnen Sie unten mit einer Lage von Zweigen, um eine gute Lüftung zu gewährleisten. Darauf geben Sie jeweils eine Lage Grünabfall von

das darf auf den kompost

- Küchenabfälle von frischem Obst und Gemüse
- Kaffeesatz und Teeblätter
- Zerkrümelte Eierschalen
- Schnittblumen
- Blätter von Unkräutern (entfernen Sie die Blüten, damit Sie nicht zusätzlich Wildkräuter im Kompost heranziehen)
- Abgeschnittenes Gras
- Kleingehäckselte Zweige und Blätter (zum Beispiel vom Heckenschnitt)
- Laub (sollte leicht feucht sein)
- Naturbelassenes Papier (zum Beispiel Küchentücher)

das darf nicht auf den kompost

- Essensreste und alles, was gekocht ist
- Tierische Abfälle
- Blüten und Wurzeln von Unkräutern
- Haushaltsabfälle wie Glas, Plastik, Metall, bunt bedrucktes Papier
- Alles, was nicht verrottet oder das Erdreich verschmutzt oder vergiftet

ca. 15 cm, sprenkeln etwas Kalk darüber (bekommen Sie zu diesem Zweck im Gartencenter) und dann eine Lage Mist (zum Beispiel Pferdemist). Sollten Sie Letzteren nicht bekommen, nehmen Sie Kompost-Starter, den Sie im Gartencenter erwerben können.

Sobald Sie Ihren Kompostkasten gefüllt haben, beginnt für Sie die Zeit des Wartens, während Kleinstlebewesen sich ans Werk machen, Ihren künftigen Kompost zu zerlegen. Danach dröseln Bakterien die einzelnen Komponenten so auf, dass sie wieder von Pflanzen als Nahrung aufgenommen werden können. Der Zersetzungsprozess durch Bakterien erzeugt Wärme, es ist also möglich, dass Sie Ihren Komposthaufen dampfen sehen.

Nach einigen Wochen – je nach Wetter und Größe des Komposts – lässt diese Aktivität nach, da die Bakterien ihre Arbeit getan haben. Sie können nun alles in den zweiten Behälter schaufeln, sodass das Unterste zuoberst liegt. Dabei killen Sie viele unerwünschte Pflanzenkeimlinge, die sich durch die Wärme ausgebildet haben. Außerdem setzt die Belüftung noch einmal die bakterielle Zersetzung in Gang. Auch beim zweiten Mal könnte es in Ihrem Kompost schön warm werden, allerdings nicht so sehr wie beim ersten Mal.

Nach einigen Wochen hat sich Ihr Abfall in duftende, dunkle Komposterde verwandelt, die Sie sofort in Ihrem Garten verwenden können.

Wenn Sie Ihren Kompost füttern, achten Sie darauf, nicht zu einseitig zu werden. Ausschließlich Rasenschnitt oder Küchenabfälle ergeben mit Sicherheit keinen Kompost. Mischen Sie Ihre Zutaten, bevor Sie etwas auf den Haufen geben. Sammeln Sie zum Beispiel etwas Grasschnitt in einem Eimer und vermischen Sie den mit Teebeuteln, Obst- und Eierschalen und geeignetem Papier (grobes Papier von Zeitungen können Sie in Maßen verwenden, Hochglanzmagazine dagegen nicht). Achten Sie trotz allem darauf, möglichst wenig Bedrucktes in Ihren Kompost zu legen, die Druckerfarben sind für Ihren Garten ungeeignet.

Sie können auch Heckenbeschnitt verwenden, allerdings muss der gehäckselt, also klein geschrotet, werden (sonst dauert das Verrotten zu lange). Für die Besitzer mit kleinen Gärten lohnt das meist nicht.

Legen Sie Ihre Zutaten immer nur locker auf den Kompost und drücken Sie nichts zusammen. Die emsigen Bakterien brauchen Luft.

✱ Sollte die Kompostierung nicht Ihr Ding sein und Ihnen zu viel Arbeit bedeuten, können Sie Ihre Küchenabfälle und den Rasenschnitt einfach so im Garten verbuddeln. Allerdings müssen Sie dafür etwas graben, denn sie sollten mindestens 20 bis 30 Zentimeter tief liegen (sonst kommen die verwünschten Wildkräuter gleich wieder zum Vorschein).

hausputz
in schuppen und gartenhaus

Wenn Sie Ihren Garten auf den Winter und das kommende Gartenjahr vorbereitet haben, können Sie sich Schuppen und Haus zuwenden. Sehen Sie durch, was Sie an Werkzeugen, Anzuchttöpfen und anderen Gartenmaterialien besitzen, was noch was taugt und was Sie schon lange wegschmeißen wollten. Tun Sie es endlich und schaffen Sie sich stattdessen andere Arbeitsmaterialien an, vielleicht wünschen Sie sich schon seit einer Weile eine besondere Harke oder ein Zweitschäufelchen. In dieser Jahreszeit bietet es sich an, sich einige neue Gartenartikel zu besorgen. Die Mitarbeiter der Gartencenter haben jetzt am meisten Zeit für Ihre Fragen und können Ihnen so manchen guten Tipp für Ihre grüne Oase geben.

Wenn Sie sich überhaupt nicht mehr bremsen können, toben Sie Ihren Aufräumfimmel gleich weiter im Haus oder in der Wohnung aus. Auch dort finden Sie bestimmt einiges, was Sie schon lange loswerden wollten und mit Sicherheit nie mehr benötigen. Wie schon bei den Pflanzen brauchen die einstmals geliebten Stücke nicht gleich in den Müll zu wandern. Verschenken Sie, was anderen gefallen könnte, und bringen Sie den Rest zum Trödelmarkt. Auf jeden Fall werden Sie merken, wie gut es in dieser Jahreszeit tut, unnützen Ballast abzuwerfen.

ritual
zum loslassen

Magische Zutaten
- Holzstücke, Steine oder Ähnliches zum Vergraben
- Gegenstände, die die vier Elemente symbolisieren

Im November, wo Sie sich schon in Haus und Hof von so manchem getrennt haben, können Sie sich auch besser als sonst im Jahr mit einem Ritual zum Loslassen von Dingen, Lastern oder Vorstellungen verabschieden. Ideal ist der erste November, aber es klappt auch schon Ende Oktober, da die Energie der Monate ineinander übergeht. Wählen Sie die Mondphase vom vollen Mond zum Neumond. Beginnen Sie am Abend des Vollmondes.

Suchen Sie sich zuerst Gegenstände aus, die sich gut vergraben lassen, zum Beispiel Holzstücke oder kleine Steine. Darüber hinaus brauchen Sie alles Weitere für einen Ritualkreis (➜ Kleiner Hexengrundkurs). Wenn Sie alles beisammen haben und wissen, worum es in Ihrer Zeremonie gehen soll, überlegen Sie, wie viel Zeit Sie für Ihr Ritual veranschlagen wollen.

Auch wenn es schamanisch und magisch durchaus möglich ist, eine unerwünschte Eigenschaft oder ein langjähriges Problem von jetzt auf gleich loszulassen, brauchen wir dafür manchmal etwas mehr Zeit. Häufig liegt das daran, dass wir das Problem schon lange mit uns herumtragen, und zwar unter erheblichen Mühen und Anstrengungen. Wenn nun jemand (oder wir selbst) nur mit dem Finger schnippen müsste, um alles los zu sein, könnten wir uns fragen, weshalb wir uns über Jahre mit etwas belastet haben, wenn es doch so einfach zu beheben war. Der folgende Trugschluss lautet: Wenn ich jahrelang damit gelebt habe, dann muss es auch Jahre dauern, bis ich es wieder los bin.

Ehemalige Raucher oder Alkoholiker wissen, dass das blanker Unsinn ist. Es gibt durchaus einen Moment, an dem Sie das letzte Glas oder die letzte Fluppe zu sich genommen haben. Dieser eine Augenblick hat genügt und alles verändert. Was nicht heißt, dass Sie sich vorher und nachher nicht noch etwas Mühe geben dürfen, der Glaube an Sachzwänge sitzt tief und ist verdammt haltbar. Sie können sich also für ein radikales Fünf-Minuten-Ritual entschließen, dann brauchen Sie allerdings eine lasergleiche Konzentration. Oder Sie lassen die Sache langsam angehen.

Legen Sie sich alles zurecht und schließen Sie Ihren magischen Kreis. In der Mitte Ihres Kreises liegen alle Gegenstände, die Sie in den nächsten zwei Wochen verwenden wollen.
Stellen oder setzen Sie sich dazu und nehmen jedes Symbol in die Hand. Erzählen Sie ihm dabei möglichst nicht nur in Gedanken, sondern auch mit Worten, was Sie sich wünschen. Wenn Sie damit fertig sind, öffnen Sie den magischen Kreis wieder. Die Gegenstände bewahren Sie so auf, dass Sie diese nicht versehentlich für andere Vorhaben verwenden und dass niemand sonst sie berühren kann.

An den folgenden Abenden nehmen Sie einen oder mehrere dieser Gegenstände in die Hand und schicken Ihren Wunsch nach Veränderung, Trennung oder Loslassen hinein. Sie können dafür jedes Mal den Ritualkreis schließen oder einfach nur eine konzentrierte Übung daraus machen. Das hängt ganz davon ab, wie gut Sie Ihre Aufmerksamkeit bündeln können und ob Sie dafür Ihren magischen Kreis brauchen. Wenn Sie mit dem Gegenstand fertig sind, können Sie ihn entweder bis zum letzten Abend aufbewahren oder sich gleich anschließend davon trennen. Wenn Sie beispielsweise an einem Fluss oder am Meer wohnen, können Sie Ihren Gegenstand sofort danach dort versenken. Visualisieren Sie, wie das Wasser die Energie in dem Stein oder Holzstück auflöst und davonträgt.
Sie können Ihr Symbol auch der Erde anvertrauen, allerdings nicht in Ihrem Garten, denn sonst bleibt die Energie, die Sie eigentlich los-

werden wollten, ja bei Ihnen. Suchen Sie sich zum Vergraben einen Ort, den Sie nicht wieder finden, und verbuddeln Sie es dort.

In der Nacht des neuen Mondes schließen Sie Ihren Zyklus ab und machen ein Endritual. Nehmen Sie dafür alle Gegenstände, die noch übrig sind, auch diejenigen, die Sie noch nicht be- und verarbeitet haben. Sie schließen wie immer Ihren Kreis und gehen in die Mitte. Dort stellen Sie sich mit Ihren Utensilien in den Händen hin und halten sie in Höhe Ihres Herzens. Visualisieren Sie, wie alle Reste an Bindungen und Verstrickungen in Ihre Holzstücke, Steine oder Federn fließen und Sie davon befreit sind.

Wenn Sie so weit sind, können Sie die Gegenstände wieder ablegen und Ihren Kreis wie gewohnt öffnen. Achten Sie bei diesem Ritual unbedingt darauf, sich richtig zu erden.

Als Letztes nehmen Sie die übrig gebliebenen Dinge und bringen sie an einen Ort, wo Sie diese Energie gut loswerden können. Bitten Sie das jeweilige Element darum, sie dort zu verteilen, wo sie gebraucht wird. Sie können Ihre Bürde in Flammen aufgehen lassen, aber denken Sie bei Papier daran, das brennt nur im Kamin oder Lagerfeuer gut auf. Oder Sie lassen Ihre Last vom Winde verwehen, zum Beispiel werfen Sie Blätter oder Federn von einem hohen Gebäude. Sie können sie – wie bereits erwähnt – auch der Erde übergeben, aber bitte an einem fremden Ort, an den Sie nie wieder zurückkehren. Denkbar wäre auch, das Ganze dem Element Wasser in einem Fluss zu übergeben. Der müsste aber tief genug sein, um die Energie davontragen zu können.

Wenn Sie dieses Ritual zu Themen durchführen, die Sie tief bewegen, und Sie wirklich etwas loswerden wollen, werden Sie vom Ergebnis möglicherweise überrascht sein. Eine solche Zeremonie bewirkt einen durchschlagenden Erfolg, allerdings nur, wenn Sie nicht insgeheim doch noch ein bisschen von dem Schmerz bei sich behalten möchten oder vielleicht doch noch an der lieben alten

Gewohnheit hängen. Überlegen Sie also davor unbedingt, ob Sie wirklich bereit sind, dieses besondere Kapitel Ihres Lebens abzuschließen.

gartenritual für die vorfahren

Magische Zutaten
- ein Ort, der sich als Altar eignet
- Dinge, die Sie mit Ihren Vorfahren in Verbindung bringen (möglichst wetterbeständig oder wetterfest verpackt)
- Steine, so viel Sie Ahnen in Ihrem Ritual haben
- Gegenstände, die die vier Elemente symbolisieren

Die meisten Menschen arbeiten im November weniger im Garten als sonst. Es bietet sich also an, die übrige Zeit einmal anders zu verwenden. Erinnern Sie sich noch an Ihren Lieblingsonkel oder die Oma, die Ihnen immer Märchen vorlas? Vielleicht haben Sie sogar manchmal das Gefühl, der eine oder die andere schaut Ihnen über die Schulter. Zum keltischen Neujahr Anfang November könnten Sie ihnen eine Ahnenecke in Ihrem Garten einrichten.

Suchen Sie sich dafür einen ruhigen Winkel im Garten oder eine geschützte Balkonecke aus. Am besten eignet sich eine Stelle unter Büschen oder sonst wo am Rand. Ein Ahnenaltar lässt sich auch auf Ihrer Terrasse anlegen. Hauptsache, Sie müssen ihn nicht dauernd beiseite räumen und darum herumharken. Ihre Ahnen lieben es ungestört.
Als Schmuck für diesen besonderen Ort sammeln Sie Dinge, die Sie mit Ihren Vorfahren in Verbindung bringen. Das können ganz bestimm-

te Pflanzen sein, die dort angesiedelt werden, Figuren, die Sie an vergangene Tage erinnern, sowie jeder Gegenstand, der Ihnen dafür richtig erscheint.

Da Sie diese Dinge draußen lassen wollen, empfiehlt es sich, nur Wetterbeständiges in Ihre Sammlung aufzunehmen, falls Sie nicht auf verwitterte Erbstücke stehen. Wenn Sie etwas unbedingt dafür verwenden möchten, es aber nicht wasserdicht ist, lassen Sie sich etwas einfallen. Wählen Sie zum Beispiel ein Buch, legen Sie es nur an schönen Tagen in die Ahnenecke oder zu besonderen Gelegenheiten. Wenn es sich um kleinere Gegenstände handelt, können Sie diese in einem verschlossenen Marmeladenglas draußen platzieren. Sie werden bei verderblichen Gütern allerdings nicht verhindern können, dass sie früher oder später doch noch den Weg alles Irdischen gehen. Falls Sie zum aktuellen hexischen Neujahr noch nicht so viele Dinge beisammenhaben, sammeln Sie übers Jahr weiter und erneuern Ihr Ritual zum nächsten Neujahr im November.

Besorgen Sie sich zusätzlich mindestens zwei Dutzend Steine – oder auch mehr, wenn Sie eine zahlreiche Ahnenschar in Ihrem Garten versammeln wollen. Für Ihren Ahnenzauber brauchen Sie außerdem noch einen einzelnen Stein für das Element Erde, zum Beispiel aus dem Garten, und wie immer eine Feder oder etwas Räucherwerk für die Luft; eine Kerze für das Feuer und etwas Wasser in einem Glas oder Kelch.

Wählen Sie einen Tag, der möglichst nahe am Neumond liegt oder noch im abnehmenden Mond. Legen Sie sich alles zurecht, was Sie für Ihre Zauberei ausgewählt haben.
Wenn Sie einen Garten haben, beziehen Sie ihn ganz mit ein. Auf dem Balkon gehen Sie bis zu den Wänden und der Brüstung. Legen Sie am östlichsten Zipfel des Gartens oder Balkons die Feder ab oder entzünden das Räucherwerk. Bitten Sie alle guten Geister aus dieser Himmelsrichtung, Sie bei Ihrem Vorhaben zu unterstützen. Dann gehen Sie weiter in den Süden, bis Sie an der Grundstücksgrenze oder Wand angekommen sind, und zünden dort die Kerze an. Im Westen

gießen Sie etwas Wasser aus und in den Norden legen Sie den Stein. Ansonsten verfahren Sie wie immer, wenn Sie Ihren magischen Kreis schließen.

Beginnen Sie nun, überall im Garten, in Blumentöpfen und Pflanzschalen Ihre Ahnensteine (die erwähnten diversen Dutzend) zu verteilen. Denken Sie dabei jeweils an einen Vorfahren. Es spielt keine Rolle, ob Sie ihn oder sie persönlich gekannt haben. Rufen Sie sich einfach alle ins Gedächtnis, die Ihnen wichtig sind. Vielleicht verteilen Sie auf diese Weise gleich Hände voll von Steinen, vielleicht sind es auch nur wenige. Lassen Sie sich beim Platzieren ganz von Ihrer Intuition leiten.

Wenn Sie fertig sind, bleiben Sie in der Mitte Ihres Gartens (oder Balkons) stehen und stellen sich noch einmal vor, wie all diese Ahnen Ihnen aufmerksam zuhören. Nun bitten Sie Ihre Vorfahren darum, es sich bei Ihnen gemütlich zu machen, und zeigen ihnen die Ahnenecke. Tragen Sie nacheinander alle Steine dorthin und legen Sie dort eine Pyramide zusammen. Bitten Sie um Unterstützung durch Rat und Tat.

Nun öffnen Sie Ihren Kreis wie üblich. Lassen Sie ruhig eine Kerze am Ahnenplatz brennen, draußen kann ja so schnell nichts passieren. Selbstverständlich sollte auch hier nichts anbrennen oder verkohlen.

Wenn Sie mögen, können Sie für Ihre Ahnen ein ewiges Licht aufstellen oder eine Kerze nur zu besonderen Gelegenheiten anzünden. Schmücken Sie Ihre Ahnenecke mit Pflanzen, die langlebig sind, zum Beispiel mit Stauden, Büschen oder auch Bäumen. Wählen Sie dafür Gattungen aus, die zu Ihren Vorfahren passen.
Und wenn es Ihnen Spaß macht, können Sie mit Ihren gesammelten Verwandten vergangener Jahrhunderte ein rauschendes Fest feiern. Vergessen Sie aber nicht, ein Gläschen Wein, Schampus oder Honigmet für die Geister aufzustellen. Na dann, Prost Neujahr!

november gewächse

Efeu
Hedera helix

✹!!! ▽ ♄

Elemente	
△	Feuer
▽	Wasser
⏛	Erde
⏚	Luft
Planeten	
♃	Jupiter
♂	Mars
☉	Sonne
♀	Venus
☿	Merkur
☽	Mond
♄	Saturn
Sonstiges	
✹	pflegeleicht
!!!	Vorsicht geboten!

Farbe: immergrün; Blattfarbe ein- oder mehrfarbig hell, auch dunkel; gelbe Blüten; alte Pflanzen: blauschwarze Beeren
Blüte: September – Oktober
Höhe: bis zu 30 m

Aussaat und Vermehrung: Wächst sehr langsam, deshalb am besten Pflanzen kaufen, nicht selber ziehen.
Standort und Bodenanforderung: Liebt schattige Ecken und verträgt praktisch jeden Boden.
Pflege: Nicht nötig; junge Pflanzen feucht halten, ansonsten sorgt Efeu für sich selbst.
Medizinische Eigenschaften: Achtung, die meisten Sorten sind giftig! Wird gegen Husten und Bronchitis, Gallenbeschwerden und Schilddrüsenüberfunktionen eingesetzt.
Magische Eigenschaften: Efeublätter eignen sich gut für Heil- und Schutzrituale. Vor allem Frauen winkt das Glück, wenn sie ein Blatt der Rankpflanze bei sich tragen. Sie passt außerdem zur Tarotkarte der Tod, eine der großen Arkanen, wo sie für den Übergang von einer Welt in die andere steht. Als Immergrün bleibt die Energie des Wächters winters und sommers erhalten.

Königsfarn
Osmunda regalis

Farbe:	grün im Sommer (im Herbst werden die Wedel braun)
Blüte:	keine
Höhe:	bis zu 1,5 m; 2 m breit

Aussaat und Vermehrung: Als Wildgewächs steht dieser Farn unter Naturschutz, deshalb auf keinen Fall aus dem Wald ausgraben! Besorgen Sie ihn sich lieber aus dem Gartencenter.
Standort und Bodenanforderung: Farne mögen es als Waldbewohner gern feucht. Ideal: beim Gartenteich oder in einer schattigen, feuchten Ecke anpflanzen.
Pflege: Feucht halten, ansonsten sich selbst überlassen.
Medizinische Eigenschaften: Überlassen Sie die Anwendungen unbedingt den Profis.
Magische Eigenschaften: Farnwedel verstärken mit Schnittblumen in einer Vase den Schutz für Haus und Hof. Wenn Sie befürchten, dass es bei Ihnen spukt, räuchern Sie Ihr Haus mit getrockneten Farnwedeln aus – öffnen Sie aber unbedingt die Fenster, damit nicht nur die Geister, sondern auch der Rauch abziehen kann.

> Farnwedel verstärken mit Schnittblumen in einer Vase den Schutz für Haus und Hof.

erstes dezemberlicht

Erinnern Sie sich noch dunkel, worum es in dieser Jahreszeit eigentlich geht? Da war doch irgendwas mit Besinnlichkeit und innerer Einkehr, zumindest in jener Ära vor der Ganzraumbeschallung in jedwedem Supermarkt und Kaufhaus. Wenn Sie bereits zu Beginn dieses Monats keine richtige Lust auf Weihnachten verspüren und »Stille Nacht, heilige Nacht« allmählich nicht mehr hören können, dann entwerfen Sie zur inneren Entspannung Ihre persönliche Gartenoase. >>>

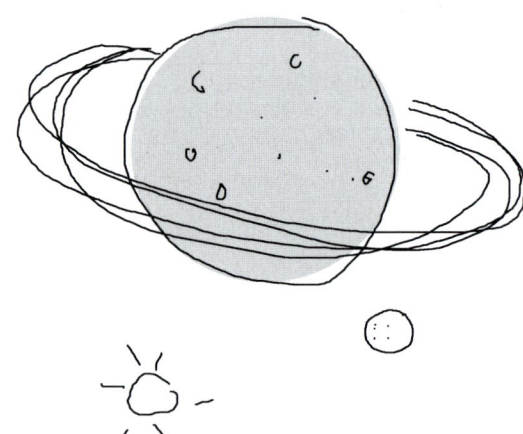

Sie brauchen dafür keinen grünen Daumen und Sie müssen sich nicht einmal die Finger schmutzig machen. Dafür können Sie Ihren Basteltrieb – sofern der nicht auch schon bei Strohsternen ganz auf seine Kosten gekommen ist – voll ausleben.
Dieser Monat bekam seinen Namen vom alten julianischen Kalender, in dem er an zehnter Stelle stand (»decem« heißt zehn auf Latein). Auch wenn er in unserer üblichen Zählart an Platz zwölf kommt, hat er seinen ursprünglichen Namen beibehalten.
Die Energie dieser Jahreszeit besteht aus Einkehr und Erneuerung. Es mag zwar draußen noch nach völliger Dunkelheit und Kälte aussehen, dennoch beginnt mit der Sonnenwende am 21. Dezember die helle Jahreszeit. Von daher eignet sich dieser Monat besonders gut dazu, sich mal genauer damit zu befassen, was Sie in Ihrem Garten, auf dem Balkon und auf dem Fensterbrett verändern möchten – mit dem ersten Funken des neuen Sonnenjahres sozusagen.
Es trifft sich gut, dass Ihnen weder Baum noch Strauch oder Staude die Aussicht auf die räumlichen Gegebenheiten Ihres Gartens verbauen. So können Sie leichter messen und erkennen, was Sie an Mauern, Spalieren oder Gartenwegen beibehalten oder auch umgestalten möchten.

gartenplanung,
die erste

Für eine genaue Untersuchung Ihres Gartens brauchen Sie einige gewöhnliche Dinge – und ein paar magische. Zunächst benötigen Sie ein möglichst langes Maßband. Besonders gut geeignet ist ein metallenes, das sich nach Gebrauch von allein wieder aufrollt. Papier und Bleistift, Radiergummi und Lineal sind ebenfalls notwendige Utensilien. Nehmen Sie am besten kariertes Papier und ein Winkellineal zur Hand, mit dem man leicht parallele Linien zeichnen kann. Diese Gegenstände finden Sie vermutlich in irgendwelchen Schubladen.

Falls Sie gern zum Wandern gehen, haben Sie vielleicht sogar einen Kompass im Haus. Falls nicht, besorgen Sie sich für wenige Euro einen Minikompass, damit Sie als Erstes herausbekommen, in welcher Himmelsrichtung Ihr Garten und Ihr Haus liegen. Wenn Sie schon eine Weile am selben Ort wohnen, werden Sie vermutlich ein recht gutes Gespür entwickelt haben, in welcher Himmelsrichtung zum Beispiel genau Süden liegt. Schließlich wissen Sie genau, welche Räume zu welcher Tageszeit die Sonne hereinlassen und welche eher dunkel sind, weil sie nach Norden hinausgehen und damit keinem direkten Sonnenlicht ausgesetzt sind.

Nun besorgen Sie sich noch ein Pendel. Falls Sie sich keines kaufen wollen, stellen Sie selbst eines her. Sie können dafür jeden einigermaßen gleichmäßigen Gegenstand wählen, den Sie gut mittig an einen Faden hängen können. Wenn Sie erst mal testen wollen, ob Ihnen das Pendeln überhaupt liegt und gefällt, nehmen Sie einen Ring, den Sie an einem Zwirn befestigen. Wenn Sie den Zwirn zwischen Daumen und Zeigefinger so halten, dass der Faden über den Rücken Ihrer Finger nach unten hängt, sollte er etwa zwei Drittel der Länge Ihres Unterarms ausmachen. Dann kann Ihr Pendel frei schwingen, wenn Sie den Ellbogen auf einer Tischplatte aufsetzen.

> **Wenn Sie erst mal testen wollen, ob Ihnen das Pendeln überhaupt liegt, nehmen Sie einen Ring, den Sie an einem Zwirn befestigen.**

pendeln

Wenn Sie noch nie gependelt haben, ist es wichtig, dass Sie erst mal herausbekommen, wie Ihnen Ihr Pendel etwas mitteilt. Es kommen dafür nur Themen in Frage, die sich mit einem einfachen Ja oder Nein beantworten lassen. Nehmen Sie Ihr Pendel in die Hand, und halten Sie es so, dass es lose über Ihren Zeigefinger nach außen hängt. An dieser Stelle lockern Sie am besten den Todesgriff und halten die Schnur ohne Anstrengung mit dem kleinen Finger und zwischen Daumen und Zeigefinger. Setzen Sie sich mit aufgestützten Ellbogen an einen Tisch. Lassen Sie das Pendel zur Ruhe kommen und achten Sie darauf, dass es frei schwingt. Nun schließen Sie die Augen und bitten Ihr Pendel, Ihnen ein Ja zu zeigen. Warten Sie eine Zeit lang und öffnen Sie dann wieder die Augen. Ihr Pendel schwingt auf eine bestimmte Weise, zum Beispiel hin und her. Beruhigen Sie es wieder, bis es gerade herunterhängt und schließen Sie erneut die Augen. Nun bitten Sie um ein Nein und verfahren sonst wie beim ersten Mal. Als Letztes probieren Sie aus, wie das Pendel ein Unentschieden ausdrückt. Merken Sie sich, wie das Pendel bei den jeweiligen Antworten schwingt, oder notieren Sie es sich irgendwo (zum Beispiel in Ihrem → Buch der Schatten). Wenn Sie nicht jeden Tag pendeln, könnte es sein, dass Sie es nach ein paar Wochen vergessen haben.

An einem trockenen Tag gehen Sie in Ihren Garten und messen genau aus, wie groß Ihr Grundstück ist und wie Ihr Haus darauf steht. Balkonbesitzer zeichnen auch noch die angrenzenden Zimmer ein. Achten Sie bei Ihrer Zeichnung darauf, dass Sie den Maßstab nicht zu klein wählen. Es wird sonst später schwierig, Möbelstücke, Pflanzen oder Dekogegenstände einzutragen.

Wenn Sie fertig sind, nehmen Sie Ihren Kompass und zeichnen auf Ihren Plan eine Windrose, sodass Sie ganz genau sehen, wo Norden ist, und damit auch alle anderen Himmelsrichtungen. Gehen Sie nun am besten in einen Copyshop und vervielfältigen Sie Ihre Zeichnung etwa zehnmal, vor allem wenn Sie von Ihren Zeichenkünsten nicht sehr überzeugt sind. Behalten Sie auf jeden Fall Ihr Original, damit Sie später Kopien nachmachen können.

Nun fangen Sie damit an, alles einzuzeichnen, was Sie schon über Ihren Garten wissen oder was Sie mithilfe Ihrer Intuition und des Pendels herausbekommen können. Beginnen Sie mit denjenigen Einzelheiten, die Sie nicht verändern können oder wollen. Das sind beispielsweise Mauern, die Ihren Garten gegen den der Nachbarn abgrenzen, Wege und Parkplätze oder auch ein Schuppen. Überlegen Sie bei allem, was Sie zu Papier bringen, ob es wirklich an seinem angestammten Platz bleiben soll, und achten Sie darauf, dass Sie im gleichen Maßstab zeichnen wie bei Ihren ursprünglichen Messungen.

Wenn Sie alles so weit haben, ziehen Sie sich warm an und machen draußen weiter. Spazieren Sie so lange in Ihrem Garten herum, bis Sie ein Gefühl dafür entwickelt haben, wo sich die Mitte Ihres Grundstücks befindet. Zeichnen Sie sich auch diesen Punkt genau ein. Von hier aus teilen Sie künftig die Ausrichtung des Gartens und des restlichen Grundstücks sowohl für die praktischen als auch für die spirituellen Arbeiten ein.

Ihr Mittelpunkt ist etwas Einmaliges und stimmt im Zweifelsfall überhaupt nicht mit dem rechnerischen Zentrum überein.

Bei dieser »Berechnung« kommt es wohlgemerkt nicht darauf an, mathematisch genau den Mittelpunkt ausfindig zu machen – der liegt möglicherweise mitten in Ihrem Haus –, sondern vielmehr um Ihr ureigenes Gefühl. Jemand anderes könnte auf einen anderen Punkt kommen. Sie leben an diesem Ort und haben deshalb eine ganz einmalige Beziehung zu ihm. Deshalb ist Ihr Mittelpunkt etwas Einmaliges und stimmt im Zweifelsfall überhaupt nicht mit dem rechnerischen Zentrum überein. Machen Sie sich einfach klar, dass Ihre Intuition stimmt, und lassen Sie sich nicht beirren.

Wenn Sie Ihr Zuhause mit anderen teilen, dann nehmen Sie sich in einem Kreis an den Händen, um den Kraft-Mittelpunkt herauszubekommen. Schieben Sie sich als Kreisgruppe so lange hin und her, bis Sie gemeinsam ein »mittelpunktiges Gefühl« haben. Achten Sie darauf, dass Sie keine Pflanzen zertrampeln. Spielen Sie mit den Möglichkeiten und dem Platz, den Sie haben. Schicken Sie zur Not eine Person im Garten herum und lassen Sie alle anderen durch Zuruf entscheiden, ob diese mehr nach rechts, links, vorne oder hinten gehen soll.

Von Ihrem Mittelpunkt aus zeichnen Sie strahlenförmig ein, in welchen Bereichen Ihres Grundstücks oder Ihrer Wohnung die Himmelsrichtungen liegen. Falls Sie einen Balkon Ihr Eigen nennen, dann liegt der Mittelpunkt Ihres Lebensbereichs mit größter Wahrscheinlichkeit innerhalb Ihrer Räume und nicht auf dem Balkon. In diesem Fall sollten Sie Ihre Wohnung von vornherein mit einbeziehen. Da diese meist sehr viel größer ist als Ihr Balkon oder Ihre Terrasse, ist auch die energetische Beeinflussung entsprechend groß.

Wenn Ihr Strahlenbild für Haus oder Wohnung fertig ist, haben Sie ein Gerüst zur Hand, mit dem Sie arbeiten können. Bevor Sie mit der Standortplanung der Pflanzen beginnen, sehen Sie sich erst mal Ihren Garten mit dem Pendel an; wahlweise können Sie auch eine Wünschelrute benützen. Stellen Sie sich in den Mittelpunkt und halten Sie Ihr Pendel zwischen Zeigefinger und Daumen. Wenn es zu wild hin und her schwingt, beruhigen Sie die Bewegung mit der anderen Hand, bis es nur noch leicht zittert. Bewegen Sie sich nun langsam vorwärts und visualisieren Sie dabei, wie von der Pendelspitze Energie nach unten in den Boden fließt. Sie haben damit so eine Art spirituelles Röntgengerät, mit dem Sie allerlei Bodenenergien aufspüren können.

Stellen Sie klare Fragen, zum Beispiel wo eine natürliche Wasserader verläuft, sonst bekommen Sie jedes Rohr der städtischen Wasserwerke ausgependelt. Zeichnen Sie auch diese Merkmale Ihres Gartens, der Wohnung oder des Grundstücks auf. Falls Sie keinerlei Hinweise bekommen oder Sie vielleicht keine Lust zum Pendeln haben, können Sie auch einen professionellen Rutengänger engagieren. Oder Sie bemühen gleich jemanden, der Ihnen das ganze Haus, die Wohnung samt Garten oder Balkon energetisch plant und ins Lot bringt.

Wenn Sie mit Ihrer Zeichnung fertig sind, können Sie sich überlegen, welche Energien Sie in Ihrem Garten stärken möchten. Vom Osten erlangen Sie Inspiration, neue Ideen, Konzentrationsfähigkeit und Kommunikation durch das Element Luft. Aus dem Süden kommen Lebenskraft, Mut, Liebe und Leidenschaft mit dem Element Feuer. Vom Element Wasser im Westen strömt Ihnen ein ausgiebiges Gefühlsleben, das Wissen unserer Ahnen und die Intuition zu. Und last, not

least vermittelt Ihnen das Element Erde im Norden Stärke und Stabilität, Wohlstand und Gesundheit. (Diese Einteilungen sind hier nur sehr verkürzt beschrieben, mehr Einzelheiten zu den Elementen → September.)

Sammeln Sie zunächst einmal nur Einfälle, ohne sich gleich an die praktische Umsetzung zu machen. Lassen Sie auch ruhig mal den Verstand außer Acht, der Ihnen zuflüstert, dass Sie im Harz keine Tropenlandschaft in den Garten zaubern könnten. Spinnen Sie nur Ihre Ideen. Den zweiten, wesentlich praktischeren Teil Ihrer Planung verfolgen Sie dann im Januar.

lebende schutzwände

Was wären Mittwinter und Weihnachten ohne den Zauber immergrüner Tannen, die schimmernd weißen Beeren geheimnisvoller Mistelzweige und den Schmuck der Stechpalmen mit ihren glänzenden roten Beeren? Rot, Grün und Weiß sind eindeutig die Farben der Saison, sowohl im Freien als auch in der gemütlichen Wohnung.

Ilex Die Stechpalme, *Ilex*, mit ihren schönen roten Beeren kommt in dieser Jahreszeit besonders gut zur Geltung. Mit den meist sehr stacheligen Blättern und roten Beeren bringt dieser Strauch weihnachtliche Stimmung in Rot und Grün in jeden Garten.

Stechpalmen eignen sich besonders gut als Wind- und Sichtschutz, sofern Sie tatsächlich eine immergrüne, stachelige Sorte auswählen. Es gibt auch Mitglieder der *Ilex*-Familie, die ihren Blätterschmuck abwerfen. Aber welchen *Ilex* Sie auch immer pflanzen, Sie brauchen Geduld, da die meisten Unterarten dieser Gattung nur langsam wachsen. Wenn Sie schnelle immergrüne Ergebnisse erwarten, dann setzen Sie lieber ein schnellwüchsiges Exemplar aus der Wacholder-Familie *(Juniperus)*. Bringen Sie aber die nötige Geduld auf, belohnt Sie Ihre Stechpalme mit Wuchshöhen zwischen einem und zwanzig Metern, wobei die meisten Sorten eher zu Letzterem neigen. Als Sichtschutz gewährt der Busch auch brütenden Vögeln und anderen Klein-

der weihnachtsbaum

In dieser Jahreszeit schmücken nur wenige Gewächse Garten oder Balkon. Tanne und Kiefer wussten schon unsere Ahnen zu schätzen. Mit ihrem relativ schnellen Wuchs und brauchbaren Holz erfüllten sie zahlreiche Funktionen im germanischen oder keltischen Haushalt. Selbst als Feuerholz waren sie noch zu gebrauchen, auch wenn ihr Harz einen sprühenden Funkenflug bewirkte und deshalb andere Hölzer wie etwa die Buche eher im heimischen Kamin landeten.

Die Kiefer lieferte den mittelalterlichen Kienspan, der dort als Lichtspender diente, wo kein Geld für teure Wachskerzen übrig war. Kiefern oder Tannen – der Volksmund unterscheidet nicht zwischen den beiden – galten als Lichterbaum. Schließlich sorgte er für die Beleuchtung in der guten Stube und Kiefernpollen ist gelb, die Farbe der Sonne. Sammeln Sie im Mai/Juni etwas davon und werfen Sie es in ein Feuer, wenn Ihnen helle Stichflammen und sprühender Funkentanz gefallen. Seien Sie wegen dieser Funken besonders umsichtig, und achten Sie darauf, wo Sie das Feuerwerk entzünden!

Kiefer und Tanne sind die Bäume der Wintersonnenwende. Mit ihren vielfachen Beziehungen zu Licht und Wärme liegt die Verbindung zur Geburt des Lichts nahe. Der Sohn des Lichts wird nach vorchristlicher Überlieferung zu dieser Jahreszeit von der Großen Mutter geboren. Noch heute legen wir das lichtbringende Kind Christus in seiner Krippe unter den vorchristlichen Weihnachtsbaum. Der Baum selbst und die aufgesteckten Lichter schützen die Bewohner des Hauses vor der Dunkelheit, in der die bösen Geist wohnen. In der Tradition der Großen Mutter sind heute viele alte Tannen der Mutter Maria geweiht.

tieren Schutz vor schleichenden Räubern. Erwarten Sie allerdings nicht, dass Nester auch vor Elstern geschützt sind, falls Ihr *Ilex* nicht besonders dicht beblättert ist.

Magisch gesehen ist die Stechpalme ein Tausendsassa. In der Nähe Ihres Eingangs oder Zugangs zu Ihrem Grundstück schützt er Sie vor unliebsamer Energie und fremder Einmischung in Ihr Leben. Sollte über Ihr Grundstück eine geopathische Stresslinie verlaufen, können Sie mithilfe von zwei Stechpalmen und einigen Kristallen Abhilfe schaffen (z. B. mit dem Bergkristall, → Januar).

Fürs Einsetzen Ihrer neu erworbenen Stechpalme wählen Sie am besten einen Tag aus, der nach dem Mondkalender schöne, dichte Blätter oder vielfältige Frucht verheißt. Je nachdem, was Ihnen mehr am Herzen liegt.

Da der *Ilex* zum Element Feuer und zum Planeten Mars gehört, können Sie ihm zur besseren Verankerung im energetischen Boden Ihres Gartens kleine Bernsteinstücke oder auch Karneol beigeben. Diese Steine stehen ebenfalls unter dem Element Feuer. Wenn Sie Bernstein wählen, aktivieren Sie eher schützende, heilende Kräfte und eine allgemeine Anbindung an Ihr Leben. Mit dem Karneol verstärken Sie nicht nur Schutz, sondern auch Mut und Stärke. Nach einer entsprechenden Meditation können Sie Halbedelsteine oder andere Gegenstände auch miteinander kombinieren und auf diese Weise ganze Energienetze schützend um Ihren Garten legen. Achten Sie dabei nur darauf, dass Sie nicht zu viel des Guten tun, damit am Ende kein energetischer Murks herauskommt.

Thuja Eine besonders dunkle und beeindruckende Barriere bietet der Lebensbaum (*Thuja*-Arten). Auch hier können Sie Einzelpflanzen wählen, die bis zu zwanzig Meter hoch wachsen können. Ob Sie nun *Thuja* als Einzelgewächs in ein Rasenstück pflanzen oder gleich eine ganze Hecke damit bestücken, der Lebensbaum macht überall eine gute Figur. Er bietet zudem einen angenehmen Duft für alle, die einen wohlriechenden Garten schätzen. Zerriebene Blätter des Lebensbaumes duften leicht nach Äpfeln. Besonders für Stadtgärtner ist dieses Gewächs von großem Vorteil, da es Abgase nicht übel nimmt – sofern Sie nicht gerade am Nürburgring wohnen. Für den Balkon wählen Sie eine Minivariante des Lebensbaumes, zum Beispiel *Recurva nana*, den Zwerglebensbaum, der »nur« bis zu zwei Meter hoch wird. Achten Sie allerdings darauf, dass Ihre Minihecke genug Wasser im Topf hat, da *Thuja* keine allzu trockenen Böden mag.

schmuckstücke für gartenecken

Vermutlich werden Sie zu dieser Jahreszeit kaum auf den Einfall kommen, Dekostücke für den Garten zu erstehen. Aber gerade all die schönen, bunten Dinge auf dem Tannenbaum drinnen sind besonders gute Ideenlieferanten für die nächste Gartensaison. Außerdem finden Sie jetzt eine Fülle von fünfzackigen Sternen, die Sie für allerlei zauberische Deko verwenden können.

pentagramm

Der fünfzackige Stern ist die erste der geometrischen Figuren (nach Linie, Dreieck und Viereck), die sich in einem Zug zeichnen lässt und bei der sich diese Linien überschneiden und so eine Art Netz bilden. Das Pentagramm versinnbildlicht die vier Elemente Luft, Feuer, Wasser und Erde plus das fünfte Element Akasha oder Spirit. Die deutsche Übersetzung »Geist« trifft es nicht wirklich, sodass hier auch der englische Begriff Spirit verwendet wird. Es ist das Zeichen der Großen Göttin, der Hexen und aller weißen Magier. Wie das Kreuz ist es ein altes Schutzsymbol, das ebenso wie dieses von Schwarzmagiern oder Teufelsanbetern auf den Kopf gestellt wird. Es gilt, zwischen einem herbeirufenden und einem bannenden Pentagramm zu unterscheiden.

Bannpentagramm

Pentagramm zum Herbeirufen

Das herbeirufende Pentagramm benützen Sie, wenn Sie zum Beispiel bei zunehmendem Mond etwas herbeiwünschen, festigen, fördern oder sonst wie manifestieren wollen. Das bannende Pentagramm verwenden Sie, wenn Sie beispielsweise bei abnehmendem Mond etwas bannen, fortschicken, beenden oder auflösen wollen.

Wer sagt eigentlich, dass eine Lichterkette nur an einen Tannenbaum gehört und auch das nur im Winter?

Auch wenn Sie keine Supertanne in Ihrem Vorgarten stehen haben, können Sie trotzdem Lichterketten aller Art begutachten. Wer sagt eigentlich, dass eine Lichterkette nur an einen Tannenbaum gehört und auch das nur im Winter? Was halten Sie von einem Bambus (der ist immergrün) oder einem kahlen Spalier, das im Lichterschmuck erstrahlt?

Neben den Pentagrammen, die so nett als Weihnachtssterne getarnt sind, finden Sie auch Unmengen an bunten Kugeln. Vor allem verspiegelte eignen sich hervorragend für den Schutz von Garten, Balkon, Heim und Herd. Hexenkugeln können Sie ganz einfach und preiswert selbst herstellen, wenn Sie sich bruchsichere Weihnachtsbaumkugeln besorgen, Kupferrohr (aus dem Sanitärbedarf) und Holzstäbe vom selben Durchmesser wie das Kupferrohr. Schneiden Sie als Erstes das Kupferrohr in Stücke von etwa fünf Zentimeter Länge (oder Sie lassen es im Fachgeschäft schneiden). Feilen Sie die Enden so, dass Sie oder Ihre Lieben sich nicht verletzen können. Auf das eine Ende des Röhrchens geben Sie ein wenig geeigneten Kleber und befestigen darauf Ihre Weihnachtskugel. Die Aufhängung soll dabei innerhalb des Röhrchens sein. Achten Sie darauf, einen Kleber zu verwenden, der Wind und Wetter verträgt. Wenn Sie Ihr Kupfer gegen Grünspan schützen wollen, lackieren Sie mit Klarlack, der zumindest ein bisschen den Zahn der Zeit mildert.

Nun schneiden Sie einen Holzstab so auf Länge, dass Sie etwa dreißig Zentimeter davon in die Erde stecken können und noch genug oberirdisch rausschaut, sodass Sie sich am Anblick Ihrer Hexenkugeln erfreuen können. Vergessen Sie dabei nicht die Höhe der Pflanzen, die in der Nähe wachsen werden. Auch wenn jetzt noch nichts zu sehen ist, wird eine *Cosmea* etwa zwei Meter hoch, eine Taglilie immerhin siebzig Zentimeter. Drücken Sie nun Ihr Kupferrohr auf die Holzstange. Wenn Sie diese nicht festleimen, können Sie später zur Not angefaulte Stäbe ersetzen, ohne gleich Ihr ganzes Kunstwerk zerstören zu müssen.

Wenn Sie Farben ausgewählt haben, die Sie mit bestimmten Elementen oder Göttern in Verbindung bringen, dann weihen Sie Ihre Kugeln in einem kleinen Ritual, bevor Sie sie in Ihrem Garten unterbringen. Sie können Ihre Hexenkugeln auch innerhalb eines Lichtrituals an Ihren Garten verschenken. Und apropos verschenken: Eine selbst hergestellte Hexenkugel gibt ein wunderschönes Mittwinter- oder Weihnachtsgeschenk für Balkon- und Gartenbesitzer im Familien- oder Freundeskreis ab. Für jemand, der »nur« auf der Fensterbank gärtnert, basteln Sie Minikugelständer. Weihnachtsbaumschmuck gibt es schließlich in allen Größen.

lichterfest
für gute geister

Magische Zutaten
- viele Windlichter (z. B. ewige Lichter für Friedhöfe)
- oder Joghurtbecher in verschiedenen Größen und Teelichter

Im Dezember, wenn Weihnachten vor der Tür steht und Geschäftigkeit allerorten herrscht, was ist da im Garten los? Schließlich sind längst alle Rosenstöcke mit Tannenzweigen abgedeckt und die Stauden haben sich bis zum nächsten Frühjahr im Boden versteckt. Doch unter Schneedecke oder Regenschauern schlummern ungeahnte Kräfte. Feiern Sie Weihnachten und die Wintersonnenwende mit einem Lichtermeer im Garten und tanken Sie sich und den Garten fürs nächste Frühjahr magisch auf.

Mit einem kleinen Lichterzauber zu Mittwinter tun Sie nicht nur sich selbst etwas Gutes. Gerade weil im Garten nicht viel passiert, freuen sich Ihre Gartengeister, wenn Sie zur Wintersonnenwende kurz vor Weihnachten (21. Dezember) an sie denken. Sie können das folgende »Winterrezept« natürlich auch genau zu Weihnachten ausprobieren, die Geister der Vorzeit sind da großzügig.

Besorgen Sie sich so viele Windlichter wie möglich. Wenn Sie ewige Lichter, wie die für Friedhöfe, erstehen, können Sie eine große Anzahl zu erschwinglichen Preisen kaufen. Diese Windlichter eignen sich besonders für die Breiten, in denen es zu dieser Jahreszeit so gar nicht nach Winter aussieht. Wenn bei Ihnen alles grau in grau und kalt und feucht ist, sind diese wetterbeständigen Lichter ideal.

Genießen Sie, wie sich in dieser Jahreszeit die Energie Ihres Gartens sanft, fast unbemerkt nutzen lässt.

Falls Sie in einer schneesicheren Gegend leben, haben Sie auch noch eine etwas aufwändigere, aber auch individuellere Möglichkeit, das neue Lichtjahr einzuleuchten. Sie brauchen für diese Lichter auf jeden Fall Frost. Sammeln Sie Joghurtbecher in unterschiedlichen Größen, die Sie so ineinander stellen können, dass dazwischen Platz frei bleibt. Reihen Sie so viele Joghurtbecher, wie Sie Lichter haben wollen, draußen auf einer ebenen Fläche auf.

Füllen Sie handwarmes Wasser ein und stellen Sie dann den kleineren Joghurtbecher in den größeren. Damit er nicht oben schwimmt, beschweren Sie ihn so lange mit kleinen Steinen oder Münzen, bis er mit dem Rand des größeren auf einer Ebene ist. Damit er auch in der Mitte bleibt, stellen Sie eine Untertasse darauf. Deren kleiner innerer Ring hält dann die beiden im richtigen Abstand (auf ein paar Millimeter kommt es nicht an). Wichtig ist nur, dass wirklich rundherum Wasser steht.

Wenn Sie mit allem fertig sind, bleiben die Becher mindestens eine Nacht über im Frost stehen. Testen Sie am folgenden Morgen mal, ob sie schon durchgefroren sind. Wenn das Wasser ganz hart ist, nehmen Sie die Untertassen ab und ziehen die beiden Joghurtbecher auseinander. Sie haben nun einen Teelichthalter aus Eis. Falls etwas an der falschen Stelle festgefroren sein sollte, tauen Sie es vorsichtig mit Handwärme oder einer kleinen Wärmflasche auf. Auf keinen Fall einen feuchten Lappen verwenden, weil Sie damit nur mehr Eis erzeugen.

Wenn es draußen zwar nicht friert, Sie aber dennoch Eishalter herstellen möchten, muss eben die gute alte Tiefkühltruhe herhalten. Stellen

Sie alles auf ein Tablett, das Sie gut in den Tiefkühlschrank hineinstellen und auch wieder herausholen können. Wenn Sie eines aus Metall wählen, achten Sie darauf, dass Sie beim Herausnehmen Ihre Finger schützen, damit sie nicht am Metall festfrieren und Sie sich womöglich verletzen.

Ob Sie nun im Schnee Mittwinter feiern oder im Regen stehen, lassen Sie keine Ecke Ihres Gartens unbeleuchtet. Seien Sie dabei so einfallsreich wie möglich. Ob Sie nun einfache Teelichter aufstellen, ewige Lichter oder Eislichter, entscheiden Sie ganz nach Geschmack und Wetter.

Fangen Sie mit einer einfachen Kerze an. Tragen Sie sie mehrfach im Uhrzeigersinn in Ihrem Garten herum und stellen Sie sich dabei vor, wie dieses Licht bis in jeden Winkel hineinscheint. Ab dem 21. Dezember werden die Tage wieder länger, und das heißt schließlich, es geht auf den Frühling zu. »Erinnern« Sie Ihren Garten freundlich daran.

Wenn Sie so eine Art Lichtspirale geschaffen haben, beginnen Sie auf Ihrem Weg durch den Garten überall Lichter aufzustellen. Nach und nach verbinden sich die Leuchtinseln zu einem Lichtermeer, oder Sie schaffen Lichtkleckse, an denen sich das Auge auch erfreuen kann. Lassen Sie es nur nirgendwo dunkel. Sie können sich gern dabei vorstellen, wie Licht- und Pflanzengeister mit Ihnen feiern. Laden Sie sie wie schon früher herzlich ein, in Ihrem Garten auch im kommenden Jahr dabei zu sein. Wenn Sie fertig sind, können Sie die Lichter ausbrennen lassen oder bei einer anderen Gelegenheit für den gleichen Zweck wieder verwenden.

Genießen Sie, wie sich in dieser Jahreszeit die Energie Ihres Gartens sanft, fast unbemerkt nutzen lässt. Spüren Sie dem neuen Licht nach – und fröhliche Weihnachten!

dezember gewächse

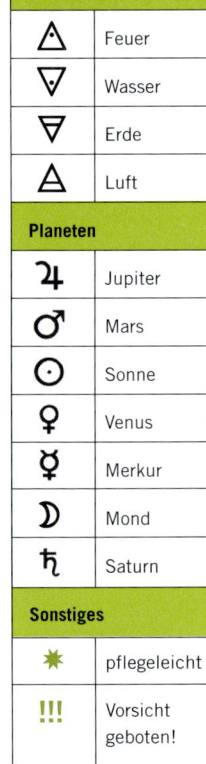

Stechpalme
Ilex-Arten

✸!!! △ ♂

Elemente	
△	Feuer
▽	Wasser
⏃	Erde
⏁	Luft
Planeten	
♃	Jupiter
♂	Mars
☉	Sonne
♀	Venus
☿	Merkur
☽	Mond
♄	Saturn
Sonstiges	
✸	pflegeleicht
!!!	Vorsicht geboten!

Farbe: immergrüne, stachelige Blätter; rote Beeren über den Winter
Blüte: Mai – August
Höhe: 1 – 20 m

Aussaat und Vermehrung: Die Stechpalme ist ein zweihäusiges Gewächs, das heißt, Sie brauchen eine männliche und eine weibliche Pflanze, um im Herbst am weiblichen Strauch rote Beeren reifen zu lassen. Aussaat im Frühjahr oder Stecklinge im Herbst pflanzen.
Standort und Bodenanforderung: Sonne bis Schatten; nur zweifarbige oder ausschließlich sommergrüne Sorten bevorzugen sonnigen bis halbschattigen Standort. Alle Ilex-Arten mögen einen durchlässigen Boden mit guter Entwässerung.
Pflege: Unverwüstlich, verträgt alles, von salziger Seeluft bis zu Abgasen.
Medizinische Eigenschaften: Die Beeren sind giftig!
Magische Eigenschaften: Bietet Schutz gegen alles und jeden, ob Blitzschlag, Gift oder fiese Geister: Wirkt als energetische Barriere zwischen Straße und Haus. Bringt Männern, die ein Stechpalmen-Blatt (Vorsicht, stachelig!) bei sich tragen, Glück in all ihren Unternehmungen.

Tanne & Fichte
Abies-Arten & Picea-Arten

Farbe: immergrün
Blüte: Frühjahr und Sommer, je nach Art – und die sind zahlreich
Höhe: Minitannen in Kniehöhe bis zu Baumriesen in den Alpen

Aussaat und Vermehrung: Versuchen Sie einmal, aus einem Tannenzapfen die Samen herauszubekommen. Legen Sie einen abgefallenen, aber noch geschlossenen Zapfen in eine Schale. Sobald sich die Zwischenräume geöffnet haben, schütteln Sie sachte die Samen heraus. Geben Sie am besten mehrere davon im März oder April in Anzuchttöpfe und bewässern Sie sparsam – aber nicht austrocknen lassen.

Standort und Bodenanforderung: Gedeihen auf vielen Böden, von steiniger Erde bis zu gutem Humus. Für kleine Gärten oder Balkone sind sie allerdings nicht geeignet, da sie mit ihrer Größe und den dunklen Nadeln zu viel Licht schlucken und Ihre grüne Oase zur düsteren Kulisse für den »Herrn der Ringe« mutieren lassen. Auch Nachbarn könnten genervt auf den »Lichträuber« und sein ständiges Nadeln reagieren. Nadelbäume sehen als Heckenpflanze immer etwas struppig aus; ihr Wuchs eignet sich einfach nicht dafür. Besser: Thuja.

Pflege: Wenig oder gar nicht düngen.

Medizinische Eigenschaften: Bäder mit Tannen-/Fichtennadelextrakten sind wunderbar gegen Erkältungen oder zur Nervenberuhigung und Entspannung vom Weihnachtstrubel. Wenn Sie lieber selbst Hand anlegen, zerdrücken Sie einige Nadeln in einem Stößel und geben diese in Ihr Badewasser. Vergessen Sie nicht, dem Baum, der Ihnen die Nadeln spendet, auch etwas als Geschenk zu überlassen.

Magische Eigenschaften: Wie alle immergrünen Pflanzen versinnbildlichen auch Nadelbäume ein langes Leben, die Beständigkeit der Lebensenergie. Tragen Sie ein Zweiglein bei sich (oder auch nur ein paar Nadeln), um in den Genuss dieses immer währenden grünen Schutzes zu gelangen.

januar
die kraft nimmt zu

Gärtnerisch sticht dieser Monat nicht gerade hervor, liegen doch idealerweise ein paar nette Zentimeter Schnee. Im ungünstigsten Fall ist es einfach nur grau und matschig.
Doch egal, welche Variante Sie gerade getroffen hat, die Arbeit mit Pflanzen ruht weitgehend. Also haben Sie in den dunklen Winternächten die Möglichkeit, schon mal vom Sommer zu träumen und sich und Ihren Garten auf den nahenden Frühling vorzubereiten. >>>

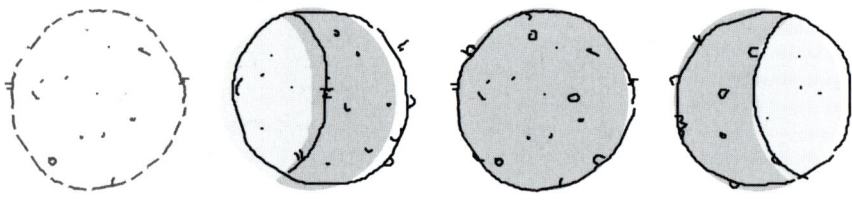

gartentipps für januar

● Wer Bäume düngen will, die auf einer Rasenfläche stehen, macht das am besten jetzt, denn die Wurzeln der Gräser sind noch nicht so aktiv und »fressen« Ihrem Baum nichts weg. Je feuchter der Boden, desto besser gelangt die Düngung dahin, wo sie hingehört.

● Schneiden Sie an frostfreien Tagen durchaus schon Gehölze, zum Beispiel Apfel, Birne und Zwetschge. Nehmen Sie alte, nach innen wachsende Triebe ab. Kappen Sie kurz über dem Triebansatz und lassen Sie einen Stummel stehen.

● Testen Sie Ihr Saatgut, indem Sie einige Samen auf angefeuchtete Wattepads legen. Achten Sie darauf, dass diese keine Chemikalien enthalten. Halten Sie die Samen feucht und warm, etwa in einem Minigewächshaus auf der Fensterbank. Wenn mehr als die Hälfte der Keime aufgeht, können Sie die Pflänzchen im Frühjahr aussetzen.

mond und pflanzenwachstum

Im Januar finden Sie keines der Jahreszeitenfeste, sodass sich eine gute Gelegenheit bietet, hier die auch für den Garten wichtige Energiequelle Mond etwas näher zu beleuchten. Schauen Sie sich die Phase des zunehmenden Mondes an, und auch ohne viel Einfallsreichtum liegt es nahe, dass Sie diese am besten mit Dingen und Unternehmungen verbinden, die beginnen, wachsen und Unterstützung brauchen.
Ebenso wie der Mond zunimmt, wünschen Sie sich beispielsweise zunehmende Kräfte in Ihren Pflanzen, die dann hoffentlich im Sommer zu ansehnlichen Blumen oder reicher Obsternte führen. Wenn Sie

Lust darauf haben, sich mit den Kräften des Mondes näher zu beschäftigen, besorgen Sie sich am besten eines der zahlreichen und einschlägigen Werke zu diesem Thema (➔ Literatur). Dort finden Sie genaue Anleitungen, in welcher der Mondphasen Sie Blattgewächse, Blumen oder Wurzelpflanzen setzen sollten, um das bestmögliche Ergebnis zu erzielen.

Ohne hier den ausgefeilten Informationen eines der vielen Werke zum Thema Mond und Pflanzen Konkurrenz machen zu wollen, seien an dieser Stelle nur ein paar Faustregeln erwähnt.

● Setzen oder säen Sie Pflanzen, deren Anziehungskraft oberirdisch liegt (zum Beispiel Früchte oder Blumen), bei zunehmendem Mond.

● Für Wurzelgemüse oder andere Pflanzen, deren Entwicklung unter der Erde wichtiger ist, wählen Sie die abnehmende Mondphase.

● Wer sich für astrologische Zusammenhänge begeistert, sät, pflanzt, gießt, düngt und erntet am besten entsprechend der Mondphasen in den Tierkreiszeichen:

  ● Wenn Sie in den Feuerzeichen Widder, Löwe und Schütze säen oder setzen, bringt Ihnen das eine reiche Fruchternte ein.

  ● Erdzeichen wie Stier, Jungfrau und Steinbock wählen Sie für ausgeprägtes Wurzelwachstum.

  ● Luftzeichen wie Zwilling, Waage und Wassermann lassen Ihre Blumen verschwenderisch erblühen.

  ● Wasserzeichen wie Krebs, Skorpion und Fische bescheren Ihnen üppiges Blattwerk.

● Fürs Umpflanzen Ihrer Zimmerpflanzen ist ein Jungfrauentag ideal, weil sich Ihre Pflanze dann schneller verwurzelt.

● Alles, was Sie in die Erde einbringen, sollten Sie bei abnehmendem Mond tun: bewässern, düngen und so weiter. Die Erde atmet dann sozusagen ein und kann alles Gute besser aufnehmen. Wenn allerdings die Sonne vom Himmel knallt, bemühen Sie am besten Ihren logischen Verstand und bewässern Sie trotz zunehmendem Mond, aber erst nach Sonnenuntergang.

● Wenn Sie mit dem Pflanzen eines neuen Gartenbewohners bis zum richtigen Zeitpunkt warten wollen, graben Sie die Pflanze samt Topf mindestens bis zur Hälfte ein. Sie kommt so länger mit dem Gießwasser aus und kann sich schon mal an ihr neues Zuhause gewöhnen.

(Weitere Hinweise zum Thema Garten und Mond ➔ April, Juli und Oktober.)

energie
im gleichgewicht

Sie möchten sich in Ihrem Garten entspannen und tolle Gartenpartys feiern, Elfen und Zwergen Unterschlupf gewähren, darüber hinaus Pflanzen ansiedeln, die eine harmonische Partnerschaft begünstigen? Und eventuell noch die passenden Farben, Höhen und Blütezeiten; eine reiche Obsternte, einen perfekten Sitzplatz und eine hübsche Anzahl schicker Gartenstatuen.
Wenn Sie tatsächlich eine solch umfangreiche Wunschliste für Ihren Garten haben, sollten Sie bemüht sein, alles im Gleichgewicht zu halten, sonst geben Sie womöglich stinklangweilige Partys und erleben explosive Beziehungsdramen, ganz zu schweigen von wütenden Kobolden, die Sie heimsuchen könnten. Denn spätestens seit Pumuckl wissen wir ja, was die manchmal für Unheil anrichten …

Das energetische Gleichgewicht eines Gartens hängt nicht nur von den Farben der Blumen oder von Dekogegenständen ab.

Das energetische Gleichgewicht eines Gartens hängt nicht nur von den Farben der Blumen oder von Dekogegenständen ab. Mal ganz abgesehen von den mehr esoterischen Balanceakten, die an den Tagundnachtgleichen im März und September zum Tragen kommen.

Neben der Wahl der Pflanzen, die Sie in Ihrem Hexengarten ziehen wollen, geht es erst mal rein technisch um solche Kleinigkeiten wie: Welchen Boden habe ich eigentlich, was wächst gut darauf? Gibt es irgendwo eine Hanglage, welche Gewächse brauchen wie viel Wasser? Wie können die vier Grundelemente Luft, Feuer, Wasser und Erde in Ihrem Garten so beheimatet werden, dass sie zusammen ein harmonisches Ganzes ergeben, und wie bekommen Sie heraus, was wo am besten gedeiht?

Wenn Sie nicht selbst Expertin in solchen Fragen sind, bemühen Sie einfach das gute alte Pendel; Sie haben ja inzwischen Übung. Die meisten Fragen des täglichen Lebens sind zu vielschichtig, um sie mit einem Pendel sinnvoll aufzudröseln. Der Garten kann dagegen ziemlich leicht mit einfachen Fragen auf Ja oder Nein ausgependelt werden.

Gegen Ende dieser Jahreszeit, im Januar, können Sie sich im Garten tummeln, Ihre grundsätzlichen Überlegungen vom Dezember näher beleuchten und sich ans praktische Planen wagen. Inzwischen haben sich Ihre Eindrücke gesetzt und Sie haben vielleicht schon etliche Ideen gesammelt und abgewogen. Jetzt können Sie ihnen gezielt nachgehen.

Fangen Sie bei den großen Fragen der elementaren Gestaltung an: Benötigt der Garten mehr Wasser, eine Vogeltränke etwa oder einen Springbrunnen? Letzerer muss ja nicht gleich die Ausmaße eines Stadtbrunnens annehmen. Braucht diese oder jene Ecke etwa das Element Feuer oder Luft? Pendeln Sie, so viel Sie können. Steht die Sitzecke hier richtig? Ist das die richtige Stelle für einen Brunnen? Braucht dieser Baum mehr Wasser? Fehlt dem Rasen ein Mineral? Erinnern Sie sich, wie wichtig es ist, sich auf Fragen zu beschränken, die sich mit Ja oder Nein beantworten lassen. Denn wie sollte Ihr Pendel Ihnen mitteilen, dass der Rasen zwar Stickstoff braucht, aber außerdem dringend wieder geharkt werden müsste, wenn Sie nicht ausdrücklich danach fragen? Damit Sie die im Januar gesammelten guten

Ratschläge Ihres Pendels mit denen aus dem Dezember vergleichen können und nicht vergessen, tragen Sie alles in Ihre Gartenskizzen ein. Außerdem können Sie lange Listen anlegen – ob Sie nun alle Projekte durchführen oder sich bloß an Ihrem Einfallsreichtum erfreuen.

Fragen Sie zu guter Letzt auch noch mal nach, wer alles in Ihrem Garten beheimatet ist. Natürlich auch mithilfe Ihres Pendels. Zwerge? Feen? Elfen? Trolle? Gehen Sie der Sache auf den Grund. Mit geduldigem Pendeln können Sie sogar herausbekommen, was sich Ihre Gartengeister von Ihnen wünschen. Braucht jemand ein Vogelhäuschen? Oder ein Windspiel? Freut sich vielleicht eine Gartenfee über glitzernde Kugeln und ein paar Goldfische im Teich?

Wenn Sie alle wichtigen Gartenfragen ausgependelt haben, können Sie das gute Stück ausschließlich für die Gartenarbeit verwenden, es erweist Ihnen aber auch beim Auspendeln von Lebensmitteln im Supermarkt gute Dienste. Vorausgesetzt, Sie lassen sich nicht von anderen Kunden abschrecken. Braucht mein Körper heute eher Bananen oder Brokkoli? Schokolade oder Joghurt?

Wenn Sie nun also voller guter Ideen sind, wird es Zeit, diese auch umzusetzen. Beginnen Sie immer mit etwas, das Sie gut im Alleingang und ohne allzu viele Hilfsmittel durchführen können. Tragen Sie weder ausufernde Steingärten zusammen noch bereiten Sie allzu schwierige Mega-Rituale vor. Fangen Sie lieber klein an.

Mit geduldigem Pendeln können Sie herausbekommen, was sich Ihre Gartengeister von Ihnen wünschen.

gartenplanung,
die zweite

Auch wenn Sie Ihren Garten von einem Vorgänger übernommen haben, können Sie die Energie Ihres Stückchens Erde mithilfe von Steinen aller Art verändern und harmonischer gestalten. Dabei gilt es allerdings, eines zu beachten: Die Energie eines Gartens kann zwar sehr stark sein, es muss Sie dennoch nicht gleich vom Schlitten hauen, wenn Sie zum Gartentor hereinkommen. Das heißt nicht unbedingt, dass Sie nun heftig nachhelfen und in Ihrem grünen Paradies einen wahren Sturm an Energie entfesseln sollten. Ganz im Gegenteil. Gerade dann, wenn Ihnen im ersten Augenblick eine besondere Eingebung fehlt, was Ihren Garten betrifft, nutzen Sie die in den vorhergehenden Kapiteln beschriebenen Vorbereitungen, um herauszubekommen, wo Sie etwa welche Steine unterbringen könnten, aber legen Sie noch nicht gleich los. Lassen Sie Ihrem Einfühlungsvermögen genug Zeit, sich zu entwickeln. Vielleicht stellt sich ja heraus, dass es gar nicht um heftige Energiebelebung geht, sondern um sanfte und entspannende Kräfte, die in einem hektischen Alltag eher Not tun. Da wäre es ja ewig schade, wenn Sie die Steinmassen wieder ausgraben müssten, weil Ihre Kristalle, Amethyste und Bernsteine nicht wirklich zu Ihren Gartenplänen passen.

Wenn Sie genug über Ihren magischen Garten wissen, wählen Sie die Steine Ihrem gärtnerischen Vorhaben entsprechend aus. Sie können sie auch in die Nähe von Pflanzen desselben Elements legen oder daneben vergraben. Welches Element welcher Pflanze zugeordnet ist, steht bei den jeweiligen Pflanzenporträts.

Sie können jeden Stein, der mit dem Element Erde verbunden ist, als stärkende und schützende Beigabe in Ihrem Garten verwenden.

Generell können Sie jeden Stein, der mit dem Element Erde verbunden ist, als stärkende und schützende Beigabe in Ihrem Garten verwenden. Viele grüne Steine gehören dazu, da schon allein die Farbe Grün diesem Element beigeordnet ist. Wenn es Ihnen mehr um eine fruchtbare Ernte geht, dann wählen Sie Ihren Stein nicht unbedingt nach der Farbe, sondern eher nach der Form aus. Steine in Eierform versinnbildlichen beispielsweise die Fruchtbarkeit der Natur an und für sich, so wie die Riten der Göttin Ostara im Frühjahr ein Zeichen dieser Fülle sind.

achat

Nicht nur alphabetisch steht der Achat ganz oben auf der Liste, wenn Sie einen Stein für Garten oder Balkon suchen. Besonders der grüne Moosachat eignet sich dafür sehr gut. Schon die alten Römer trugen

Ringe oder Amulette dieses Edelsteins bei der Gartenarbeit, um so für gesunde Gewächse und reiche Ernte zu sorgen.

Basteln Sie zum Beispiel aus Achatscheiben und Draht ein Windspiel, das Sie in einen Baum oder Strauch hängen können. Dort unterstützt es nicht nur Fruchtbarkeit und gesunden Wuchs. Der Moosachat steuert das Element Erde bei und damit Kräfte, die zur Stärkung aller Pflanzen nötig sind, ob er nun direkt mit dem Gewächs eingepflanzt, drangehängt oder daneben gelegt wird. Die bläuliche Spielart gehört zum Element Wasser und hilft beim Heilen und gegen Stress. Legen Sie also einen in Ihre Sitzecke auf Balkon oder Terrasse, wenn Sie Ausgleich brauchen. Das Element Feuer spiegelt sich im roten Achat wider: ideal für beruflichen Erfolg, Mut und Stärke. Tragen Sie einen kleinen Achat bei sich, wenn Sie beruflich oder gesundheitlich schwierige Zeiten durchmachen; Ihre Abwehrkräfte können in diesem Fall jede Unterstützung gebrauchen. Auch die recht häufig vorkommenden gestreiften Achate gehören zum Element Feuer und bringen dessen Lebenskraft mit sich.

Beim Kauf von Achaten achten Sie darauf, dass sie nicht künstlich eingefärbt, sondern naturbelassen sind. Falls Ihnen ein quietschpinkfarbenes Teil angeboten wird, lehnen Sie lieber dankend ab, da Sie für magische Vorhaben möglichst naturbelassene Materialen brauchen – da müssen Sie im Vorfeld nicht so viel energetische Aufräumarbeit leisten.

Tragen Sie einen kleinen Achat bei sich, wenn Sie beruflich oder gesundheitlich schwierige Zeiten durchmachen.

amethyst

Dieser lilafarbene Stein gehört zu meinen Lieblingen. Es gibt eigentlich nichts, was er nicht kann. Ob Sie ihn für Heilungsrituale, zur Entspannung oder für inneres Wachstum verwenden – der zum Element Wasser gehörende Stein ist stets erste Wahl. In Ihrem Garten oder auf dem Balkon eignet er sich sehr gut als Mittelstück für Ihren kleinen → Altar oder → Kraftort. Legen Sie um Ihren Garten beispielsweise einen Ring aus kleinen Amethysten, Bergkristallen und Bernsteinen (aber bitte nicht übertreiben!), leben Sie in einem Energiefeld, das nicht besser sein könnte. Wie ein Steinkreis angelegt wird, wird unten beim Bergkristall beschrieben.

bergkristall

Auch wenn die Steinchen klein und ziemlich unscheinbar aussehen, sie haben es in sich.

Dieser weiße beziehungsweise transparente Stein gehört zum Element Wasser. Er entfaltet seine ganzen Stärken, wenn Sie ihn neben Salbei legen oder an dessen Wurzel eingraben. Bevor Sie aber mit Armen voller Bergkristall Ihren Garten eindecken, sei eindringlich gewarnt. Auch wenn die Steinchen klein und ziemlich unscheinbar aussehen, sie haben es in sich. Es ist ähnlich wie mit dem Sonnenschein: Ein Augenblick in der Saharasonne führt nicht gleich zu Sonnenbrand. Laufen Sie allerdings drei Stunden bei bedecktem und kühlem Wetter an der Nordsee herum, sind Sie hinterher krebsrot. Sie merken zwar zuerst weniger von der Sonnenkraft, ihr Einfluss ist aber tatsächlich nachhaltig. Bergkristalle haben denselben Effekt, wenn Sie nicht behutsam damit umgehen.

Fangen Sie deshalb unbedingt klein an und legen erst mal in jede der vier Himmelsrichtungen und die dazwischen liegenden Halb-Richtungen (wie Nordosten oder Südwesten) je einen Bergkristall. Führen Sie dabei ein kleines Ritual durch, bei dem Sie den Kristallen den Auftrag geben, Ihr Haus, Ihr Grundstück und alle seine Bewohner zu schützen. Legen Sie sich für den Steinkreis alles zurecht, was Sie auch sonst bei Ritualen verwenden. In die Mitte Ihres Kreises kommen die Steine, die Sie später einsetzen wollen.

Entspannen Sie sich wie üblich und schließen Sie den magischen Kreis. Treten Sie in die Mitte und nehmen Sie die Bergkristalle in diejenige Hand, die Sie mit Ihrem Spirit und magischen Handlungen verbinden. Die andere halten Sie einfach darüber. Spüren Sie das von den Steinen ausstrahlende Energiefeld zwischen Ihren Händen. Nehmen Sie es einfach nur wahr.

Visualisieren Sie nun, wie und wo Sie die Steine in Ihrem Garten, Ihrer Wohnung oder auf Ihrem Balkon unterbringen. Visualisieren Sie zum Beispiel, wie Sie einen Kristall in einem Blumentopf am Südfenster

Ihres Wohnzimmers hinterlegen oder an den anderen vier »Ecken« Ihrer Windrose. Wenn Sie die Runde beendet haben, legen Sie die Kristalle wieder ab und öffnen wie gewohnt Ihren Kreis.

Direkt anschließend legen Sie die Kristalle dorthin, wo Sie sie vorher visualisiert haben. Achten Sie bei Ihrem kleinen Ritual unbedingt auf gute Erdung, da Kristalle wie gesagt mehr in sich haben, als auf den ersten Blick zu erkennen ist.

Die Kristalle sollten erst einmal für sich alleine wirken, bevor Sie möglicherweise noch andere Steine dazugesellen. Lesen Sie sich Wissen darüber an. Lassen Sie sich dabei wieder mal von Ihrem Gefühl und nicht so sehr von Beschreibungen in Büchern leiten. Wenn es Sie unwiderstehlich zu einem bestimmten Brocken hinzieht, dann folgen Sie unbedingt diesem Gefühl.

bernstein

Bernsteine sind genau genommen gar keine Steine, da sie aus lebendigem Material entstanden sind und häufig sogar noch gut erhaltene Fossilien beherbergen. Sie sind ausgezeichnete Schutzsteine, den Elementen Feuer und ➔ Akasha zugeordnet. Dieses fünfte Element beinhaltet alle anderen zusammen, es ist das Nichts und das Alles, der Ausgleich der Gegensätze.

Sie kennen vielleicht den Brauch, Kindern Bernsteinkettchen umzuhängen, damit die Zähne leichter durchbrechen. Im Garten und auf dem Balkon können Sie diesen »Stein« ebenfalls nutzen, um Ihre Zaubereien zu stärken und zu einem durchschlagenden Erfolg zu machen. Legen Sie ein Stück echten Bernstein auf Ihren Gartenaltar, wenn Sie Besonderes vorhaben. Oder tragen Sie bei einem wichtigen Ritual ein Stück Bernstein bei sich. Dabei ist der Hautkontakt wichtig. Hängen Sie das Amulett also nach innen, unter Ihre Kleidung oder nehmen Sie den Bernstein am besten gleich in die Hand.

Achten Sie beim Kauf darauf, dass Sie wirklich echten Bernstein bekommen und nicht wiederhergestellten. Durch diese Veränderung verschieben sich auch die energetischen Muster. Echter Bern-

Legen Sie ein Stück echten Bernstein auf Ihren Gartenaltar, wenn Sie Besonderes vorhaben.

stein kann sehr teuer sein, aber fragen Sie mal in der Familie herum. Vielleicht hat dort ja noch jemand eine alte Kette, die keiner mehr trägt.

gold

Zaubern Sie mit einem Mobile einen Goldschimmer in Ihr grünes Paradies.

Das Metall der Sonne und des Elements Feuer werden Sie vermutlich kaum in Ihrem Garten vergraben. Doch auch wenn Sie nicht gerade Großmutters Goldreif im Tomatentopf verbuddeln, können Sie einen Goldschimmer in Ihr grünes Paradies zaubern.

● Besorgen Sie sich möglichst dicke Bambusstäbe, die Sie in jedem Baumarkt bekommen. Sägen Sie die Stäbe auf Stücke von etwa 20 bis 30 Zentimeter zu.

● Rauen Sie die Bambusstäbe mit etwas Schmirgelpapier auf. Nun malen Sie die Stäbe mit goldener Bastelfarbe an. Stecken Sie die Röhrchen dazu auf ausgediente Löffel, damit Sie keine »Goldfinger« bekommen.

● Wenn die Bambusrohre trocken sind, durchbohren Sie eines mit Löchern im Abstand von etwa drei Zentimetern, die anderen nur an einem Ende.

● Mit Draht oder einer wetterbeständigen Bastschnur befestigen Sie die nur am Ende durchbohrten Rohre an dem ganz durchlöcherten Querrohr (mit einem einfachen Knoten). Stellen Sie mit Bast/Draht und zugespitzten Korken eine Aufhängung an den Enden der Querstange her.

Dieses goldene Mobile können Sie in einen Baum im Garten oder an einen Haken auf dem Balkon hängen. Der Wind tut dann sein Übriges. Mit der Zeit wird die goldene Farbe höchst attraktiv dahinwittern und macht Ihr Windspiel zu einem echten Kunstwerk. Wenn Sie es gerne asymmetrisch haben, sägen Sie die Stäbe verschieden lang zu oder hängen Sie diese in unterschiedlichen Höhen auf. So erhalten Sie ein noch persönlicheres Werk, das sich übrigens ausgezeichnet zum Verschenken eignet.

hämatit

Der Hämatit, auch Blutstein genannt, gehört zum Element Feuer. Seine Grundfarbe Grün verbindet ihn automatisch mit dem Element Erde und seine rötliche Sprenkelung gab ihm den Namen. Dieser Stein ist meist leicht erschwinglich. Sie können ihn nicht nur im Garten verwenden, wenn Sie Gemüse anpflanzen, doch dort sorgt er erst einmal für besonders reiche Ernten. Er lässt sich aber auch für Schutz- und Heilzauber, Wohlstand und Geschäfte sowie persönlichen Mut zum Einsatz bringen. Bei Steinen mit einem so vielfältigen Eigenleben lohnt es, selbst auszuprobieren, wofür er Ihnen Beistand gewährt. Meditieren Sie mal eine Zeit lang mit einem Hämatit in der Hand und schreiben Sie in Ihrem magischen Tagebuch auf, was Sie für Infos bekommen.

jade

Am bekanntesten ist dieser Stein sicher in seiner grünen Spielart. Sie ist bei uns auch am leichtesten zu bekommen. In China gilt Jade als heiliger Stein der Götter, weshalb Altäre für Mond und Erde teilweise sogar komplett aus diesem edlen Material hergestellt werden. Es gehört zum Element Wasser.

Wenn Sie beim Gärtnern ein Stück Jade bei sich tragen, unterstützt dies gesundes Pflanzenwachstum. Sie können auch am Rande Ihres Gartens vier Jadestücke vergraben (in den vier Himmelsrichtungen beispielsweise) und so Ihre Gartenbewohner gegen Krankheiten schützen.

Wenn Sie beim Gärtnern ein Stück Jade bei sich tragen, unterstützt dies gesundes Pflanzenwachstum.

kupfer

Das rote Metall gehört zum Element Erde. Deshalb bringen Sie erwünschte Metallpartikel in die Erde ein, wenn Sie beispielsweise kupferne Gerätschaften für Ihre Beete und Töpfe verwenden. Ganz nebenbei ist das Material noch äußerst vielseitig: Wasserläufe lassen sich daraus herstellen, Windspiele oder auch Wandbilder. Lassen Sie Ihrer Fantasie freien Lauf und erfreuen Sie sich an der Patina, die jedes Kupferstück nach einer Weile überzieht.

mondstein

Dieser milchigweiße Stein gehört zum Element Wasser und allen Mondgöttinnen und -göttern dieser Erde. Seine äußerst sanfte Energie beschert Ihren Gewächsen die Fruchtbarkeit der Erdmutter. Eine besonders schöne Verbindung ergibt zum Beispiel ein Mondstein mit einem Apfelbaum. Sie sollten ihn am besten nicht vergraben, sondern aufhängen oder doch zumindest *auf* die Erde statt *hinein*legen.

silber

Das Metall des Mondes und des Wassers mag zwar rein vom Geldwert nicht so edel wie Gold sein, doch vom magischen Gesichtspunkt her gibt es kaum etwas Besseres. Wenn Sie als Frau besonders an der Religion der Großen Mutter interessiert sind, tragen Sie dieses Metall als Schmuck. Es ist dem weiblichen Element gewidmet, ebenso wie Gold dem Männlichen.

bad im
kerzenschein

Nachdem Sie nun so unermüdlich für Ihr Grünzeug gewerkelt haben, ist es an der Zeit, dass Sie sich etwas Gutes tun. Ein winterliches Bad bei Kerzenschein ist da genau richtig. Nebenbei erneuern Sie sämtliche Lebensgeister, sowohl die körperlichen als auch Ihre spirituellen.

Falls Sie auf der Fensterbank Kräuter züchten, können Sie diese Pflanzengeister gleich dazubitten, oder Sie wählen getrocknete Kräuter aus. Dabei spielt es keine ausschlaggebende Rolle, ob Sie dafür ins Kräuterregal im Supermarkt greifen oder in der Apotheke bzw. im Bioladen einkaufen. Auch wenn es eine Binsenwahrheit ist, dass selbst gezogenes oder biologisch einwandfrei gezüchtetes Kraut energetisch und ökologisch sinnvoller ist. Am allerbesten eignen sich für Ihre Zaubereien Kräuter aus Ihrem Hexengarten. Sie wissen dann nicht nur genau, wie und wo sie gewachsen sind, sondern haben auch eine enge Verbindung zu ihnen. Halten Sie also über den Winter eine Ecke auf Ihrer Fensterbank für Basilikum & Co. frei. Das erleichtert die kommende magische Arbeit ungemein. Aber selbst wenn Ihnen nur ein Supermarkt zur Verfügung steht, brauchen Sie nicht auf magische Kräuterbäder zu verzichten. Schließlich benutzten unsere VorfahrInnen auch jede Menge alltäglicher Gegenstände für Ihre geheimen Zaubereien.

Wählen Sie Kräuter aus, die Sie mögen. Fragen Sie zunächst nicht danach, für

> Am allerbesten eignen sich für Ihre Zaubereien Kräuter aus Ihrem Hexengarten. Sie wissen dann nicht nur genau, wie und wo sie gewachsen sind, sondern haben auch eine enge Verbindung zu ihnen.

welches Wehwehchen sie besonders gut sind. Richten Sie sich als Erstes nach Ihrer Nase, denn die bestimmt in diesem Fall, ob Sie sich wohl fühlen oder eine Wäscheklammer brauchen, weil Sie der Duft von Kamille im Badewasser eher an den Brechreiz Ihrer Jugendzeit als an Entspannung denken lässt. Wenn Sie sich nicht sicher sind, welches Kraut Sie wählen sollen, hier ein paar Tipps:

- Kamille, Lavendel, Melisse und Fichtennadeln beruhigen,

- Rosmarin und Pfefferminze regen an,

- Basilikum und Thymian kurbeln Ihr Liebesleben an.

Was Ihnen Küchenkräuter sonst noch so zu bieten haben, steht in den einzelnen Pflanzenporträts.

januar gewächs

Christrose
Helleborus niger

!!! ▽ ♄

Farbe: immergrüne Staude
Blüte: Januar – März, je nach Witterung auch schon im Dezember
Höhe: bis 50 cm

Aussaat und Vermehrung: Kaufen Sie diese Pflanze und setzen Sie sie bereits im Herbst in Ihren Garten, damit Sie schon im kommenden Winter etwas davon haben (gelegentlich kommen die Blüten auch erst im zweiten Jahr). Teilen Sie Ihre Staude im Herbst und pflanzen Sie sie sofort am neuen Standort ein.
Standort und Bodenanforderung: Feuchte, aber nicht nassen Böden; verträgt auch einen Standort unter Bäumen.
Pflege: Achten Sie im Frühsommer darauf, ob Ihre Pflanzen unter Schädlingsbefall leiden.
Medizinische Eigenschaften: Die Pflanze ist giftig. Am besten lassen Sie die Finger davon.
Magische Eigenschaften: Visualisieren Sie mit der Christrose, wenn Sie sich »unsichtbar« machen wollen, das heißt, dass andere Menschen Ihre Anwesenheit ausblenden oder sofort wieder vergessen. Falls Sie so einen Zauber vorhaben, achten Sie darauf, ihn auch wieder aufzuheben, damit Sie nicht vergeblich in der Schlange beim Bäcker warten.

Elemente	
△	Feuer
▽	Wasser
⍌	Erde
⍍	Luft
Planeten	
♃	Jupiter
♂	Mars
☉	Sonne
♀	Venus
☿	Merkur
☽	Mond
♄	Saturn
Sonstiges	
✺	pflegeleicht
!!!	Vorsicht geboten!

frühling
leben pur

- Februar – Aufbruch zu neuen Taten
- März – Gärtnern im Gleichgewicht
- April – fruchtbarer Mond

februar
aufbruch zu neuen taten

Mit etwas Glück können Sie jetzt sogar in unseren Breiten zum ersten Mal Ihre Sonnenschutzcreme auspacken und selbst im Februar – gut eingemummt – die ersten warmen Sonnenstrahlen auf Terrasse oder Balkon genießen. In gemäßigten Gegenden beginnt so langsam die Feldarbeit, während andernorts noch alles unter meterhohem Schnee dahinschlummert. >>>

Nach dem alten keltischen Kalender beginnt mit Imbolg, was so viel wie »im Bauch« heißt, am 2. Februar der Frühling. Zu dieser Zeit übernimmt die Feuergöttin Brigid, die später als heilige Brigitte christianisiert wurde, die Herrschaft über das Land. Überall, wo sie auftritt, sprießen Blumen und entspringen Flüsse. Die urwüchsige Kraft dieser Jahreszeit ist noch in alten Bräuchen erhalten, wie etwa der Fastnacht oder dem Brigids-Feuer. Dabei geht es nicht um die inneren Feuerkräfte wie noch zu Mittwinter, sondern das wärmende Feuer da draußen, das sich jetzt schon in den deutlich wärmeren Sonnenstrahlen bemerkbar macht.

frühlingsanfang

Frühlingsanfang – ob nach dem alten oder neuen Kalender, ob mit oder ohne Schnee – ist immer eine Zeit des Aufbruchs und des neuen Wachstums. Die ersten Ideen sind gesammelt und Anfänge gemacht; nun beginnt allmählich die Umsetzung Ihrer Pläne. Richten Sie sich bei all Ihren Vorhaben am besten nach dem Wetter in Ihrer Region und beginnen Sie mit der Gartenarbeit, sobald Schnee und Eis es zulassen. Dabei ist es wichtig, sich wirklich an Mutter Natur zu orientieren und nicht etwa an kalendarischen Einteilungen. Sie könnten sonst mehr Schaden als Nutzen anrichten.

frühlingsanfang im garten

- Beginnen Sie rechtzeitig, alles vorzubereiten, was Sie für die Aussaat neuer Blumen brauchen. Wenn Ihnen Töpfe fehlen oder sonstiges Zubehör, ist jetzt die richtige Zeit, alles zu besorgen.

- Legen Sie sich eine Kartei an, in der Sie Ihre Samentütchen nach Monaten sortiert aufbewahren. So vergessen Sie nicht, sie zur rechten Zeit in die Erde zu bringen.

- Nachdem die letzten Schneehaufen abgetaut sind, können Sie an einem warmen Tag erstmals die Erde lockern. Meist ist das im März der Fall. Auf diese Weise bekommen Ihre Blumen mehr Luft, und Sie haben den Vorteil, dass Sie später Wildkräuter aus einem lockeren Boden wesentlich leichter entfernen können als aus einem von Wind und Wetter »zementierten«.

Wenn Sie keine ausgeklügelten Systeme zur Unkrautbekämpfung kennen, legen Sie einfach ein paar dicke Lagen Zeitungen auf den Beeten aus.

- Wenn Sie keine ausgeklügelten Systeme zur Unkrautbekämpfung kennen, legen Sie einfach ein paar dicke Lagen Zeitungen auf den Beeten aus. Mit diesem Trick verhinderten schon unsere Großmütter das Wachstum von Löwenzahn oder Tausendgüldenkraut. Nach dem derzeitigen Stand eines modernen Umweltschutzes sollten Sie es aber nicht übertreiben. Papier kann zwar verrotten, aber Druckerschwärze sollte nicht zu viel in die Erde gelangen.

- Auch wenn es banal klingt: Beim Säen oder Setzen sollten Sie unbedingt alles beschriften, was Sie wann und wo in die Erde gebracht haben. Wenn Sie nicht gerade die Supergärtnerin sind, rupfen Sie sonst schnell eine mühsam gezogene Pflanze heraus, weil Sie diese für Unkraut halten!

- Wenn Sie im Freiland säen, markieren Sie den Bereich einer Saatgutfläche mit dicken Stöcken. So wissen Sie zu jeder Zeit, welche Pflanzen welche Ausbreitung erreichen.

- Für gestylten Buchsbaum als Beetbegrenzung oder als Gartendeko ist jetzt der erste Schnitt fällig. Dieser erste Schnitt des Jahres erfolgt am besten per Hand, nicht mit der elektrischen Schere, da er nass ausgeführt werden sollte. Leicht feuchte Blätter nach einem Regen sind dafür sehr günstig.

frühlingsanfang
auf dem balkon

- Entlassen Sie Ihre grunen Freunde nicht zu früh aus dem geschützten Winterschlaf. Auch wenn es kalendarisch offiziell Frühling ist, setzen Sie empfindliche Pflanzen keinen Nachtfrösten aus. Im Zweifelsfall heißt das: Pflanze rein, Pflanze raus, je nach Wetter. Oder Sie gehen auf Nummer Sicher und warten bis Ende April. Aber die Eisheiligen vom 11. bis zum 15. Mai können Ihnen noch einmal einen Strich durch die Rechnung machen, wenn Ihre Blumen sehr kälteempfindlich sind!

- Reinigen Sie Ihren Balkon gründlich, bevor Sie ihn mit neuen Pflanzen bestücken. Entfernen Sie grünlichen Algenbelag mit Essigessenz und Wasser. Tragen Sie dazu am besten eine Atemmaske und arbeiten Sie mit größter Vorsicht, denn diese Essigkonzentration schadet nicht nur den Algen, sondern auch Ihren Schleimhäuten. Dafür ist sie unschlagbar bei Belägen aller Art – von Kalk bis Fett.

Auch wenn es kalendarisch offiziell Frühling ist, setzen Sie empfindliche Pflanzen keinen Nachtfrösten aus.

frühlingsanfang
auf der fensterbank

- Verdünnte Essigessenz hat sich auch beim Fensterputz bewährt. Ihren Pflanzen tut eine blitzblanke Sicht ins Freie genauso gut wie Ihnen.

- Achten Sie in den Frühlingsmonaten drauf, dass Ihre Fensterpflanzen nicht verbrennen. Auch wenn die Luft draußen noch sehr kalt ist, auf dem Fensterbrett kann es heiß werden, wenn die März- oder Aprilsonne auf die Blätter knallt. Stellen Sie Ihre Blumen an ein Nordfenster oder lassen Sie über Mittag eine Jalousie herunter.

- Beginnen Sie wieder zu gießen und beim ersten Wuchs Ihrer Benjamine und Kakteen düngen Sie sparsam.

kraftorte anfeuern

Magische Zutaten
- Windlichter für die Kraftorte in Ihrem Garten

Um die Kraft dieser feurigen Jahreszeit angemessen nach draußen zu bringen, können Sie Ihren persönlichen Kraftort auf dem Balkon, im Garten oder auch im Haus aufs Korn nehmen. Vermutlich steigt vor Ihrem inneren Auge bei diesem Begriff gleich so etwas wie Stonehenge oder die Externsteine auf. Wenn Sie sich nun fragen, wie Sie derart großartige Kraftorte in Ihrem Garten finden oder gar herstellen sollen, machen Sie sich keine Sorgen: Zum Glück können Sie praktisch jeden Platz zu einem Kraftort machen.

Genau genommen ist bereits jeder Fleck auf unserem Planeten ein eigener Ort der Kraft. An ganz besonderen Plätzen – wie etwa Stonehenge – treffen verschiedene Energielinien vermehrt zusammen. Deshalb wurden dort Bauwerke errichtet, um diese Kräfte noch zusätzlich zu bündeln. Darüber hinaus haben über Jahrtausende unzählige Generationen von Menschen dort mit ihren Wünschen, Ritualen und Gebeten für weitere Kraftschübe gesorgt.
Nun werden sich nicht ausgerechnet in Ihrem Garten oder auf Ihrem Balkon ganze Heerscharen von Druiden oder Hexen versammeln oder versammelt haben – obwohl so was ja nie auszuschließen ist. Sie finden aber mit Sicherheit eine oder mehrere Kreuzungen von Energielinien, die Sie sanft unterstützen und für sich nutzen können. Sie haben ja bereits beim Pendeln im Dezember entdeckt, wo die Knotenbündel von Energie in Ihrem Garten zu finden sind, wo die Energielinien besonders stark auftreten, wo also der Kraft-Mittelpunkt liegt, und wo Ihre Gartenenergie eher schwächelt. Diese Kraftorte lohnt es zu markieren und mit großer Aufmerksamkeit zu bedenken. Falls Sie echte Schwachpunkte entdecken, markieren Sie auch diese. Dort können Sie später für einen Ausgleich sorgen (➔ September).

Da der Februar traditionell zum Lichterfest einlädt, bietet es sich an, die Kraftorte in Ihrem Garten mit etwas Kerzen-Akupunktur anzuregen. Wählen Sie dafür Stellen in Ihrem Garten aus, die bereits sehr energiegeladen sind. Um die Verbindung zwischen diesen Punkten mit einem feinen Energienetz aufzubauen, stellen Sie an jedem dieser Punkte ein Windlicht auf. Suchen Sie sich dann einen Platz im Garten, von wo aus Sie möglichst alle diese Lichter sehen können. Gehen Sie von dort zum Kraft-Mittelpunkt Ihres Gartens. Wenn Sie sich nicht mehr erinnern, wie Sie im Winter den Mittelpunkt Ihres Gartens ermittelt haben, ertasten Sie die Energie am schnellsten mit bloßen Händen und Füßen. Das geografische Zentrum Ihres Gartens ist dabei, wie bereits erwähnt, völlig unwichtig. Folgen Sie ganz Ihrer Eingebung. Wenn Sie der nicht trauen oder trotz mehrfacher Versuche nicht so richtig weiterkommen, pendeln Sie oder ziehen Sie einen Wünschelrutengänger zu Rate.

Sobald Sie also im Mittelpunkt angekommen sind, markieren Sie ihn – er könnte zum Beispiel mitten im noch nicht gemähten Rasen liegen. Damit Sie ihn nicht wieder vergessen, graben Sie an dieser Stelle zum Beispiel einen flachen Stein ein, sodass Sie leicht wieder zurückfinden. Ein praktischer Vorteil einer solchen Markierung ist, dass Sie dort gut Kerzenhalter, Wasserschalen oder andere Ritualgegenstände aufstellen können, ohne dass sie umkippen.

Wenn Sie so alles fertig haben, verbinden Sie die Feuerstellen in Ihrem Garten. Dazu stellen Sie sich in den Mittelpunkt und fangen an, sich um sich selbst zu drehen. Sie bewegen sich dabei im Uhrzeigersinn – Sie wollen schließlich etwas zusammenbringen – und wandern mit den Augen von einem Lichtpunkt Ihres Gartens zum anderen. Visualisieren Sie dabei, wie Sie die Energie dieser Orte verweben, in einer kreisenden Spirale, die Ihren Drehungen folgt. Lassen Sie Ihre Bewegung nach einer Weile (oder wenn Ihnen schwindlig ist) zum Stillstand kommen. Bleiben Sie nun einen Moment stehen und sehen sich um. Wählen Sie einen der Punkte im Garten als Ihren persönlichen Kraftort aus und gehen Sie dorthin. Stellen Sie sich an diesen Ort und schließen Sie die Augen. Spüren Sie in aller Ruhe der Kraft dieser Stelle nach und machen Sie sich ihre Energien bewusst. Wenn Sie sich nicht mehr so genau erinnern, was Sie bei Ihren Winter-Übungen herausbekommen haben, frischen Sie Ihre Erinnerung wieder auf. Lesen Sie zum Beispiel in Ihrem Buch der Schatten nach. Wenn Sie fertig sind, bringen Sie Ihre Aufmerksamkeit langsam wieder in die Gegenwart zurück.

Nutzen Sie Ihren Kraftort, wenn Sie sich mit Energie aufladen möchten.

Nutzen Sie diesen Kraftort, wenn Sie sich mit Energie aufladen möchten, stellen Sie dort Gegenstände für Ihre magischen Gartenrituale ab. Zur Reinigung legen Sie Kristalle oder andere Steine eine Mondphase lang (von Vollmond zu Vollmond) an diesen Platz. Es gibt viele Möglichkeiten, Ihren persönlichen Kraftort für sich zu nutzen; finden Sie Ihre ganz eigenen.

Balkonbesitzer, die wegen des doch sehr begrenzten Raumes keine langen Strecken zurücklegen können, beziehen am besten die restliche Wohnung mit ein. Dabei könnten Sie Kreuzungspunkte von Kraftlinien ausschließlich innerhalb der vier Wände entdecken. Die lassen sich im Prinzip genauso nutzen wie die im Freien, allerdings fehlt die unmittelbare Verbindung zu den Elementen. Wählen Sie also den Ort auf Ihrem Balkon oder einer außen liegenden Fensterbank, der dem Gefühl eines Kraftortes am nächsten kommt, und nutzen Sie ihn entsprechend. Um zum Beispiel Kristalle zu reinigen oder Ritualgegenstände an die Elemente zu übergeben, ist es einfach notwendig, dass Ihnen diese Elemente auch wirklich unmittelbar zur Verfügung stehen, ohne die trennende Glasscheibe oder Betonwand Ihrer Behausung dazwischen.

Wenn Sie in Ihrem näheren Umfeld gar keinen Ort finden, mit dem Sie sich anfreunden können, gehen Sie einfach nach draußen ins Gelände und suchen sich einen selten benutzten Waldpfad, eine Meeresbucht, einen Feldrand oder auch nur eine Parkbank, wo Sie ein gutes Energie-Gefühl bekommen. Fangen Sie einfach mit diesem Ort an, bis Sie sich etwas Passenderes suchen können – oder umziehen.

feuertanz im garten

Magische Zutaten
- viele Kerzen oder Teelichter, bei Wind Windlichter
- Gegenstände, die die vier Elemente symbolisieren

Ein Feuerlauf im Garten ist eine weitere Möglichkeit, mit dem Element Feuer in Verbindung zu treten und die sich erneuernde Lebensenergie des Frühlings in Schwung zu bringen. Damit ist hier nicht gemeint, dass Sie unter Trommelwirbel und Fackelschein über glühende Kohlen laufen sollen, auch wenn das vielleicht ganz spannend wäre. Wir halten es mal wieder eine Nummer kleiner. Sie tragen das Lebensfeuer des Frühlings sozusagen in Ihren Garten oder in Ihre Wohnung und auf den Balkon.

Für diese Zeremonie brauchen Sie eine ganze Menge an Lichtenergie und deshalb wieder viele Kerzen. An einem ruhigen Abend, an dem kein Wind weht, brauchen Sie keine Windlichter oder Ähnliches. Falls draußen allerdings heftige Böen aufkommen, benötigen Ihre Kerzen Schutz. Suchen Sie sich alles zusammen, was Ihr Haushalt an wind- und feuerfesten Behältern zu bieten hat, und füllen Sie es mit Teelichtern.
Dort, wo Sie Ihren Elementarkreis öffnen, stellen Sie Ihre Lichter in einem weiten Kreis auf. Er sollte so groß sein, dass Sie darin ohne Gefahr zwischen den Flammen herumlaufen können. Spätestens bei diesem Ritual empfiehlt es sich, keine wallenden Gewänder rauszukramen, da diese nur allzu leicht Feuer fangen. Lassen Sie also die alten Brokatstoffe im Schrank und ziehen Sie sich eine Jeans an.
Auf dem Balkon reicht es auch, wenn Sie sich nur um sich selbst drehen. Sie verlegen dann die Bewegung mehr in den Bereich der Gedanken und der Visualisierung.

Nun öffnen Sie Ihren Energiekreis, der alle aufgestellten Lichter umfassen sollte. Stellen Sie sich mit dem Gesicht nach Süden, in die Richtung der Feuerenergie. Nehmen Sie von dort ein Licht hoch und halten Sie es sich vor die Augen. Visualisieren Sie, wie sich dieses Licht mit Ihrem Lebensfunken verbindet und in Feuerrichtung Süden ausstrahlt. Wenden Sie sich nun in Richtung Westen und nehmen Sie auch von dort ein Licht hoch. Visualisieren Sie wie zuvor. Nun folgen Norden und Osten. Wenn Sie so einen strahlenden Lichterkreis geschlossen haben, beginnen Sie mit Ihrem Feuertanz.

Bewegen Sie sich in einer Schlangenlinie um die Lichter. Sie treten zuerst aus dem Kreis hinaus, dann wieder hinein und so fort. Zunächst im Uhrzeigersinn. Während Sie so im Kreis tanzen, können Sie summen, singen, trommeln, in die Hände klatschen oder was Ihnen sonst noch in den Sinn kommt und Ihre Feuerenergie stärkt. Visualisieren Sie, wie die Lebensenergie in Ihren Garten und in Ihren Körper strömt. Wenn Sie so weit sind, treten Sie wieder in die Mitte des Kreises und bleiben dort einen Augenblick lang stehen. Spüren Sie die Lebenskraft des Feuers überall um sich herum, auch wenn sie vielleicht noch unter dickem Schnee verborgen schlummern sollte.
Als Nächstes schicken Sie diese Energie in den Rest der Welt und verbinden Ihren Garten oder Balkon mit der Feuerenergie des ganzen Planeten. Sie brauchen sich dabei nicht jeden Zipfel der Kontinente oder dergleichen vorzustellen. Es reicht, wenn Sie einfach visualisieren, wie die Feuerenergie in alle Himmelsrichtungen strömt. Mutter Natur weiß schon, wo sie hinsoll, und verteilt entsprechend. Während Sie visualisieren, schreiten Sie Ihre Schlangenlinien gegen den Uhrzeigersinn um die Feuerstellen. Auch hier können Sie wieder jede Menge Krach dazu machen, wenn Ihnen danach ist – und die Nachbarschaft es zulässt.

Sobald Sie die Verbindung spüren, kehren Sie wieder in die Mitte Ihres Kreises zurück und verweilen dort einen Augenblick. Spüren Sie wiederum der ausgeschickten Energie nach. Öffnen Sie nun Ihren magischen Kreis und vergessen Sie nicht, sich ausreichend zu erden.

februar gewächse

Krokus
Crocus-Arten

✽ ▽ ♀

Farbe: blau, gelb oder auch mehrfarbig
Blüte: Februar – März
Höhe: bis zu 10 cm

Aussaat und Vermehrung: Einige Arten säen sich selber aus, zum Beispiel der rötlich-lilafarbene Elfenkrokus *(Crocus tommasinianus)*. Wenn Sie selber Krokusse ziehen wollen, säen Sie diese am besten im Frühjahr in sandiger Anzuchterde aus. Feucht halten und im Herbst ins Freie pflanzen. Sie blühen allerdings erst nach zwei bis drei Jahren.
Standort und Bodenanforderung: Sonne und lockerer Boden; anspruchslos, kein Düngen nötig.
Pflege: Braucht keine. Das Knollengewächs gedeiht auch auf dem Balkon. Achten Sie nur darauf, dass die Töpfe nicht durchfrosten, sondern in harten Wintern besser im dunklen, kühlen Keller stehen. Nur sehr mäßig wässern.
Medizinische Eigenschaften: In diesem Fall ist die medizinische Anwendung eher eine kulinarische, denn der Safran gehört auch zur Familie der *Crocus*-Gewächse. Das stark färbende Gewürz kennen Sie vermutlich aus dem Kinderreim, wo es den Kuchen gelb färbt. Sie können damit auch bedenkenlos andere Speisen würzen – wenn er Ihnen nicht zu teuer ist, denn echter Safran kostet sündhaft viel. Würzen Sie vor allem in dieser Jahreszeit mit Safran, damit alle Lebenskräfte ins Fließen kommen.
Magische Eigenschaften: Wer Krokusse im Garten unterbringt, lockt die Liebe an. Wenn Sie zur Blütezeit einen Liebeszauber vorhaben, können Sie mit ein paar Krokussen Ihren Hausaltar schmücken und so Ihr Vorhaben stärken.

Elemente	
△	Feuer
▽	Wasser
⍯	Erde
⍋	Luft
Planeten	
♃	Jupiter
♂	Mars
☉	Sonne
♀	Venus
☿	Merkur
☽	Mond
♄	Saturn
Sonstiges	
✽	pflegeleicht
!!!	Vorsicht geboten!

Primel
Primula-Arten

Farbe:	blüht in allen Farben, selbst in Blau
Blüte:	Februar – April. Das gilt für die echte Primel (Primula veris) oder Schlüsselblume und die Waldschlüsselblume (Primula elatior), andere Arten können durchaus bis in den Sommer blühen.
Höhe:	einheimische Arten bis 30 cm, Primula florindae bis zu 90 cm

Aussaat und Vermehrung: Wenn Sie Primeln aus Samen ziehen wollen, machen Sie sich bereits im Herbst an die Arbeit. Ihre Anzuchtschalen verbringen den Winter in einer geschützten, schattigen Ecke des Gartens, da die Samen der Kaltkeimer eine ordentliche Portion Frost vertragen können. Ende Januar oder im Februar ziehen sie dann auf eine warme Fensterbank um, ab Frühjahr ins Freiland. Durch Teilung der Wurzeln lassen sich im Frühjahr Pflanzen vermehren. Sie können auch schon blühende Pflanzen in die Erde bringen, das Teilen sollten Sie allerdings besser vor der Blüte durchführen.

Standort und Bodenanforderung: Sonne, aber wie so viele Frühlingsblüher vertragen sie auch den Schatten unter noch kahlen Baumästen; reichhaltige Erde ohne stehende Nässe.

Pflege: Bei Trockenheit großzügig gießen. Wenn Sie vor dem Pflanzen Kompost in die Erde schaufeln, belohnt Sie üppiger Blütenschmuck. Auch sonst freut sich die Primel über eine herbstliche und frühjährliche Düngung.

Medizinische Eigenschaften: Enthält Wirkstoffe gegen Husten und Bronchitis; die Anwendung sollten Sie aber unbedingt den Profis überlassen.

Magische Eigenschaften: Primeln am Eingang des Gartens oder in einem Topf nahe der Wohnungstür schützen vor ungebetenen Gästen und sorgen für das Glück der Bewohner. Sind bei Elfen sehr beliebt und begünstigen häufige Besuche dieser flüchtigen Gartengeister.

Schneeglöckchen
Galanthus-Arten

Farbe: weiß
Blüte: Februar – März
Höhe: 10 – 20 cm

Aussaat und Vermehrung: Da sich das Schneeglöckchen von allein ausbreitet, reicht es, wenn Sie es einmal angepflanzt haben. Kaufen Sie im Fachhandel, statt selbst in den Wald zu gehen. Sie können auch die horstartig beieinander stehenden Zwiebelchen von den älteren Beständen trennen und so neue züchten.
Standort und Bodenanforderung: Liebt leichten Schatten unter Laubbäumen, die zu dieser Zeit noch kahl sind und genug Licht durchlassen. Auch für Töpfe auf dem Balkon geeignet. Angefeuchteter Boden mit einer Menge Humus ist genau richtig. Um üppige Blüten zu erzielen, das Düngen unterlassen, da sonst die Kraft in die Blätter schießt.
Pflege: Winterhart, deswegen kein Schutz erforderlich.

Medizinische Eigenschaften: Vorsicht! Die Pflanzen sind giftig, allerdings nicht lebensgefährlich, wenn Sie nicht gerade ein ganzes Feld davon vertilgen. Aber warnen Sie sicherheitshalber Kinder.
Magische Eigenschaften: Das Schneeglöckchen feierte ursprünglich den Beginn der neuen Jahreszeit und die Rückkehr der Fruchtbarkeitsgöttin. Nach der Christianisierung wurde es im Mittelalter ein Attribut Mariens. Das leuchtende Weiß von Schneeglöckchen ist der erste Frühlingsgruß dieser Art; nutzen Sie ihn zur entspannenden Meditation.

Zwergschwertlilie
Iris reticulata

Farbe:	blaulila, gelbe Zeichnung in der Mitte
Blüte:	Februar – März
Höhe:	bis zu 20 cm

Aussaat und Vermehrung: Setzen Sie den Wurzelstock der Iris im Oktober mit etwa 10 cm Abstand in etwa 5 cm Tiefe.

Standort und Bodenanforderung: Liebt es sonnig und trocken; kalkiger Boden. Wenn Sie eine Iris pflanzen (nehmen Sie am besten gleich ein ganzes Bündel), mischen Sie als Erstes Sand ins Pflanzloch, um für ausreichend Entwässerung zu sorgen. Am einfachsten ist es, den Wurzelstock in einen handelsüblichen Pflanzkorb zu setzen. Das ermöglicht leichtes Ausgraben und Lagern. Achten Sie aber darauf, dass noch genügend Platz zum Wachsen vorhanden ist.

Pflege: Die kleine Irisart ist etwas anspruchsvoll, denn sie zieht es vor, nach dem Einziehen der Blätter ausgegraben zu werden. Verwenden Sie deshalb am besten den erwähnten Pflanzkorb, meist aus Plastik und sehr haltbar. So müssen Sie nicht jede einzelne Pflanze ausgraben. Lockern Sie den Boden um die Wurzeln gut auf, bevor sie aus der Erde gezogen werden. Lagern Sie Ihre Pflanzen an einem kühlen und trockenen Ort, bis Sie diese zum Herbst wieder einpflanzen. Vor der Blüte können Sie mäßig mit mineralhaltigem Dünger für üppigen Wuchs sorgen.

Medizinische Eigenschaften: Überlassen Sie die Anwendungen unbedingt den Profis.

Magische Eigenschaften: Die drei Blütenblätter der Iris symbolisieren die Eigenschaften Mut, Weisheit und Glaube und die Pflanze kann für jedes Ritual verwandt werden, das eine dieser drei Eigenschaften beinhaltet. Außerdem können Sie mit diesen Gewächsen die Kräfte Ihres Gartens reinigen. Pflanzen Sie sie dort an, von wo beispielsweise viele andere Einflüsse auf Sie und Ihren Garten zukommen.

frühling — 145

märz
gärtnern im gleichgewicht

Spätestens in diesem Monat wird es Zeit, sich um Haus und Hof zu kümmern und den nächsten Sommer anzupeilen. Die Schneeblüher haben sich zu diesem Zeitpunkt vielleicht schon zurückgezogen, aber vielleicht stehen Ihre Frühlingsboten ja auch noch fröhlich zwischen Schneeglöckchen und Krokus. >>>

In den März fällt die erste Tagundnachtgleiche des Jahres. Zu diesem Jahreszeitenfest stehen die schwindenden Kräfte der dunklen Jahreshälfte genau im Gleichgewicht mit denen des nahenden Sommers. Der Unterschied zur Tagundnachtgleiche im Herbst besteht darin, dass Sie jetzt innehalten und sich auf die Fülle und den Höhepunkt des Gartenjahres vorbereiten, während im Herbst eher Beschränkung und Abschied angesagt sind.

das leben umarmen

In Gärtner- und Esoterikkreisen bestimmt die Freude an den einfachen Dingen des Lebens den Alltag. Jeder Gärtner begrüßt die ersten grünen Triebe an den Bäumen und schwärmt von der Blütenpracht seiner Narzissen. Vielleicht lassen Sie sogar das eine oder andere Unkraut stehen und killen nicht gleich jeden Schädling. Aber Sie müssen aus lauter Liebe zur Natur nicht jede Made und jeden Löwenzahn herzlich willkommen heißen.

Bringen Sie Ihren Garten noch vor der Wachstumszeit ins Gleichgewicht. Die Tagundnachtgleiche in der Mitte des Frühlings eignet sich dafür besonders gut.

Es ist noch nicht allzu lange her, dass unschöner Lärm in Ihren Garten drang, als Sie und Ihre Nachbarn am ersten Januar das Neujahr mit Böllerschlägen und Feuerwerksraketen begrüßt haben. Das Geknalle erschreckt aber nicht nur Vierbeiner, die diese Tage und Nächte vorzugsweise unter dem Bett oder im Schrank verbringen. Auch Ihre freundlichen Pflanzengeister werden höchst unsanft aus ihrem Winterschlaf gerissen. Gönnen Sie ihnen ein Klangbad der anderen Art und bringen Sie Ihren Garten noch vor der Wachstumszeit ins Gleichgewicht. Die Tagundnachtgleiche in der Mitte des Frühlings eignet sich dafür besonders gut, denn jetzt halten sich die aufsteigende Kraft von Wachstum und Neuanfang und die des Winters kurz die Waage, bevor es in den Sommer hineingeht. Nach diesem Datum werden die Tage länger als die Nächte, das Licht nimmt stetig zu und die Kräfte der Natur regen sich in Baum, Strauch und Blume.

meditation

Magische Zutaten
- eine Stereoanlage oder ein Ghettoblaster
- entspannende Musik

Falls es trotz aller Frühlingsträume in Ihrer Region noch ziemlich frisch ist und die Märzsonne nicht so recht scheinen mag, bietet es sich nicht an, längere Zeit draußen zu verbringen und im Garten stundenlang zu meditieren. Ein bisschen Kälte gehört allerdings schon dazu. Packen Sie sich also warm ein, schalten Sie die Heizung im Wohnzimmer ab und öffnen Sie weit Terrassentüren und Fenster, die auf den Garten hinausgehen. Legen Sie nun eine ruhige und entspannende Musik auf (Klassik oder Meditationsmusik ist ideal) und drehen Sie die Lautsprecher so laut, dass die Klänge bis in die hinterste Gartenecke zu hören sind. Wenn Sie einen Ghettoblaster Ihr Eigen nennen, können Sie den nach draußen mitnehmen. Lassen Sie aber trotzdem die eine oder andere Tür und ein Fenster offen, damit Sie die Kräfte von drinnen und draußen nicht allzu scharf voneinander trennen.

Auf dem Balkon ist es weniger schwierig, da die Musik keine größeren Entfernungen überwinden muss. Öffnen Sie auch hier Türen und Fenster und schaffen Sie genug Platz, sodass Sie sich dort bewegen können.
Nachdem Sie die Musik eingeschaltet haben, gehen Sie nach draußen und bewegen sich dort zu den Klängen, winken mit den Armen oder singen mit, je nachdem, wonach Ihnen ist und was Ihre Nachbarn vertragen. Stellen Sie sich vor, wie Sie dabei alle alte und verbrauchte Energie des Winters mit neuem Leben füllen, wie das Licht der länger werdenden Tage in jede Gartenecke leuchtet und langsam die Lebensgeister für den Sommer weckt. Laden Sie alle Gartengeister ein, mit Ihnen zu tanzen und die Musik zu genießen. Besonders gut lässt sich diese Übung gegen Sonnenuntergang durchführen, denn in der Abenddämmerung wird es insgesamt ruhiger draußen, sodass Ihr Vorhaben

unterstützt wird. Alternativ können Sie es auch bei Sonnenaufgang probieren, Sie legen dann einen besonderen Schwerpunkt auf die sich entwickelnde Kraft des Jahres.

Wenn es Ihnen im Freien wirklich zu kalt sein sollte, verlegen Sie den weiteren Teil Ihrer musikalischen Anstrengungen in die heimelige Wärme Ihrer vier Wände. Falls Sie besonders schüchtern sind, ist es auch empfehlenswert, drinnen zu tanzen, damit Sie nicht ständig daran denken, was denn schon wieder Nachbar Schmidt oder Müller von Ihnen hält. Sie können sich dann besser auf Ihr eigentliches Vorhaben konzentrieren. Setzen Sie sich für eine kurze Meditation hin. Beobachten Sie eine Weile Ihren Atem, bis Sie ruhig und entspannt sind. Falls Ihnen zu viel im Kopf herumgeht, schieben Sie diese Gedanken sanft beiseite. Wenn das nichts nützt, probieren Sie es lieber zu einem späteren Zeitpunkt noch mal.

Falls Ihnen zu viel im Kopf herumgeht, schieben Sie diese Gedanken sanft beiseite.

Stellen Sie sich nun Ihren Garten oder Balkon in allen Jahreszeiten vor. Wo sitzen Sie gern, gibt es eine Ecke, die Sie besonders zauberhaft eingerichtet haben, oder einen Platz, den Sie einfach nur sehr mögen? Gehen Sie alles in Gedanken durch. Welcher Winkel scheint Ihnen anregend, wo ist es eher ruhig? Setzen Sie sich in Ihrer Vorstellung an diesen anregenden Ort und verbinden Sie sich mit seiner Energie. Öffnen Sie sich für Inspirationen, die sozusagen aus dem Nichts von Ihren Gartengeistern zu Ihnen kommen, überlegen Sie, was sich diese vielleicht von Ihnen wünschen und womit Sie die Energie Ihres Gartens gerade heute gut unterstützen könnten.

Wenn Sie genug Eindrücke gesammelt haben, lösen Sie sich langsam aus Ihrer Meditation. Schreiben Sie am besten Ihre Erkenntnisse sofort auf, da sie sonst – ähnlich wie beim Träumen – gleich wieder vergessen werden. Sie können diese Meditation einmal oder mehrfach durchführen, je nachdem, wie zufrieden Sie mit den gesammelten Infos sind. Wenn Sie wöchentlich oder monatlich meditieren, sind Sie energetisch immer auf dem neuesten Stand, was Ihren Garten oder Balkon betrifft.

energie aufbauen

Magische Zutaten
- je nach individuellem Bedürfnis Gegenstände für eines der vier Elemente: Steine, Kerzen, ein Windspiel oder etwas Plätscherndes

Sie werden merken, dass an gewissen Stellen Ihres Gartens die Energie am Wirbeln ist, andere Winkel strahlen eher Ruhe aus und in einigen herrscht geradezu Totenstille. Überlegen Sie genau, welche Flächen Sie verändern wollen; den ersten Teil dieser Übung haben Sie bereits im Januar durchgeführt. Sie können jetzt im März dort einen Ausgleich schaffen, wo Ihre Lichterspiele im Dezember und Februar noch nicht ausgereicht haben. Wenn Sie Hektik beruhigen möchten, wählen Sie dafür Steine aus. Um mehr Lebenskraft in den wachsenden Garten zu bringen, brauchen Sie vielleicht ein ewiges Licht, etwas Plätscherndes für mehr Wasserenergie oder für die Kräfte der Luft ein Windspiel.

Überall dort, wo Sie gerne mehr Leben und Energie in den Garten hineinbringen wollen, hängen Sie Klangspiele auf. Der Handel bietet eine Menge aus allen möglichen Materialien an. Wählen Sie nach Gefühl und Geschmack aus, achten Sie nur darauf, dass wie so oft auch hier weniger mehr sein kann. Für einen handtuchbreiten Garten muss es nicht das riesige Bambuswindspiel sein. Umgekehrt kann auch ein großer Garten keine fünfzehn Miniwindspiele verkraften. Fangen Sie erst mal mit ein oder zwei an und lassen Sie die verschiedenen Klänge wirken. Stellen Sie sich an einem windigen Tag in den Garten und schließen Sie die Augen, hören Sie Ihrem Garten zu und entscheiden sich dann für das eine oder andere Windspiel. Dasselbe gilt für einen Balkon. Wählen Sie auch hier ein Klangspiel aus, das zur Energie Ihrer grünen Oase passt und dessen Melodie Sie auch noch nach Monaten oder Jahren gerne hören. Geringere Lautstärke und kleinere Modelle sind auf jeden Fall besser als zu viel davon.

Bei den Materialien lassen Sie sich auch von Ihrem Gefühl und Geschmack leiten. Generell gilt, dass Metall mehr feurige und schnelle Energie verbreitet, Holz dagegen eher erdige Energie. Wenn Sie ein Windspiel aus Muscheln oder anderen Meeresbewohnern aufhängen, ziehen Sie automatisch mehr Wasserenergie an. Über Luftenergie verfügen die Spiele mit dem Wind sowieso alle.

Auch wenn Sie jetzt vielleicht noch nicht so viel von Ihren Klangspielen haben, freuen Sie sich auf die Zeit, wo es draußen warm genug ist, dass Sie dann im Grünen sitzen und mit Ihren Gartengeistern Ihrer eigenen Gartenmusik lauschen können.

Metall verbreitet mehr feurige und schnelle Energie, Holz dagegen eher erdige Energie.

pflanzenvermehrung

Auch zu diesem Thema gibt es reichlich Literatur, doch wenn Sie nicht gerade als Supergärtner des Jahrtausends ins Guinnessbuch aufgenommen werden wollen, reichen schon ein paar einfache Tipps, wie Sie Ihre Blümchen dazu bringen, sich fruchtbar zu vermehren. Kompliziertere Dinge wie Veredelung überlassen Sie besser einem Profi.

aussäen

Diese einfache Methode der Pflanzenvermehrung klingt immer äußerst simpel, wenn Sie die Rückseite eines Samentütchens lesen. Ins Glashaus setzen Sie beispielsweise Ihre Pflanztöpfchen mit Anzuchterde und dann kommen da Ihre Samen drauf, mal oberirdisch, mal unterirdisch, und dann nur noch feucht halten, gelegentlich verziehen und zur rechten Zeit nach draußen pflanzen.

Easy, werden Sie sagen, aber da gibt es doch noch ein paar Tücken.

Mit der Erde geht es los. Besorgen Sie sich für Ihre Aussaat am besten entsprechende Spezialerde aus dem Gartencenter. Die ist frei von Bakterien und enthält eine ideale Mineralienmischung für Minipflanzen.

Falls Sie in kein Gartencenter gehen wollen, können Sie als Alternative Saaterde selber herstellen. Sie holen sich dafür einen Eimer Erde aus dem Garten und sieben sie durch ein Fünf-Millimeter-Sieb. Alles, was darin zurückbleibt, befördern Sie zurück ins Blumenbeet.

Als Nächstes ist es nötig, Ihre Erde von Keimen zu befreien, da eine Reihe von Mikroorganismen Keimlingen schaden können. Dafür lässt sich der gute alte Backofen verwenden. Breiten Sie die Erde auf einem Backblech, nicht höher als etwa zehn Zentimeter, aus. Backen Sie Ihren »Erdkuchen« mindestens 30 Minuten bei 200 Grad oder Stufe 6 bei Gasherden.

Sterilisieren Sie am besten auch die Töpfe (zum Beispiel mit Sagrotan für Babys), bevor Sie Samen darin unterbringen. Wenn Sie allerdings eine Chemikalie verwenden, achten Sie darauf, dass die Töpfe geraume Zeit stehen, bevor es weitergeht. Sonst dunsten die Wände Ihres Topfes unter Umständen in die Erde aus. Eine gute Alternative dazu sind Eierkartons, die beim späteren Eingraben noch nicht einmal entfernt werden müssen.

Die neuen Pflänzchen brauchen regelmäßig Wasser, das heißt, wenn Sie im März oder April in den Skiurlaub fahren wollen oder für mehr als zwei Tage weg sind, wird es kritisch – falls Sie keinen Nachbarn haben, der verlässlich Ihre treibenden Keime gießt. Überlegen Sie also vor der Aussaat, ob Sie während der entscheidenden Keimzeit da sind und gewährleisten können, dass es Ihren Samen nicht zu kalt, zu warm oder zu trocken wird. Wenn Sie jedes Jahr neue Pflanzen heranziehen wollen, lohnt sich die Anschaffung eines kleinen Gewächshauses für die Fensterbank. Besonders mit Kindern macht es einen Heidenspaß, den kleinen Blumen beim Wachsen zuzusehen.

Wenn Sie jedes Jahr neue Pflanzen heranziehen wollen, lohnt sich die Anschaffung eines kleinen Gewächshauses für die Fensterbank.

verziehen

Wenn Sie Ihre Samen richtig betreut haben, finden Sie nach einiger Zeit viele kleine Pflänzchen, die dicht aufeinander hocken. Das heißt, es ist Zeit für eine fiese Auswahl: Nur die Stärksten dürfen überleben. In diesem Fall bedeutet das, vorsichtig diejenigen Keimlinge herauszuziehen und auf den Kompost zu befördern, die nicht gut genug entwickelt sind. Lassen Sie nur die stehen, die groß und stark sind.

Diesen Vorgang wiederholen Sie bis zur gewünschten Anzahl von Pflanzen, die Sie entweder in den eigenen Garten aussetzen wollen oder an nette Menschen zu verschenken gedenken. Wenn Sie geradezu Pflanzenmassen benötigen, dann setzen Sie Ihre Keimlinge um, statt sie auf den Kompost oder eine Wiese zu bringen. Auf der Wiese achten Sie darauf, dass die Pflanzen dort auch hingehören; Exoten haben da nichts zu suchen. Verwenden Sie zum Umsetzen wie bei der Aussaat auch schon Eierkartons.

Es ist Zeit für eine fiese Auswahl: Nur die Stärksten dürfen überleben.

teilen

Es gibt eine Reihe von Pflanzen, die Sie durch Teilung des Originals vermehren können. Gewöhnlich passiert das im Herbst, da die Pflanze dann genug Zeit hat, sich richtig einzuwurzeln, bevor im nächsten Frühjahr die riesige Anforderung, neue Blätter und Blüten zu produzieren, auf sie zukommt. Wenn Sie eine Teilung im Frühjahr vorziehen, ist aber auch dies möglich. Sie erzielen dann zwar ein sehr schnelles Wurzelwachstum, müssen aber den Zeitpunkt richtig abschätzen. Sonst laufen Sie Gefahr, dass Ihre Pflanze sich zwar gut verwurzelt, der sommerliche Blütenschmuck aber eher dürftig ausfällt.

Schauen Sie sich die Gewächse in Ihrem Garten an. Diejenigen mit mehreren Schößlingen und einer Krone (zum Beispiel Astilben, Taglilien, Glockenblumen) können Sie behutsam teilen. Heben Sie die ganze Pflanze aus dem Boden und achten Sie darauf, möglichst wenige Wurzeln zu beschädigen. Lockern Sie die Erde zwischen den Wurzeln mit den Fingern und ziehen Sie die Pflanze langsam auseinander. Sie

Achten Sie darauf, möglichst wenige Wurzeln zu beschädigen.

werden merken, dass es so eine Art Sollbruchstelle gibt, an der die Wurzelfasern des Ballens weniger stark verwoben sind. Dort teilen Sie die Pflanze, indem Sie sie dort auseinander fummeln.

Gelegentlich wird auch das Abnehmen von nachwachsenden Zwiebeln aus der Mutterzwiebel als Teilung bezeichnet, was allerdings nicht ganz stimmt. Diese neuen Zwiebeln sind nicht direkt mit der Urzwiebel verwachsen und bilden eine ganz eigene, selbstständige Pflanze. Bei der echten Teilung ist es eher wie bei den Regenwürmern: Wenn Sie versehentlich einen geteilt haben, entsteht aus beiden Hälften ein neuer.

Neben den oben genannten relativ einfachen Vermehrungsarten gibt es auch noch andere, die mehr Erfahrung und Kenntnisse voraussetzen. Wie Sie am besten Stecklinge, Absenker oder Ausläufer heranziehen, finden Sie in speziellen Gartenbüchern ausführlich erklärt. Wenn Sie Spaß daran haben, empfiehlt es sich, gelegentlich einen Kurs zu belegen oder aus einem der Bücher zu lernen, wie Sie Ihr privates Gartencenter aufziehen können. Für Normalsterbliche reichen auch die einfachen Methoden der Pflanzenvermehrung aus.

Ob Sie nun aber selbst für grünen Nachwuchs gesorgt haben oder einfach zum Einkaufen gegangen sind – Hexengärten brauchen außer guter Erde, genug Wasser und Sonnenschein noch die gewisse Prise Magie. Berücksichtigen Sie die richtigen Mondphasen und denken Sie eventuell auch an Beigaben edler Steine und Metalle (➔ Januar).

Hexengärten brauchen außer guter Erde, genug Wasser und Sonnenschein noch die gewisse Prise Magie.

märz gewächse

Duftveilchen
Viola odorata

Elemente	
△	Feuer
▽	Wasser
⊽	Erde
⊿	Luft
Planeten	
♃	Jupiter
♂	Mars
☉	Sonne
♀	Venus
☿	Merkur
☽	Mond
♄	Saturn
Sonstiges	
✸	pflegeleicht
!!!	Vorsicht geboten!

Farbe: lila, gelegentlich auch weiß
Blüte: März – April
Höhe: bis 25 cm

Aussaat und Vermehrung: Pflanzen Sie Duftveilchen in etwa 20 cm Abstand im Frühsommer oder Herbst. Danach können Sie Violas gut sich selbst überlassen, sie vermehren sich langsam, aber von allein und breiten sich teppichartig aus. Wenn Sie diese Frühlingsblüher auch an anderen Stellen ansiedeln wollen, dann trennen Sie im Herbst oder Frühling Ausläufer ab und pflanzen Sie sogleich um.

Standort und Bodenanforderung: Duftveilchen mögen es schattig, zum Beispiel unter Bäumen, in verträumten Ecken Ihres Gartens oder am Rand einer Weißdornhecke. Der Boden darf feucht sein, stehende Nässe gilt es allerdings zu meiden.

Pflege: Gießen bei anhaltender Trockenheit, ansonsten lassen Sie Violas am besten in Ruhe.

Medizinische Eigenschaften: Ihr Duft gilt in der Aromatherapie als Helfer gegen Kopfschmerzen, Schlaflosigkeit und nervöse Erschöpfung. Wenn es in Ihrem Garten genü-

gend Pflänzchen gibt, stellen Sie über Nacht eine Schüssel Wasser in Ihr Schlafzimmer, auf der Blüten des Veilchens schwimmen. Die kaum wahrnehmbaren Düfte fliegen Ihnen auf diese Weise im Schlaf zu. Die Blüten sind auch als Salatbeigabe verwendbar.

Magische Eigenschaften: Tragen Sie eine Veilchenblüte bei sich, wenn Sie Ihr Glück wenden wollen, oder verbinden Sie sie mit Lavendel, um eine neue Liebe zu finden beziehungsweise Ihrer derzeitigen den nötigen Kick Leidenschaft zu verpassen.

Osterglocke
Narcissus-Arten

Farbe: gelb, weiß, rot, orange-, rosafarben und mehrfarbig
Blüte: März – April
Höhe: 40 – 60 cm

Aussaat und Vermehrung: Setzen Sie die Zwiebeln im September in etwa 15 cm Tiefe und etwa 15 cm auseinander. Wenn Sie ältere Zwiebeln im Garten oder in einem Topf halten, können Sie diese ausgraben, nachdem im Sommer das Kraut verwelkt ist und seine Nährstoffe an die Zwiebel zurückgegeben hat. Nehmen Sie nachgewachsene kleine Narzissenzwiebeln ab und lagern Sie diese kühl und trocken bis zum Herbst.

Standort und Bodenanforderung: Sonnig oder leichter Halbschatten; geschützte Ecken.

Pflege: Freuen sich während der Blüte über gute Bewässerung. Gönnen Sie ihnen Kompost im Herbst oder Frühjahr. Besonders wichtig ist ausreichende Düngung, wenn Sie die Zwiebeln in Blumentöpfen züchten, die Nährstoffe gehen dort schneller aus.

Medizinische Eigenschaften: Überlassen Sie die Anwendungen unbedingt den Profis.

Magische Eigenschaften: Dem Frühling entsprechend gehört auch diese Pflanze zur Liebesgöttin Venus. Nutzen Sie die leuchtend gelben Blüten für Ihren Liebeszauber oder stellen Sie einen Strauß in Ihr Schlafzimmer, wenn Sie auf Nachwuchs aus sind.

Stiefmütterchen
Viola wittrockiana

Farbe:	alle Schattierungen in zahllosen Varianten
Blüte:	**März bis Mai oder Oktober bis November**
Höhe:	**bis zu 30 cm**

Aussaat und Vermehrung: Beim Aussäen alle Arten gut mit Erde bedecken. Die Samen dieser einjährigen Sommerblumen sind Dunkelkeimer. Wenn sich die ersten Blättchen zeigen, gönnen Sie ihnen mehr Licht und vereinzeln sie. Nach etwa sechs Wochen können sie nach draußen ins Beet gesetzt werden. Herbstblüher müssen Sie spätestens im Juni aussäen, Frühlingsblüher können Sie einen Monat später ansetzen. Gekaufte Stiefmütterchen lassen sich auch während der Blüte verpflanzen. Es reicht, sie kurz vor Oktober, respektive März/April ins Freie zu bringen.
Standort und Bodenanforderung: Sonnig oder halbschattig; windgeschützt und feucht. Gut gedüngter Boden ist ebenfalls hilfreich.
Pflege: Düngen Sie beim Einsetzen und/oder vor der Blüte. Entfernen Sie Verwelktes, um die Blütezeit zu verlängern.
Medizinische Eigenschaften: Überlassen Sie die Anwendungen unbedingt den Profis.
Magische Eigenschaften: Die bunten Sommerblumen passen gut zu jeder Art von Liebeszauber. Pflanzen Sie die Gewächse einmal in Herzform und visualisieren Sie dabei, welche Art von neuer Liebe Sie sich wünschen.

Pflanzen Sie die Gewächse einmal in Herzform und visualisieren Sie dabei, welche Art von neuer Liebe Sie sich wünschen.

april

fruchtbarer mond

Die ersten Blättchen sprießen, Narzissen stehen in voller Blüte, und wenn es dem Mondkalender nach spät liegt, steht Ostern vor der Tür. Beim traditionellen Fest der germanischen Frühlings- und Fruchtbarkeitsgöttin Ostara spielen die Fruchtbarkeitssymbole Eier und Hasen eine große Rolle. Schließlich ist dies die Jahreszeit für Mensch und Tier, fröhlich den Frühlingsgefühlen nachzugeben. >>>

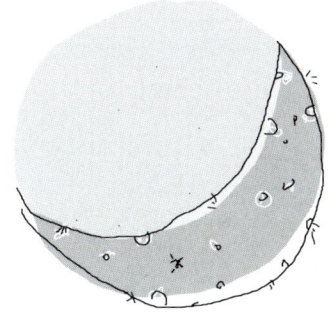

Lassen Sie sich von Ostaras Fruchtbarkeit anstecken und entdecken Sie verborgene Talente in sich – eine Gartenspirale und bunte Farben weisen Ihnen die Richtung. Falls Ostern schon vor einem Monat war, basteln Sie Ihre Gartenspirale eben im März. Richten Sie sich bei allen magischen Vorhaben nach Ihrer inneren Uhr und der Jahreszeit in der Natur. Ihre Pflanzen tun das schließlich auch. Auch jede noch so schlaue Empfehlung ist nie eine Anweisung, der Sie zu 100 Prozent nachkommen müssen, sondern immer nur eine Anregung.

energiespirale

Magische Zutaten
- Eierschalen, Holzstücke, Kiesel
- Tuschkasten und Pinsel
- wasserlöslichen Kleber
- einen festen (nicht weißen) Karton

Endlich können wir aufatmen: Die Zeit der Dauerfröste ist vorbei, die ersten wärmenden Sonnenstrahlen haben wir auch schon genossen. Bis zum eigentlichen Sommer dauert es aber noch ein wenig. Da lohnt es sich, Mutter Natur mit etwas Farbe zu verwöhnen und sich selbst gleich dazu. Legen Sie heuer zu Ostern nicht nur ein paar bunte Eier in den Garten, sondern gleich eine ganze Energiespirale.

Sammeln Sie schon ein paar Wochen vorher Eierschalen, Steine und Holzstücke. Ob große Zweige oder kleine Kiesel, alles ist für Ihre Ostercollage geeignet. Statt der ausgewählten Gegenstände aus der Natur können Sie dem Osterfest entsprechend auch richtige Hühnereier verwenden. Wenn Sie eine besonders große Spirale im Garten ausbreiten wollen, könnte das allerdings wochenlang Omelett oder Rührei auf dem Speiseplan bedeuten.

Eine Eierspirale kann man auch gut auf einer kleineren Fläche wie einem Balkon ausbreiten. Richten Sie sich außerdem nach den Wetterverhältnissen. Wenn es draußen noch gießt und stürmt, suchen Sie Zutaten aus, die nicht so sehr darunter leiden.

Verwenden Sie statt der ganzen Eier die Schalen Ihrer Frühstückseier der vergangenen Wochen, können Sie auch noch winzige Krümel mitverwerten. Neben Eierschalen, Kieseln, Holzstücken und dergleichen brauchen Sie noch einen Tuschkasten und einen Pinsel, einen wasserlöslichen Kleber und festen Karton. Wählen Sie den Karton möglichst nicht in Weiß, sonst können Sie am Ende die weißen Eierschalenstückchen nicht mehr richtig erkennen.

Wenn Sie alles beisammen haben, bereiten Sie Ihre Osterspirale am besten schon ein oder zwei Tage vor dem Tag vor, an dem Sie Ihr kleines Gartenritual durchführen wollen. Dann haben Sie genug Zeit und können noch etwas verändern, wenn es Ihnen anders besser gefällt.

Suchen Sie sich einen ruhigen Platz, an dem Sie es sich bequem machen können. Wenn es draußen gerade nicht regnet und warm genug ist, setzten Sie sich in Ihren Garten. Entspannen Sie sich, schließen Sie die Augen und stellen Sie sich Ihren Garten als ein Farbenmeer vor. Vielleicht sehen Sie da nur eine Farbe oder auch mehrere, einige intensiv, andere schwächer, vielleicht bewegen sich die Farben lebhaft, vielleicht ist es mehr ein Stillleben. Sehen Sie einfach in Ruhe zu und überlegen Sie derweil, welche Farben diese Gartenfarben abrunden könnten. Wenn Sie genug wissen, lösen Sie sich von dem Bild und kehren zurück.

Jetzt können Sie in Farben und Eierschalen schwelgen. Vergessen Sie dabei ruhig, dass Sie nicht mehr fünf sind, und legen Sie ungeniert los. Pinseln Sie die Eierschalen in den Farben an, die Ihnen für den Garten fehlen oder die Sie verstärken wollen. Am besten lassen Sie die Schalen auf einer Plastiktüte oder Ähnlichem trocknen, bevor Sie sich an den nächsten Arbeitsschritt machen.

Schneiden Sie aus dem Karton einen möglichst großen Kreis aus und bedecken ihn dann gleichmäßig mit Kleber. Jetzt kleben Sie Ihre bunten Eierschalen als Mosaik auf die Pappe; nicht daran stören, dass sie leicht gewölbt sind, drücken Sie drauf, es knirscht herrlich – und klebt dann auch noch. Besonderen Spaß macht das Ganze übrigens mit Kindern – zumindest haben Sie dann eine gute Entschuldigung für Ihre Eierorgie.

Während Sie pinseln und kleben, überlegen Sie sich all die Dinge, die Sie schon lange vorhaben. Vielleicht Gartenprojekte, aber vielleicht auch ein größeres Bild malen oder einen Töpferkurs belegen. Lassen Sie Ihre Fantasie schweifen und Ihren Wünschen freien Lauf. Wenn sich da der Gedanke heranschleicht, dass Sie für solche Sachen einfach keine Zeit haben, dann scheuchen Sie den ganz schnell von dannen. Zumindest das Wünschen kostet Sie gar nichts.

Sobald Ihre Muster fertig sind, streuen Sie ein paar Krümel der weißen Eierschalen in die verbliebenen Lücken auf der Pappe – und schon haben Sie den Mittelpunkt Ihrer Spirale. Wenn Sie keine Lust zum Kleben haben, können Sie die Eierschalen auch einfach anmalen und dann als Mittelpunkt in die Spirale streuen. Das hat allerdings den Nachteil, dass Sie hinterher die Schalen wieder aufsammeln müssen, falls Sie keinen bunten Kreis mitten im Garten oder auf der Terrasse anlegen möchten.

Wenn Sie es nun partout nicht mit Farben haben, können Sie die Schalenstücke auch einfach weiß lassen. Machen Sie sich dann beim Kleben nur klar, dass Weiß alle Farben enthält, und lösen Sie während Ihrer Meditation oder Ihres Rituals die einzelnen Farben aus dem Weiß heraus. Stellen Sie sich das wie einen Regenbogen vor, bei dem ja auch die schönsten Farben aus weißem Licht entstehen.
Wählen Sie für Ihre Spirale entweder eine Rasenfläche oder eine Terrasse aus. Ein Beet ist ungeeignet, denn Sie werden in Ihrer Spirale herumlaufen. Dieses Ritual können Sie gut tagsüber durchführen und – falls möglich – bei Sonne.

Legen Sie sich alles bereit und sammeln Sie sich einen Augenblick. Konzentrieren Sie sich darauf, für sich und Ihren Garten Energie für neue Vorhaben sammeln zu wollen. Wenn Sie so weit sind, nehmen Sie Ihre Steine und Holzstücke (oder sonstige Utensilien) und beginnen, von innen nach außen eine Spirale zu legen. Achten Sie darauf, dass Sie sich beim Legen gegen den Uhrzeigersinn bewegen. Lassen Sie dabei genug Platz, um wieder in die Spirale hineingehen zu können, ohne die Ränder zu übertreten. Wenn Sie fertig sind oder Ihnen das Material ausgeht, stellen Sie sich neben den Kreis aus Eierschalen an den Spiraleneingang.

Während Sie nun zur Mitte schreiten, sprechen Sie vor sich hin, in welchem Bereich Sie gern kreativer werden möchten. Seien Sie verrückt oder realistisch – ganz wie Ihnen zu Mute ist. Wenn Sie in der Mitte ankommen, legen Sie dort den Mittelpunkt ab. Wenn Sie sich gegen das Kleben entschieden haben, streuen Sie an dieser Stelle Ihren Eierkreis aus. Nun drehen Sie sich um und gehen, wieder der Spirale folgend, hinaus. Dabei sprechen Sie alles aus, was Ihnen an klaren und wirklichkeitsnahen Vorstellungen für Ihre kreative Weiterentwicklung in den Sinn kommt. Achten Sie zunächst einmal gar nicht darauf, ob sich alle Ideen auch verwirklichen lassen oder nicht. Vergessen Sie erst mal, dass Sie für eine Reihe von Ideen sicher mehr Zeit oder auch Geld erübrigen müssten, als Sie bereit sind einzusetzen. Aussortieren können Sie später immer noch. Bündeln Sie einfach nur die Kraft aus Ihrer Energiespirale und schicken Sie sie in Ihren Garten und den Rest der Welt.

Wenn Platz und Wetter es zulassen, können Sie die Spirale noch eine Weile liegen lassen. Oder Sie sammeln alles ein und bewahren es auf, falls Sie diese Kreativübung irgendwann wiederholen möchten. Und lassen Sie sich bloß nicht davon abhalten, dass Sie nicht gerade Picasso sind, wenn Sie in der Spirale beschlossen haben, endlich eine Malgruppe zu finden, in der Sie sich verwirklichen können. Auch wenn Sie nur gelegentlich unter der Dusche singen – erlauben Sie sich möglichst viel Kreativität, nicht nur in der Gartengestaltung.

voller mondzauber
im april

Magische Zutaten
- Gegenstände für die vier Elemente
- Dinge, die mit Ihren Wünschen und Plänen verbunden sind

In diesen Monat fällt wie schon im Januar keines der großen Jahreszeitenfeste. Deshalb auch jetzt wieder eine Mondfeier, weil dessen Power für die Gartenarbeit immer gut zu gebrauchen ist. Im April können Sie bereits fleißig im Garten werkeln – gibt es nicht immer was zu tun? Es ist vielleicht schon richtig warm, und wenn Sie in Ihrem Garten eine windgeschützte Ecke haben, können Sie sich schon die erste Bikinibräune holen. Nicht nur Ihre Pflanzen blühen dank der Mondenergie auf, auch alle anderen Pläne in und um den Garten lassen sich damit aufladen. Besonders prall aufgeladen ist der Vollmond. Heutzutage lässt sich auf die Sekunde genau berechnen, wann der Mond voll ist, sodass es manchmal eine Versuchung darstellt, diese mathematische Genauigkeit auf alte Überlieferungen zu übertragen.

Allgemein können Sie davon ausgehen, dass eine Veränderung im Energiefluss der Erde stattfindet, wenn der Mond wieder beginnt abzunehmen. Wer Ebbe und Flut kennt, der hat vielleicht schon beobachtet, dass das Wasser für eine Weile stillzustehen scheint und danach mit voller Kraft abfließt. So ähnlich können Sie sich den Vollmond vorstellen. Es geht dabei nicht um die genaue Sekunde, sondern um die starke Energie, die der Mond um diese Zeit zur Verfügung stellt. Für ein magisches Vorhaben kann es sehr hilfreich sein, diese wachsenden Kräfte genau abzupassen. Vergessen Sie aber die Tabellen und mechanischen Messinstrumente. Feilen Sie lieber an Ihrem Draht, die Mondphasen in den Knochen zu spüren. Nur wer dieses Gespür entwickelt hat, kann wirklich sicher sein, die Energie des abnehmenden oder zunehmenden Mondes voll auszunützen.

Jede magische Handlung beruht auf einer Verbindung mit Ihrer Umwelt, wenn Sie sich tatsächlich mit ihr verbunden fühlen. Wenn Sie allerdings nur auf die Uhr sehen, um eine Stunde festzuhalten, den Mond mit dem Taschenrechner berechnen, dann entgeht Ihnen etwas. Trainieren Sie Ihr Einfühlungsvermögen für die Mondphasen. Sie werden überrascht sein, wie sich Ihr Gefühl für Zeit im Allgemeinen verändert. Wenn Sie nicht nur mit den Tages- und Jahreszeiten im Takt sind, sondern auch mit den weniger auffälligen Mondphasen, schwingen Sie mit den Zyklen der Pflanzen ein gutes Stück weit mit. Wer dieses Gespür noch nicht so richtig herausgebildet hat, geht auf Nummer Sicher und führt das Vollmondritual am Abend oder Tag vor dem vollen Mond durch. Dann sind gewiss die richtigen Kräfte mit von der Partie.

Suchen Sie sich als Erstes einen Abend in den letzten Tagen des zunehmenden Mondes oder genau die Vollmondnacht aus, aber auf jeden Fall einen Tag, an dem Sie Zeit und Muße haben. Sorgen Sie dafür, dass liebende bessere Hälften, Kind und Kegel vor der Tür bleiben. Wenn Sie sich in Haus und Garten bewegen wollen, schicken Sie Ihre Lieben am besten zum Eisessen oder zur Großmutter – falls sie nicht mitmachen wollen. Bereiten Sie sich auf Ihr Vorhaben vor, indem Sie eine passende Gottheit dazubitten.

Sie können wahlweise auch Engel beauftragen oder einfach mit dem Universum ganz allgemein Verbindung aufnehmen. Wenn Sie sich in Ihrem Garten mit Power auftanken wollen, wählen Sie eine feurige Göttin aus, etwa **Pele**, die hawaiianische Feuer- und Vulkanhüterin. Wer es auf einen geistigen Höhenflug abgesehen hat, ist mit **Merkur**, dem römischen Gott des Handels, der Diebe und der geistigen Beweglichkeit, besser bedient. Für mehr Erdung und einen festen Boden unter den Füßen suchen Sie Zuspruch bei **Gaia**, der alten griechischen Erdgottheit. Alles, was fließen soll, gehört in den Einflussbereich von **Ran**, der germanischen Meeresgöttin.

Auch wenn Sie Ihre Aufmerksamkeit während Ihrer Zeremonie auf eine bestimmte Energie – zum Beispiel Luft – richten, achten Sie darauf, dass alle Elemente in Ihrem Garten trotzdem ausgewogen bleiben und miteinander harmonieren. Wer sich für ein göttliches Wesen entscheidet (ob mit oder ohne Flügel), sollte sich ein bisschen mit ihm oder ihr beschäftigen; schließlich mögen Sie es auch nicht, wenn ein wildfremder Mensch mit seinem Anliegen und der sprichwörtlichen Tür ins Haus fällt. Denken Sie daran, dass Sie es mit wirklichen Mächten zu tun haben, wen Sie auch immer wählen. Diese Kräfte wirken in Stürmen, Erdbeben, Lavaströmen und reißenden Flüssen. Spielen Sie also nicht leichtfertig damit herum. Wenn Ihnen beim Gedanken an mächtige Götter nicht ganz wohl ist, wählen Sie vielleicht lieber Engel – doch Vorsicht, auch das sind nicht immer die netten kleinen Flügelwesen vom Weihnachtsbaum.

Nehmen Sie sich in der Phase des zunehmenden Mondes mehrere Tage Zeit und lassen Sie Ihre Ideen mit der Mondsichel wachsen. Thema ist noch immer Ihre Kreativität und die fruchtbare Gestaltung Ihres Lebens. Zu dieser Jahreszeit werden nicht nur wuschlige kleine Tierkinder geboren, sondern auch neue Ideen. Je mehr Zeit Sie sich lassen, desto besser. Wahrscheinlich wählen Sie dann automatisch die richtigen Gegenstände, Ideen und Vorhaben aus – ähnlich wie in einer Schwangerschaft, in der ein Kind auch eine angemessene Zeit braucht, um sich richtig zu entwickeln.

Am Tag Ihres Mondzaubers brauchen Sie Ihre Gegenstände für die vier Elemente und Akasha, wahlweise auch andere Dinge, die mit Ihren Plänen verbunden sind. Achten Sie aber darauf, dass Sie nicht zu viel verwenden. Sie kommen sonst durcheinander, und die Energie, die in Ihr Projekt fließen soll, geht flöten. Legen Sie sich alles bereit und machen Sie Ihren kleinen Zauber am besten im Garten – lange Vorbereitung oder viele Kleinigkeiten könnten im April kalte Füße einbringen; halten Sie besser alles kurz und knapp. Stellen Sie die Gegenstände für die Elemente entsprechend den Himmelsrichtungen auf: wie üblich Osten für die Luft, Süden für Feuer, Westen für Wasser und Norden für Erde. Dann gehen Sie von Osten aus in einem Kreis (Osten, Süden, Westen, Norden) und stellen sich dabei möglichst genau vor, welches neue Projekt Sie verwirklichen möchten. Sie können im Kreis laufen, bis Sie mit Ihrem inneren Gemälde fertig sind. Wenn Sie bei Ihrem Vollmondzauber Ihren Garten im Auge haben, nutzen Sie die Informationen, die Sie in vorausgegangenen Monaten über Ihren Garten und Ihre Pflanzen gesammelt haben.

Jetzt ist die Zeit, mit der Umsetzung zu beginnen. Handelt es sich um andere Bereiche des Lebens – zum Beispiel um einen neuen Job –, stellen Sie sich auch diese Veränderung möglichst klar vor. Verschwenden Sie dabei keine Energie auf Kleinigkeiten, die Ihnen nicht so wichtig sind, sondern mehr auf das große Ganze. Wenn Sie häufiger visualisieren, werden Sie merken, dass Sie mehr Kleinigkeiten sehen. Sie bekommen dann ein Gespür dafür, wie viel an Einzelheiten Sie brauchen, damit es für Sie rund wird. Zu viel des Guten, und Sie verheddern sich energetisch, zu wenig, und Sie bekommen vielleicht nicht genau das, was Sie sich wirklich wünschen. Üben Sie das Visualisieren auf jeden Fall, bevor Sie sich an große und wichtige Rituale wagen.

Wenn Sie mit Ihrer Visualisierung fertig sind, bleiben Sie noch einen Augenblick in Ihrem Kreis. Bevor Sie wieder ins Warme flüchten, stellen Sie sich einen Augenblick in die Mitte Ihres magischen Kreises und schicken einen Wunsch auf gutes Gelingen an die Gottheit, die Sie gewählt haben. Falls Sie nicht so gern mit höheren Gewalten reden, senden Sie Ihren Wunsch ganz allgemein ins Universum. Er kommt schon richtig an. Bitten Sie gleichzeitig darum, dass dieses Ritual im Ergebnis allen nützen möge. Genauer brauchen Sie das nicht festzulegen. Damit verhindern Sie verheerende Fehler wegen mangelnden Einblicks in das Leben anderer und in Ihre eigene Zukunft.

Nun öffnen Sie Ihren magischen Kreis wieder wie üblich, indem Sie gegen den Uhrzeigersinn laufen (Norden, Westen, Süden, Osten) und sich bei allen Geistern der Elemente bedanken. Ihre Zauberutensilien können Sie als Deko im Garten stehen lassen oder Sie sammeln sie ein und verwenden sie beim nächsten Mal wieder.

Falls es in Strömen gießen sollte oder es Ihnen draußen einfach zu kalt ist, verlegen Sie Ihr Vollmondritual einfach ins Wohnzimmer. Deshalb sollten Sie auch Mitbewohner und Haustiere überredet haben, nicht zu stören.

 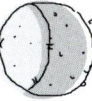 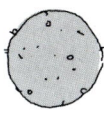 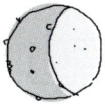

april gewächse

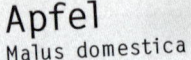

Elemente	
△	Feuer
▽	Wasser
▽̄	Erde
△̄	Luft
Planeten	
♃	Jupiter
♂	Mars
☉	Sonne
♀	Venus
☿	Merkur
☽	Mond
♄	Saturn
Sonstiges	
✻	pflegeleicht
!!!	Vorsicht geboten!

Farbe: weiße bis zartrosa Blüten
Blüte: April – Mai
Höhe: 2 – 10 m

Aussaat und Vermehrung: Pflanzen Sie am besten Bäume einer gängigen Sorte. Wenn Sie aus Kernen Apfelbäume züchten möchten, müssen Sie dafür schon ein paar Jahrzehnte Geduld mitbringen. Beim Pflanzen Ihres Apfelbaums achten Sie unbedingt auf einen gut gedüngten, vorbereiteten Boden, denn er wird dort über einen langen Zeitraum verweilen.
Standort und Bodenanforderung: Sonne, nicht zu viel Wind und ein nährstoffreicher Boden.
Pflege: Düngen Sie Ihren Apfelbaum mindestens einmal im Jahr ausgiebig, besser zweimal (Herbst und Frühling). Wenn Sie richtig fleißig sein wollen, dann mulchen Sie regelmäßig. Junge Bäume sollten Sie anbinden und bei älteren darauf achten, dass die Zweige nicht unter der Apfellast zusammenbrechen. Dünnen Sie entweder die Äpfel aus oder stützen Sie die Frucht tragenden Zweige ab. Wenn Ihr Baum nicht nur Dekoration, sondern auch Apfelertrag bringen soll, ist ein Schnitt zur rechten Zeit notwendig. Lassen Sie sich von einem

Profi zeigen, wie das geht, damit Sie auch wirklich was ernten können.
Medizinische Eigenschaften: Sie wissen ja: An apple a day keeps the doctor away!
Magische Eigenschaften: Äpfel gehören zur Magie wie der Zauberstab und der Hexenbesen. Der Apfel ist ein Symbol für ewiges Leben, deshalb auch das Verbot, in der Unterwelt einen Apfel zu essen. Das hätte ewiges Leben in der Unterwelt bedeutet, aber damit auch den Tod im Diesseits. Weisheit ist ein weiteres Attribut dieser Früchte, denn Adam und Eva erlangten die Erkenntnis mit einem Biss in den Apfel. Und schließlich hieß das keltische Paradies Avalon, das Apfelland.

Sie können Äpfel und Apfelblüten besonders gut für Liebeszauber verwenden, aber auch für alle anderen Zaubereien. Die Frucht steht eng mit der Großen Mutter in Verbindung, denn das Kerngehäuse entspricht, quer aufgeschnitten, dem Pentagramm. Besonders nützlich sind die Säfte der Äpfel beim Einsetzen neuer Pflanzen. Gießen Sie etwas Cidre oder Apfelwein in Ihr Pflanzloch und vermischen ihn mit Erde. Visualisieren Sie dabei, wie sich die Kraft aus dem Apfelgetränk mit der Wachstumskraft der Erde verbindet. Gießen Sie etwas Cidre über die Wurzeln eines Baumes oder Busches, wenn Sie schon einen Garten haben. Vergraben Sie dreizehn Apfelblätter in Ihrem Obstgarten, damit auch die nächste Ernte reichhaltig ausfällt.

Und zu guter Letzt: Wer weiß, wenn es in Ihrem Apfelhain neblig ist und Sie sich ganz leise hineinschleichen, vielleicht sehen Sie dann ja ein Einhorn. Es heißt, dass diese mystischen Tiere den Geschmack reifer Äpfel sehr schätzen.

Lorbeer
Laurus nobilis

Farbe: weiß oder gelbliche Blüte, immergrüner Strauch
Blüte: ab April, wenn er sehr geschützt und warm steht, sonst ab Mai
Höhe: in geschützten Lagen bis zu 6 m

Aussaat und Vermehrung: Säen Sie Lorbeer im Herbst aus und kultivieren Sie den Strauch bis zum Frühjahr. Da er langsam wächst, lohnt es, ältere Pflanzen einzusetzen, falls Sie die aromatischen Blätter in der Küche nutzen wollen.
Standort und Bodenanforderung: Pralle Sonne ist ideal; normaler Boden, keinesfalls zu schwer.
Pflege: Wie eine Heckenpflanze stutzen, bis er die gewünschte Form hat. Wenn Sie die unteren Zweige abschneiden, gerät die Pflanze oben buschiger.
Medizinische Eigenschaften: Geben Sie einige Blätter in Ihr Badewasser, wenn Sie es im Fitnessstudio übertrieben haben. Ihre schmerzenden Muskeln werden es Ihnen danken. Außerdem lindert Lorbeer Verdauungsbeschwerden und wirkt antiseptisch.

Magische Eigenschaften: Neben der Stechpalme und der Mistel gehört auch der immergrüne Lorbeer zur traditionellen Dekoration des Mittwinterfests. Verwenden Sie Lorbeerblätter in Räuchermischungen, wenn Ihnen die nötige Portion Mut fehlt, Sie einen sportlichen Wettkampf erfolgreich bestehen wollen – ein Lorbeerkranz schmückt seit der Antike das Haupt des Siegers –, ein Reinigungsritual vorhaben oder einen Schutzzauber. Wenn Sie und Ihr Partner Ihrer Liebe Dauerhaftigkeit verleihen wollen, brechen Sie gemeinsam einen Zweig von einem Lorbeerbaum ab, teilen ihn in zwei Stücke und bewahren diese gut auf.

Rosmarin
Rosmarinus officinalis

!!! △ ☉

Farbe:	zartlila Blüten, immergrüner Strauch
Blüte:	April – Dezember
Höhe:	bis zu 2 m

Aussaat und Vermehrung: Im Frühjahr einige der ersten, noch nicht verholzten Triebe abnehmen und in Anzuchterde stecken. Lassen Sie der Entwicklung von Wurzeln bis zum Spätsommer oder Herbst Zeit und setzen Sie entweder vor dem Winter (Achtung, Frostgefahr!) oder im kommenden Frühling (das bedeutet Pflege über den Winter) Ihren neuen Busch in den Garten.

Standort und Bodenanforderung: Viel Wärme; eine nach Süden gerichtete Hauswand ist ideal; gut entwässerte Erde.
Pflege: Sie können dieses traditionelle Küchenkraut auch im Topf züchten, achten Sie dann aber darauf, rechtzeitig zurückzuschneiden, damit es nicht zu groß wird und schön buschig bleibt.
Medizinische Eigenschaften: Nichts für Schwangere oder Epileptiker! Aus den blühenden Spitzen der Zweige zubereiteter Tee regt den Kreislauf an und stärkt die Nerven. Gut zum Gurgeln bei Erkältungen. In der Aromatherapie wird Rosmarin bei Konzentrationsschwäche eingesetzt. Schnuppern Sie an dem ätherischen Öl oder lassen es in einer Duftlampe verdunsten, wenn Sie besondere Aufmerksamkeit brauchen.
Magische Eigenschaften: Verwenden Sie die aromatischen Nadeln zum Ausräuchern eines Raumes für ein Ritual. Baden Sie in Rosmarinextrakten oder geben Sie einen Zweig davon in Ihr Badewasser, um Ihre Energie zu klären. Über der Eingangstür hält es Diebe fern, zusammen mit Wacholderbeeren vertreibt es als Räucherwerk die »bösen Geister« einer Krankheit. Unter Ihrem Kopfkissen sorgen ein paar Zweiglein für ungestörten Schlaf. Auch anstelle von Weihrauch einsetzbar.

frühling 169

Tulpe
Tulipa-Arten

Farbe:	in allen Farben des Regenbogens, außer Blau
Blüte:	ab April
Höhe:	Minitulpen um die 10 cm, andere um 25 cm, aber auch bis 60, 70 cm

Aussaat und Vermehrung: Setzen Sie die Zwiebeln am besten im Herbst. Achten Sie darauf, dass sie nicht ständig ausgegraben werden müssen, wenn Sie anderes in die Nähe pflanzen. Falls Sie selber Tulpen ziehen möchten, graben Sie die Zwiebeln vorsichtig aus, nachdem sie ihre Blätter eingezogen haben. Trennen Sie dann die kleinen Tochterzwiebeln ab. Die Mutterzwiebel setzen Sie zurück in die Erde. Die neuen Zwiebeln bewahren Sie kühl und trocken bis zum Herbst auf und pflanzen sie dann genauso wie die anderen ein.
Standort und Bodenanforderung: Sonnig bis halbschattig unter einem noch kahlen Baum oder Busch; besonders blühfreudig in lockerem und nährstoffreichem Boden, vertragen aber auch etwas saure Erde.
Pflege: Falls es im Frühjahr mal nicht regelmäßig regnet, versorgen Sie Ihre Tulpen mit genügend Wasser. Schneiden Sie verblühte Stängel bis zur Hälfte ab. Tulpen sind anspruchslos, aber für die eine oder andere Kelle Kompost im Frühjahr danken sie Ihnen mit üppigen Blüten Jahr für Jahr.
Medizinische Eigenschaften: Überlassen Sie die Anwendungen unbedingt den Profis.
Magische Eigenschaften: Da sie der Liebesgöttin Venus zugesprochen werden, machen sich Tulpen als Deko auf Ihrem Hausaltar besonders gut bei Liebeszauber. Wenn Sie nicht gleich die ganze Ritualkiste auspacken wollen, können Sie die Frühlingsboten auch nur auf den Couchtisch stellen und damit beauftragen, die liebevolle Energie in Ihrem Umfeld zu unterstützen. Besonders wirkungsvoll wären in diesem Fall rote Tulpen oder – wenn es mehr um freundschaftliche Dinge geht – rosafarbene. Pflanzen Sie ein Tulpenspalier am Eingang Ihres Grundstücks oder stellen Sie einen Topf mit den Zwiebelgewächsen neben Ihre Wohnungstür, um den Zugang zu Ihrem Reich zu schützen. Wählen Sie zum Schutz am besten ebenfalls rote Tulpen aus, sie symbolisieren Mut und Kraft.

> Tulpen sind anspruchslos, aber für die eine oder andere Kelle Kompost im Frühjahr danken sie Ihnen mit üppigen Blüten Jahr für Jahr.

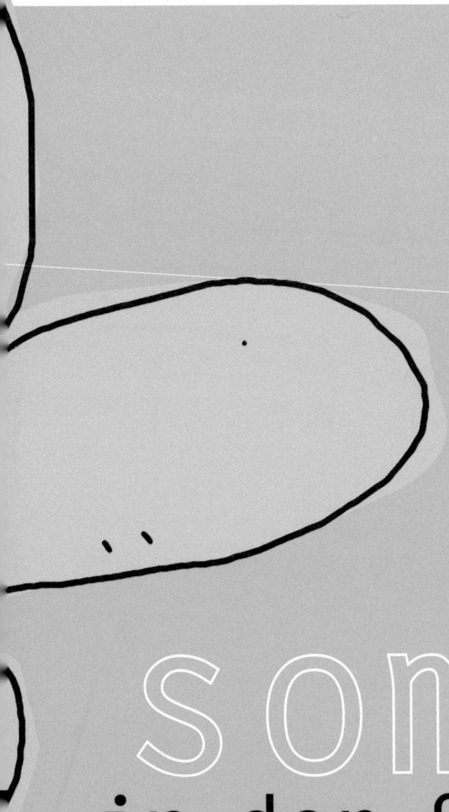

sommer
in der fülle leben

- Mai - bringt Fruchtbarkeit
- Juni - im Zauberfeuer
- Juli - weniger wird mehr

bringt mai fruchtbarkeit

Walpurgisnacht – vermutlich denkt jeder bei diesem Stichwort sofort an das berühmt-berüchtigte Fest auf dem Blocksberg, an Hexen, die auf ihren ausgefransten Besen (oder vielleicht schon auf dem neuesten Hoover de Luxe?) durch die Nacht gerauscht kommen, um ihre geheimnisvollen Riten zu zelebrieren. >>>

Das Jahreszeitenfest Anfang Mai ist eines der vier Mondfeste. Traditionell feiern es die Hexen zwar bei Vollmond, aber unsere moderne Gesellschaft mit ihrer Vorliebe für gleich bleibende Abläufe hat den Tanz in den Mai auf den Ersten des Monats festgelegt. Überbleibsel wie Ostern und Pfingsten erinnern als »bewegliche Feste« noch heute an die alten Überlieferungen.

Auch wenn die Walpurgisfeier laut Kalender in der Nacht zum ersten Mai ansteht, könnte es ja sein, dass Ihnen gerade dann der Sinn nach etwas anderem steht oder Sie dieses Fest lieber der alten Tradition entsprechend feiern möchten. Dann nehmen Sie sich doch einfach die Freiheit, Walpurgisnacht – oder auch irgendeines der drei weiteren Mondfeste – zu einem anderen als dem kalendarisch vorgeschriebenen Zeitpunkt zu feiern. Wählen Sie im Falle der Walpurgisnacht am besten den nächstgelegenen Vollmondtermin.

In diese Jahreszeit passt so ziemlich alles, was unmittelbar oder auch im übertragenen Sinn mit Verliebtheit und jeder Form von Fruchtbarkeit – auch spiritueller – zu tun hat. Ihr Spieltrieb ist gefragt, denn jetzt mag sich kaum jemand um ernsthafte Angelegenheiten kümmern, sondern viel lieber ums Gefühlsleben. Wenn daraus feste Pläne (zum Beispiel für Familiengründung und Häuslebau) werden sollten, so sind diese im Jahreszeitenzyklus später dran. Jetzt geht es vorrangig um die Stärkung Ihrer Lebenslust ohne den Ernst des Lebens.

Um die Nacht vor dem 1. Mai, den Tag der heiligen Walpurga, ranken sich viele wilde Geschichten. Altem Volksglauben nach reiten die Hexen in dieser Nacht auf ihren Besen aus, um sich auf dem Blocksberg (dem Brocken im Harz) zu versammeln.

walpurgisnacht

Wie bei vielen vorchristlichen Überlieferungen sind auch die Zusammenkunft weiser Frauen und alle Riten der alten (vorchristlichen) Religion buchstäblich verteufelt worden. Statt die Feiern auf dem Brocken und anderswo als Ausdruck einer schlicht andersartigen Weltvorstellung zu sehen, warfen Kirchenmänner den Frauen und Männern, die den alten Zeremonien treu blieben, vor, sie seien Teufelsanbeter. Dieses Vorurteil hält sich bis in die heutige Zeit hartnäckig. So wurden Menschen, die vielleicht ursprünglich selber mit den Naturgeistern in Verbindung traten, um für reichhaltige Ernten oder Schutz vor allerlei Unbill zu bitten, dazu angehalten, abergläubisch Hexen – oder solche, die die Kirche dafür hielt – für jede Art von Schaden verantwortlich zu machen.

Sehr lange hielt sich hier zu Lande zum Beispiel der ländliche Brauch, drei Kreuze und bestimmte Kräuterbüschel an die Stalltüren zu heften, um das Vieh vor Hexen zu schützen. Walpurgisfeuer werden heute immer noch von weniger Informierten zur Abwehr des vermeintlichen Hexentreibens entzündet.

Auch die gute Walpurga selber entkam nicht der Christianisierung. Aus der ehemaligen Fruchtbarkeitsgöttin der alten Germanen wurde eine englischstämmige Heilige, die in Heidenheim einem Kloster vorstand, in dem sowohl Männer als auch Frauen lebten. Wie christlich es dort zuging, mag jeder selber entscheiden, heißt doch Heidenheim wörtlich genommen nichts weiter als das Heim der Heiden. Auch noch so hartnäckige Versuche der Kirche, den Tanz in den Mai zu unterbinden oder doch zumindest »braver« zu machen, brachten nichts. Noch heute feiern Hexen überall in Europa den Beginn der neuen Jahreszeit mit rauschenden Festen.

sommeranfang

Auch wenn die Temperaturen noch nicht danach sein sollten, der erste Mai ist nach dem alten (vorchristlichen) Kalender der Tag des Sommeranfangs, Beltane. Schließlich treiben in dieser Jahreszeit üblicherweise mehr als nur vereinzelte grüne Blätter an den Bäumen und die sprichwörtlich vermehrungsfreudigsten Grasmümmler unserer Breiten – die Kaninchen – haben bereits Junge geworfen. Fruchtbares Sprießen also allerorten und im Garten oder im Balkonkasten spitzen die ersten zarten Triebe der Sommerblüher aus der Erde heraus.

sommeranfang im garten

- Je nach Wetterlage können Sie nach den Eisheiligen, also ab dem 15. Mai, alles ins Freie pflanzen, wonach Ihnen der Sinn steht. Ab diesem Zeitpunkt sind Sie sicher vor Nachtfrösten.

- Zupfen Sie nicht zu früh vermeintliches Unkraut. Die Keimblätter vieler Pflanzen sehen ähnlich aus, sodass es schwer ist, die erwünschten von den unerwünschten zu unterscheiden. Spätestens jetzt dürfte Ihnen auffallen, dass eine Beschriftung der ausgesäten Pflanzen doch recht hilfreich gewesen wäre … Warten Sie, bis Sie eindeutig erkennen können, ob es sich wirklich um einen Löwenzahn handelt. Zupfen Sie unbedingt, bevor die Wildkräuter blühen, damit die zweite Generation gar nicht erst hochkommt.

- Gönnen Sie Ihren Pflanzen natürlichen Dünger. Zu dieser Jahreszeit können sie ihn besonders gut verwerten, da jetzt das Wachstum so richtig in Schwung kommt. Achten Sie aber unbedingt auf die richtige Pflanzennahrung. Wenn Sie einen Bio-Dünger verwenden, können Sie sicher sein, dass keine schädlichen Stoffe in Ihren Boden gelangen. Überlegen Sie ebenfalls, ob Sie vielleicht Pflanzen mit speziellen

Bodenansprüchen angesiedelt haben, zum Beispiel Rhododendron, der es sauer liebt (Essig wäre allerdings zu viel des Guten!).

● Achten Sie auch darauf, nicht zu überdüngen, denn das kann Ihren Lieblingen genauso schaden wie zu wenig. Eine Kombination aus Hornspänen und Kompost (natürlich selbst gemachtem, gelle) ist nie verkehrt.

● Auch im Mai kann es schon zu trocken für Ihre Pflanzen sein. Wenn es einige Wochen lang nicht geregnet hat, reichen ein oder zwei Stunden Regenguss nicht mehr aus. Das Wasser kann nicht richtig wegsickern. Graben Sie an einer unbewachsenen Stelle ein Loch, um festzustellen, wie weit das Wasser tatsächlich in den Erdboden eingesickert ist, und gießen Sie dementsprechend nach.

● Pflanzen Sie spätestens im Mai alles, was Sie im Sommer gern in Ihrem Garten sehen wollen. Was später in die Erde kommt, blüht meist erst im folgenden Jahr.

● Blumen wie Stiefmütterchen oder auch Margeriten blühen länger, wenn Sie regelmäßig die alten Blüten entfernen. Bei Bauernrosen können Sie alles zurückstutzen, da sie sich über den Sommer sowieso verkrümeln und erst im Frühjahr wieder ihre volle Pracht erlangen.

● Rosen profitieren besonders, wenn sie kräftig zurückgeschnitten werden. Entfernen Sie beherzt alte, verwelkte Blütenzweige bis oberhalb eines neuen Zweiges oder einer neuen Knospe.

sommeranfang auf dem balkon

● Spätestens in diesem Monat können Sie alles auf den Balkon stellen, was Sie dort wachsen lassen wollen. Geben Sie dem Gießwasser jetzt unbedingt etwas Flüssigdünger zu (oder harken Sie liebevoll etwas

Kompost unter). Achten Sie darauf, dass die Blätter der Pflanzen beim Wässern trocken bleiben.

● Wenn Ihnen die Container ausgehen oder Terrakottatöpfe nicht nach Ihrem Geschmack sind, stöbern Sie mal wieder auf dem Trödelmarkt herum. Sie können Pflanzen in alles stellen, was Wasser hält: Zinkwannen, Milchkannen, alte Schornsteine und sogar Körbe, wenn sie mit einer entsprechenden Folie vor Feuchtigkeit gesichert sind. Lassen Sie unten ein Loch offen, damit das Wasser ablaufen kann.

● Wenn Sie keine Rankgerüste an den Wänden anbringen können oder dürfen, bauen Sie Ihrer kletterfreudigen Pflanze ein Reisiggerüst in den Topf. Stecken Sie ringsherum gerade Stecken ein (zum Beispiel Bambus) und verbinden Sie diese dann oben zu einer Art Tipi. Helfen Sie Ihrer Kletterpflanze, sich dieses kegelförmige Rankgerüst zu erobern, indem Sie in regelmäßigen Abständen eine Reihe Blumenbast einweben.

sommeranfang
auf der fensterbank

● Zu dieser Jahreszeit spielt sich auf dem Fensterbrett das gleiche Wachstum wie auf dem Balkon oder im Garten ab, nur nicht so umfangreich. Achten Sie aber bei blühenden Pflanzen ebenfalls darauf, regelmäßig Abgeblühtes zu entfernen.

● Die Sonne ist in diesen Monaten sehr heiß. Wenn Sie also nicht nur Kakteen auf Ihrer Fensterbank beheimatet haben, achten Sie auf ausreichenden Sonnenschutz. Sollten Sie Blumen an einem Südfenster stehen haben, retten Sie diese an sonnigen Tagen vor den Strahlen, die auch noch durch die Glasscheibe Verbrennungen verursachen können.

liebeszauber
im grünen

Magische Zutaten
- roten oder rosafarbenen Faden oder ein Band
- rote Federn
- Schale mit Wasser, Kerze
- Gegenstände, die die vier Elemente symbolisieren

Der Mai ist also nicht nur für einen fruchtbaren Garten *der* Wonnemond schlechthin, in dem alles eingepflanzt ist und nur noch auf die ersten heißen Tage wartet, um üppig loszusprießen. Auch in unserer Fantasie blühen Lebens- und Liebeslust auf, denn Mai ist *die* Primetime für Verliebte. Und gab uns schon Ostern mit seinen Fruchtbarkeitssymbolen von Ei und Hase erste Anhaltspunkte, wohin das Jahr zielt, im Mai wirkt ein Liebeszauber im Garten erst recht.

Dabei spielt es keine Rolle, ob Sie eine neue Partnerschaft anpeilen oder ob Ihnen die Liebe zum ganzen Universum am Herzen liegt. Wandeln Sie das folgende Liebesritual einfach ab, und beschwören Sie Gartengeister, Baumfräulein oder andere Wesen damit – oder Sie nutzen doch noch die Gelegenheit, sich eine neue Liebe herbeizuwünschen. Wer allerdings schon glücklich verliebt, verlobt oder verheiratet ist, braucht diesen Zauber natürlich nicht, aber sicher haben auch Sie eine Freundin oder einen Freund, die noch nach einer zauberhaften Eingebung suchen, wie sie den Mann, respektive die Frau, fürs Leben finden und erobern können – mithilfe Ihres Gartens.

federleichte vorbereitung

Nehmen Sie sich wie immer genug Zeit für Ihren Liebeszauber und, wenn möglich, warten Sie auf Sonnenschein. Schließlich geht es um die schönsten Gefühle, und da passt nicht nur ein sonniges Gemüt besser, sondern auch das Himmelsgestirn selbst kann ihrem Vorhaben nur nutzen. Wenn es die Wettergötter nun aber allzu schlecht mit Ihnen meinen, suchen Sie sich zumindest einen Tag aus, an dem Sie trotz miesen Wetters strahlendster Laune sind.

Besorgen Sie sich einen roten oder auch rosafarbenen Faden oder ein Band und rote Federn (aus dem Bastelladen). Für Ihr Ritual brauchen Sie außerdem die üblichen Gegenstände für die vier Elemente im magischen Kreis.

Fangen Sie schon ein paar Tage vor dem eigentlichen Ritualtag an, Ihren Zauber vorzubereiten. Wählen Sie für den Liebeszauber auf jeden Fall die Phase vom zunehmenden Mond bis zum Vollmond aus, denn schließlich wollen Sie ja mehr und nicht weniger Liebe in Ihr Leben und ins Universum bringen.

ans magische (zauber-)werk

Setzen Sie sich still hin, bis Sie ganz zur Ruhe kommen, und schließen Sie die Augen. Dann stellen Sie sich vor, wie Sie sich mit einem Partner oder einer Partnerin fühlen möchten.

Wichtig ist dabei, auf keinen Fall an einen ganz bestimmten Menschen zu denken, auch wenn Sie momentan noch so gern mit dem Briefträger durchbrennen würden. Der entpuppt sich womöglich bei näherem Hinsehen als Langweiler, aber der Finanzbeamte von nebenan wäre nicht nur begeisterter Skydiver, sondern auch noch Mr. Right gewesen. Überlassen Sie es dem Universum, Ihnen das bestmögliche Ergebnis zu liefern.

Wenn Sie sich also eine Situation vorstellen, in der Sie sich besonders gern mit Ihrem Idealpartner sehen, nehmen Sie eine rote Feder zwischen die Hände und laden sie mit diesem Wunschbild auf. Lassen Sie diesen Wunsch durch Ihre Hände in die Feder fließen. Sobald Sie damit fertig sind, öffnen Sie die Augen und knüpfen die erste Feder in Ihr rotes Band.

In den nächsten Tagen wiederholen Sie diesen Vorgang, so oft Sie möchten, bis Sie ein langes Band mit aufgereihten, verknoteten Federn erhalten. Es geht hier nicht um kunsthandwerkliche Perfektion, sondern um Ihre klaren Vorstellungen. Ob Sie viele oder wenige Federn nehmen, alle auf einmal verarbeiten oder sich dafür ein paar Wochen Zeit lassen, liegt ganz bei Ihnen.

Wenn irgend möglich, wählen Sie erneut einen Tag in der zunehmenden Mondphase, den Vollmond oder am besten die Walpurgisnacht, um Ihr Ritual abzuschließen. Wenn Sie einen Tag für das abschließende Ritual festgelegt und alle Zutaten beisammen haben, gehen Sie in Ihren Garten und schließen Ihren magischen Kreis. Falls Ihnen am Mitwirken mythologischer Götter und Göttinnen gelegen ist, rufen Sie in dieser Jahreszeit diejenigen an, die Ihr Thema per se verkörpern: die Liebesgötter Amor/Eros, Venus oder Aphrodite.

Dann treten Sie in die Mitte des Kreises, wo Sie sich bereits Ihr rotes Federband, etwas Wasser in einer Schale und eine Kerze bereitgestellt haben. Setzen Sie sich hin und zünden Sie die Kerze an. Legen Sie Ihr Federband vorsichtig zusammen und nehmen Sie es in beide Hände. Zeichnen Sie dreimal im Uhrzeigersinn über der Kerze einen Kreis in die Luft und stellen Sie sich dabei wieder Ihre neue Partnerschaft vor. Bekräftigen Sie das Ganze mit einem einfachen: »So soll es sein!« Legen Sie nun das Band auf den Boden und spritzen Sie dreimal etwas Wasser darauf und besiegeln Ihre Vorstellung wie eben schon.

Bleiben Sie einen Augenblick ruhig und nehmen Sie die Kraft wahr, die in Ihrem Band zusammengeflossen ist. Nun öffnen Sie Ihren magischen Kreis gegen den Uhrzeigersinn, beginnend mit dem Norden, wenn Sie einen einfachen Elementekreis gezogen haben. Wenn Sie mit einem vollen magischen Kreis arbeiten, lösen Sie ihn von der Mitte aus auf. Bedanken Sie sich bei den Geistern, die Sie gerufen haben.

Nehmen Sie nun Ihr Federband und binden Sie es an einem Zweig in Ihrem Garten fest. Bringen Sie es aber so an, dass Sie nicht täglich draufschauen. Je weniger Sie über Ihren Wunsch nachdenken, desto besser. Falls Sie keinen geeigneten Platz finden, gehen Sie in einen Park oder Wald und flechten Sie Ihr Band dort in einen Baum. Bitten Sie den Wind, Ihren Wunsch davonzutragen und zu erfüllen.

Achtung, Balkonbesitzer! Wenn Sie Ihr Band dort unterbringen wollen, achten Sie darauf, dass Sie es nicht an einen Nagel hängen. Die Verbindung zu lebendigem Holz, Blättern oder dergleichen ist wichtig für die Bewegung der Energie. Winden Sie zur Not Ihr Federband um eine stabile Staude in einem Topf. Wenn sich wirklich nichts in Ihrer unmittelbaren Nähe anbietet, dann gehen Sie in einen Park oder ein anderes offenes Gelände.

mai gewächse

Brennnessel
Urtica dioica

Elemente	
△	Feuer
▽	Wasser
⊽	Erde
⊿	Luft
Planeten	
♃	Jupiter
♂	Mars
☉	Sonne
♀	Venus
☿	Merkur
☽	Mond
♄	Saturn
Sonstiges	
✹	pflegeleicht
!!!	Vorsicht geboten!

Farbe: weißgelbliche Blüten
Blüte: Mai – September
Höhe: bis zu 120 cm

Aussaat und Vermehrung: Von selbst.
Standort und Bodenanforderung: Wachsen überall, ziehen aber sonniges oder halbschattiges Gelände vor.
Pflege: Nicht nötig.
Medizinische Eigenschaften: Die jungen Blätter wie die Blüten können Sie als Teeaufguss verwenden. Besonders im Frühling unterstützen Sie damit die Tätigkeit Ihrer Nieren und Leber. Mischen Sie die jungen Blätter auch in den Salat, wenn Sie zu Anämie neigen. Dank ihres hohen Eisengehalts wirkt die Brennnessel dem entgegen. Vorsicht, nehmen Sie die älteren Blätter nicht roh zu sich!
Magische Eigenschaften: Ein Kräuterbeutel mit Blättern der Brennnessel schützt Sie vor fremden Zaubereinflüssen. Verteilen Sie Nesselblätter rund um Ihren Garten, wenn Sie die Atmosphäre reinigen wollen. Werfen Sie eine Hand voll davon ins Feuer und vertreiben Sie damit alles, was in Ihrem Leben nichts zu suchen hat.

Geißblatt
Lonicera caprifolium

*!!! ▽ ♃

Farbe: weiß, rot, pink, gelb
Blüte: Mai – August
Höhe: 4 – 6 m

Aussaat und Vermehrung: Am besten pflanzen Sie diese Schlinger bereits in einer stattlichen Höhe, damit Sie in diesem Leben auch noch in den Genuss der duftenden Blüten kommen. Wenn Sie üppige Pflanzen vermehren wollen, teilen Sie den Wurzelballen im Frühjahr oder Herbst.
Standort und Bodenanforderung: Sonne oder Schatten; keine speziellen Anforderungen.
Pflege: Pflanzen Sie einen Bodendecker zu Füßen, da die Wurzeln Schatten brauchen.
Medizinische Eigenschaften: Ein Aufguss aus den Blüten des Geißblatts hilft bei Husten und Schnupfen. Vorsicht, die schwarzen Beeren sind giftig!
Magische Eigenschaften: Dank seines süßen Duftes könnte man annehmen, dass es bei Liebesmagie wirkt, aber weit gefehlt! Wenn Sie allerdings einen Geldzauber nötig haben, legen Sie die Blüten des Schlingers um Ihre Kerzen oder stellen Sie eine Vase mit Zweigen auf, um die Reichtümer dieser Welt anzuziehen.

Königskerze
Verbascum-Arten

△ ♃

Farbe: weiß, rosa oder gelb
Blüte: Mai – August
Höhe: 70 cm – 2 m

Aussaat und Vermehrung: Diese hochstielige Staude versät sich selbst. Wenn Sie also ein ganzes Beet anlegen wollen, verpflanzen Sie junge Königskerzen neben die alten, bis Sie genügend davon haben. Alternativ können Sie Jungpflanzen züchten, indem Sie im Herbst etwa 7 cm lange Wurzelstücke aus dem alten Wurzelballen schneiden und nach ihrer Wuchsrichtung in Wachstumssubstrat pflanzen. Sobald sich grüne Blätter zeigen, topfen Sie diese um, und im Frühjahr oder Herbst können Sie Ihre Pflanzen hinaussetzen.
Standort und Bodenanforderung: Lieben pralle Sonne und einen gut entwässerten Boden.
Pflege: Verzichten Sie auf das Düngen, da sie es karg bevorzugen. Um die Blütezeit Ihrer Staude zu verlängern, schneiden Sie verblühte Pflanzenteile knapp über der Erde ab.
Medizinische Eigenschaften: Tee aus den Blüten hilft gegen Husten und Bronchialleiden. Schwangere sollten die Pflanze allerdings meiden.
Magische Eigenschaften: Die Königskerze ist ein Multitalent: Jäger trugen sie in früheren Zeiten als Schutz gegen wilde Tiere bei sich; im Schuh hält sie Erkältungen ab. Verwenden Sie diese Pflanze für alle magischen Vorhaben mit den Themen leidenschaftliche Anziehungskraft, Schutz oder persönlicher Mut. Hängen Sie Pflanzenteile über Ihrer Wohnungstür auf, um jede Form unangenehmer Geister fern zu halten.

Mohn
Papaver-Arten

Farbe:	rot, orange, weiß, rosa, einige mehrfarbig
Blüte:	Mai – Juli
Höhe:	50 – 110 cm

Aussaat und Vermehrung: Einjährige Mohnsorten ziehen Sie am besten aus gekauftem oder im Vorjahr geerntetem Samen. Mehrjährige Mohnsorten wie der knallrote Türkenmohn *(Papaver orientale)* wird durch einen Wurzelschnitt vermehrt. Legen Sie dafür im Herbst behutsam einige Wurzeln frei und schneiden Sie ein Stück von etwa 7 cm heraus. Setzen Sie dieses nach der natürlichen Wuchsrichtung in einen Topf mit Vermehrungssubstrat. Stellen Sie den Topf an eine kühle Stelle und decken Sie ihn beispielsweise mit etwas Küchenfolie ab. Topfen Sie den Mohn um, wenn die ersten Blätter zu sehen sind. Aussetzen können Sie Ihre Pflanzen dann nach den Eisheiligen Mitte Mai.

Standort und Bodenanforderung: Unbedingt sonnig; verträgt leicht feuchte und lockere Böden am besten, Staunässe gar nicht. Sehr schweren Boden sollten Sie mit etwas Sand mischen. Übertreiben Sie es allerdings nicht. Als Dünengewächs eignet Mohn sich dann doch nicht.

Pflege: Düngen Sie vor der Blüte mit Kompost. Schneiden Sie nach der Blüte sehr stark zurück. Dann bilden sich neue ansehnliche Blätter aus.

Medizinische Eigenschaften: Vorsicht, der Saft der Stängel ist giftig, tragen Sie beim Pflanzen und Schneiden unbedingt Handschuhe! Kleinkinder fern halten!

Magische Eigenschaften: Er fördert den Schlaf und die Entspannung. Gönnen Sie sich also ruhig einen Mohnkuchen vor dem Schlafengehen als abwechslungsreiche Variante zum heißen Glas Milch mit Honig. Verwenden Sie Mohn außerdem für Kräuterbeutel oder Rituale, die mit Liebe und Partnerschaft zu tun haben.

> Verwenden Sie Mohn für Kräuterbeutel oder Rituale, die mit Liebe und Partnerschaft zu tun haben.

sommer

Farbe:	weiß, gelb, rot, rosa oder zweifarbig
Blüte:	Mai – Juni
Höhe:	buschige Stauden bis zu 1 m, meist um 60 cm

Pfingstrose
Paeonia-Arten

Aussaat und Vermehrung: Am besten kaufen Sie diese Pflanzen im Fachhandel, da es sehr schwierig ist, sie selbst zu vermehren. Wer es dennoch versuchen mag, teilt im Herbst den Wurzelstock der Pflanze so, dass jedes Teil mindestens fünf gut gewachsene Knospen aufweist. Geben Sie reichlich Kompost in Ihr Pflanzloch und hoffen Sie das Beste!

Standort und Bodenanforderung: Sonnig auf reichhaltigem Boden, der nicht zu nass sein sollte.

Pflege: Ihre Pfingstrose ist ein anspruchsvoller Gartengast. Sie braucht zweimal im Jahr eine Düngung – im Frühjahr und im Herbst. Decken Sie Ihre neuen Pflanzen im ersten Jahr vorsichtshalber über Winter ab. Achten Sie darauf, dass die recht schweren Blüten entsprechend abgestützt sind, damit Ihre Staude nicht nach dem erstbesten Windstoß flach liegt. Schneiden Sie Verblühtes ab.

Medizinische Eigenschaften: Vorsicht, Pfingstrosen enthalten giftige Alkaloide! Tragen Sie bei der Arbeit Handschuhe, um Hautkontakt zu vermeiden, und halten Sie kleine Kinder fern!

Magische Eigenschaften: Sobald die Blüten am Verwelken sind, heben Sie sich einige zum Trocknen auf. Tragen Sie diese Blätter bei sich oder verwenden sie für Schutzzauber jeder Art. Die Blütenblätter der roten Pfingstrosen eignen sich dafür besonders gut.

> Ihre Pfingstrose ist ein anspruchsvoller Gartengast. Sie braucht zweimal im Jahr eine Düngung – im Frühjahr und im Herbst.

Weißdorn
Crataegus-Arten

Farbe:	weiße Blüte, rote Frucht
Blüte:	Mai – Juni
Höhe:	2 – 8 m

Aussaat und Vermehrung: Die überlassen Sie am besten den Profis, da Weißdorn sehr langsam wächst. Pflanzen Sie Ihren neuen Strauch im Frühjahr.

Standort und Bodenanforderung: Sonnig, verträgt aber auch Halbschatten; schätzt kalkhaltige, nicht zu schwere Böden.

> Unter den Weißdornbüschen haben die Feen ihr Zuhause, heißt es. Seien Sie also besonders behutsam beim Umgang mit diesem Strauch.

Pflege: Alle Weißdornarten lassen sich gut zurückschneiden und auch radikale Schnitte schaden dem Strauch nicht. Sie verlieren dann allerdings für ein paar Jahre die reichhaltigen Blüten. Ansonsten lassen Sie Ihren Weißdorn einfach wachsen, denn er braucht keine Düngung.

Medizinische Eigenschaften: Aus den Blüten zubereiteter Tee wirkt leicht anregend. Wenn Sie Kaffee nicht vertragen, ist dies eine bekömmliche Alternative. Dient auch zur Beruhigung bei nervösen Herzbeschwerden. Für Schwangere ist der Weißdorn allerdings nichts.

Magische Eigenschaften: Setzen Sie ihn für alles ein, was Partnerschaft und Liebe betrifft – von Fruchtbarkeit bis zu zölibatärem Leben (ja, er unterstützt die ganze Bandbreite). In der Nähe eines Hauses beschützt er gegen alle Unbill wie Unwetter und ungebetene Besucher. Wenn Sie mit Weißdorn meditieren, können Sie Ihre Traurigkeit schneller überwinden. Nutzen Sie Ihren Strauch auch, um beispielsweise Wunschgeflechte in seinen Zweigen aufzuhängen oder darunter zu vergraben – allerdings nicht für Rituale, bei denen Sie etwas loswerden wollen, die gehören nicht in Ihren Garten oder auf den Balkon.
Unter den Weißdornbüschen haben die Feen ihr Zuhause, heißt es. Seien Sie also besonders behutsam beim Umgang mit diesem Strauch und holen Sie sich die Erlaubnis von seinen Bewohnern, bevor Sie eine Heckenschere oder Ähnliches ansetzen. In der Nähe von Weißdorn können Sie einen Altar einrichten, wenn Sie die Geister der Pflanze um Schutz und Unterstützung bitten.

juni im zauberfeuer

Jetzt ist endlich der Höhepunkt des Sommers erreicht! Schließlich ist am 21. Juni Mittsommer, der längste Tag des Jahres. Auch wenn Sie sich gerade in den ersten wirklich heißen Strahlen der Sonne räkeln und spätestens jetzt Ihren ersten Sonnenbrand des Jahres behandeln müssen (dabei hilft das Junigewächs Lavendel), an Mittsommer beginnt bereits die zweite Hälfte des magischen Jahres, der Weg in den - hoffentlich noch fernen - Winter. >>>

Die Jahreszeiten sind, im Gegensatz zu vielen anderen Lebensumständen, nicht fein säuberlich voneinander getrennt, sondern gehen unmerklich ineinander über. Sie enthalten immer auch einen Teil ihres Gegenpols. So wie zu Mittwinter das Sonnenjahr beginnt und bereits auf den Sommer verweist, so geschieht zu Mittsommer dasselbe – nur mit umgekehrtem Vorzeichen: Zur Sommersonnenwende werden die Tage wieder kürzer, die Reise in die dunklere Hälfte des Jahres nimmt langsam, aber sicher ihren Lauf. Es ist ein bisschen wie mit Yin und Yang, jede Energie beinhaltet etwas von ihrem Gegenstück und trägt somit zur Harmonie im Universum bei.

Traditionell ist Juni der Monat zum Heiraten, denn Versprechen, die Sie in dieser Jahreszeit geben, halten länger. Wenn Sie ganz sicher gehen wollen, dann probieren Sie es vielleicht erst mal nur mit dem Versprechen auf ein Jahr und einen Tag – ein Brauch, der in vielen Teilen Europas noch weit über das Mittelalter hinaus üblich war. Verbringen Sie ein gemeinsames Jahr mit Ihrem Liebsten oder Ihrer Süßen, um ganz in Ruhe auszuprobieren, wie Ihnen so ein Eheleben gefällt. Im Jahr darauf können Sie dann endgültig den Bund fürs Leben schließen – oder Sie lassen es doch lieber bleiben …

Die kurzen Nächte um den 21. Juni herum gehören zum Element Feuer. Vielerorts brennen in den Dörfern in der kürzesten Nacht des Jahres große Holzstöße, die Johannisfeuer zur Sonnenwende, vergleichbar den auch heute noch gebräuchlichen Osterfeuern.

Wenn Ihnen allerdings nicht nach Feiern zumute ist, dann werfen Sie einen Blick zurück auf die erste Hälfte Ihres Jahres und überlegen, was Sie in den kommenden Tagen des abnehmenden Jahres an Ballast loswerden wollen. Auch wenn Sie noch von der Fülle umgeben sind, gerade jetzt bieten sich Zaubersprüche an, mit denen Sie das Alte hinter sich lassen.

gießkannen voller
sonnenwasser

Magische Zutaten
- nur eine Gießkanne voll Wasser

Wenn es nicht schon im Mai die ersten richtig heißen Tage gab, dann garantiert Anfang Juni. Damit kommen auf den Gärtner größere Bewässerungsarbeiten zu. Und der Umgang mit dem nassen Element bietet eine hervorragende Möglichkeit, dem Garten sowie Ihren Balkonpflanzen magisch etwas Gutes zu tun.

Nehmen Sie eine Gießkanne in die Hand, möglichst eine, mit der Sie üblicherweise auf dem Balkon oder im Garten wässern. Falls Sie im Garten nur einen Gartenschlauch verwenden, besorgen Sie sich eine Kanne. Lassen Sie diese Gießkanne voll mit Wasser laufen und setzen Sie sie an eine Stelle des Gartens, wo sie besonders viel Sonne abbekommt. Ideal wäre eine Stelle, die den ganzen Tag in der Sonne liegt. Falls Sie dabei ausgerechnet einen Tag erwischen, der teilweise bewölkt ist, lassen Sie die Gießkanne einfach einige Tage länger dort stehen. Holen Sie sie aber über Nacht ins Haus. Sie wollen ja Sonnenwasser ernten, kein Nacht- oder Mondwasser (→ Juli).

Wenn sich das Wasser genug aufgeladen hat, suchen Sie sich ein gemütliches Plätzchen im Garten. Sie können sich auch auf ein bequemes Kissen neben Ihre Kanne in die Sonne setzen. Halten Sie die Hände über die Kanne, schließen Sie die Augen und stellen Sie sich vor, wie das Wasser unter Ihren Händen voller goldener Sonnenenergie leuchtet. Machen Sie diese kleine Übung, so lange Sie Lust dazu haben – bloß nicht von Wolken ablenken lassen, dahinter scheint die Sonne schließlich trotzdem.

Wenn Sie mit dem Visualisieren fertig sind, können Sie Ihr Sonnenwasser entweder fürs Gießen verwenden und damit nicht nur Sonnenblumen einen Energieschub verpassen. Wenn Sie aber eine arbeitsreiche Zeit vor sich haben, abgespannt sind oder mitten im Sommer unter Frühjahrsmüdigkeit leiden, sollten Sie sich selbst auch etwas von der Sonnenenergie Ihres Wassers gönnen. Füllen Sie eine kleine Menge in eine gut verschließbare Flasche und stellen Sie diese an einer sonnigen Stelle aufs Fensterbrett oder ins Freie.

Wann immer Sie nun einen grauen Tag erwischen, holen Sie sich morgens nach dem Aufstehen Ihr Sonnenflakon und träufeln etwas »Gold-Wasser« in Ihre Hand oder auf einen Waschlappen. Reiben Sie sich damit die Hände und/oder das Gesicht ein und stellen sich vor, wie die Kraft der Sonne sich auf Ihrer Haut ausbreitet und Wärme Ihren ganzen Körper durchdringt.

die sonne

Die deutsche Sprache gehört zu den wenigen, in deren Vorstellung die Sonne weiblich ist. In anderen europäischen Sprachen, wie den romanischen, ist die Sonne männlich, der Mond hingegen weiblich, der bei uns wiederum männlich gedacht ist. Im Lateinischen war sol (der Sonnengott) männlich und so ist auch im Französischen (»soleil«), Spanischen (»sol«) und Italienischen (»sole«) die Sonne ein männliches Gestirn. Die germanisch-skandinavische Sonnengöttin Sol oder Sunna gab unserer Sonne ihren Namen. In der christlichen Tradition erhielt sich die Verehrung der Sonne nur noch indirekt. So orientieren sich christliche Kirchen beispielsweise nach Osten, zum Sonnenaufgang, wie die alten heidnischen Tempel. Spaziert Frau Sonne nicht gerade am Firmament entlang, wohnt sie in der germanischen Unterwelt Hel. Darauf ist auch der Begriff Hölle zurückzuführen.

Seien Sie ruhig großzügig mit dem sonnigen Nass, schließlich können Sie ohne großen Aufwand jede Menge davon auf Vorrat herstellen. Besonders belebend wirkt eine ganze Badewanne voller Sonnenwasser – und wenn Sie die dann auch noch im Garten aufstellen und nach dem Bad an Ihre Pflanzen abgeben (Seife weglassen!), lacht die Sommersonne in Ihrem Garten auf jeden Fall.

sommersonnenwende
im hexengarten

Magische Zutaten
- rote Früchte, Paprika und Tomatengerichte, Milch und Süßspeisen aller Art (siehe Rezepte in den Infokästen weiter unten), Getränke wie Honigmet oder Bowle
- Holz oder Blätter, Steine, duftende Öle oder Tinkturen, Räucherstäbchen

Um den 21. Juni herum feiern die Hexen (und nicht nur sie) die Sonnenwende und damit die Mitte des Sommers. Unsere modernen Kalender hinken da wiederum etwas hinterher, in denen beginnt der Sommer erst an diesem Tag.

Selbst wenn Sie nicht in königliche Schlossgärten bitten können, feiern Sie bei dieser Gelegenheit trotzdem ein Fest mit allen, die Sie schon lange mal wieder sehen wollten. Tischen Sie dafür möglichst viel auf, was auf dem eigenen Fensterbrett, Balkon oder in Ihrem Garten gewachsen ist. Und vergessen Sie ja nicht, die dreizehnte Fee ebenfalls einzuladen. Bevor Sie die Geister der Elemente samt Hofstaat zu Ihrem

Fest bitten, überzeugen Sie sich, dass Sie für Ihre diesseitigen Gäste auch alles gut vorbereitet haben. Für die Verpflegung zur Mittsommerzeit eignen sich alle Getränke und Speisen, die Freundschaft, Liebe und Überfluss verheißen: rote Früchte wie Kirschen oder Erdbeeren, knackige Paprika und Tomatengerichte, Milch- und Süßspeisen aller Art.

Getränke wie Honigmet oder Bowle runden den leckeren Sommerschmaus ab. Den Waldmeister für die Bowle könnten Sie an einem schattigen Plätzchen im eigenen Garten ziehen; leichter ist es allerdings, ihn im Wald zu sammeln. Ob man ihn wirklich noch ernten kann, hängt davon ab, wie weit die Natur ist. Mancherorten werden Sie eine Waldmeisterbowle vermutlich eher im Mai trinken, wenn Sie selbst gesuchte Pflanzen verwenden wollen. Fragen Sie im Zweifelsfall einen Förster. Gewürzkräuter für eine Vielzahl bekannter und leckerer Sommergerichte lassen sich dagegen leicht im eigenen Garten anbauen. Wenn Sie jetzt für Ihren festlichen Kräuterquark oder Fenchelbrot davon pflücken, vergessen Sie nicht, der Pflanze für die Gabe zu danken, damit die Ernte auch weiterhin gut gerät.

kinder, geister und anderes buntes volk

Wenn Sie zum mittsommerlichen Tanz bitten, reichen bei Freunden und Verwandten schlichte Postkarten aus, E-Mails oder ein Anruf. Wenn Sie auf die Anwesenheit von Feen, Zwergen und Baumgeistern besonderen Wert legen, lassen Sie Ihrer Fantasie freien Lauf – was nicht heißen soll, dass nicht auch Normalsterbliche von einer auf Blattwerk geschriebenen Einladung begeistert sein könnten.

Denken Sie bei Ihren Einladungen an die Anderswelt einfach daran, woher Ihre Gäste kommen: Bei Baumgeistern können Sie mit Holz oder Blättern Eindruck machen, Erdgeister freuen sich über Steine und Wassergeister über schön duftende Öle oder Tinkturen (Achtung, keine

hüttenkäse für freunde

Kaufen Sie pro Person einen halben Becher Hüttenkäse Natur. Dazu frische Kräuter, am besten vom Balkon oder aus dem eigenen Garten:

- Majoran begünstigt die Liebe im Allgemeinen in Ihrem Leben, wenn Sie allerdings entsprechend visualisieren oder auch nur daran riechen und kräftig inhalieren, dann wird es auch schon weniger allgemein …
- Thymian sorgt bei Ihnen und Ihren Gästen für Offenheit und schützt vor unerwünschten Einflüssen.
- Rosmarin bringt Ihre Aufmerksamkeit auf den Punkt.

Verwenden Sie noch andere Kräuter, die Sie besonders mögen, von Borretsch bis Schnittlauch.
Geben Sie ganz nach Geschmack Salz für das Element Erde und Pfeffer für feurige Energie dazu und servieren Sie den Hüttenkäse mit selbst gebackenem Brot. Vergessen Sie nicht, etwas von Ihren Speisen in einer verträumten Ecke für das Feenvolk aufzustellen. Gleiches gilt für die berühmten drei Tropfen eines jeden Getränks, das Sie anbieten. Stellen Sie neben Ihren Hüttenkäse rosafarbene und weiße Kerzen, um so den Fluss freundschaftlicher Gefühle und Harmonie anzuregen.

---

synthetischen Inhaltsstoffe!). Luftgeister locken Sie mit Räucherstäbchen zu Ihrer Fete – die zugleich als Mückenvertreiber zum Einsatz kommen.

Falls Ihnen nun bei dem Gedanken, Gartengeister und Kinder in Ihrer Wohnung oder Ihrem Garten herumtoben zu lassen, gar nicht wohl ist, suchen Sie sich im Umkreis eine nette Wiese – sei es im Stadtpark oder in einem Naherholungsgebiet – und bitten Sie dort zum Fest. Vertagen Sie das intime Diner mit Ihren Gartengeistern und Balkonelfen auf einen anderen Zeitpunkt.

feensuppe mit tomaten

Züchten Sie auf Ihrem Balkon oder im Beet rechtzeitig Ihre eigenen Tomaten, damit Sie zu Mittsommer auch genügend davon haben. Pflücken Sie so viele, wie eben da sind, was vermutlich nicht für Ihre Heerschar von Freunden und Verwandten reichen wird – sofern Sie mehr als einen Fingerhut voll Suppe pro Nase vorgesehen haben. Kaufen Sie also entsprechend dazu: Pro Person rechnen Sie mindestens zwei große Fleischtomaten.

Mit dieser roten Frucht haben Sie eine ausgezeichnete Grundlage, um den Geist der Fülle, der diese Jahreszeit versinnbildlicht, in sich aufzunehmen. Unter anderem steht die rote Frucht für Wohlstand. Farbe und Beschaffenheit der Tomate legen außerdem eine Verbindung zu Liebesritualen nahe. Die Farbe Rot an und für sich schützt Ihren Garten vor unerwünschten Einflüssen, denn Rot ist nicht nur die Farbe des Lebens, sondern auch die der Abwehr.

Kehren Sie nach diesem Ausflug in die magische Farbsymbolik wieder in Ihre Küche zurück und kochen Sie die Tomaten mit etwas Wasser, bis sie weich sind. Das dauert je nach Menge etwa 15 bis 20 Minuten. Wenn Sie die Haut der Tomaten nicht mögen, können Sie diese anschließend abziehen, da sie sich vom Fleisch gelöst hat.

Ansonsten greifen Sie jetzt zu Ihrem Handmixer oder einer anderen Küchenmaschine, die Tomatenstücke püriert. Sobald Sie eine glatte rote Soße haben, prüfen Sie als Erstes, wie viel Salz Sie zugeben müssen. Tomaten vertragen viel davon.

Lassen Sie nun Ihre Tomatensuppe auf kleiner Flamme kurz aufkochen und rühren frisches, gehacktes Basilikum und pro Liter Suppe einen Becher Sahne ein. Wenn Sie es etwas schlanker bevorzugen, nehmen Sie weniger Sahne und stattdessen Milch.

Verteilen Sie die Suppe in Teller oder Suppenschalen und geben Sie etwas Sahne in die Mitte. Rühren Sie mit einer ununterbrochenen Bewegung im Uhrzeigersinn eine Spirale aus der Tellermitte. Einen Teil davon können Sie und Ihre Gäste möglicherweise als Sahnespur anschließend noch erkennen. Dabei visualisieren Sie, wie die Lebenskraft von Feuer und Sommer über die Suppe zu Ihren Gästen kommt. Servieren Sie die Suppe heiß und dekorieren sie mit Basilikum und frisch gemahlenem Pfeffer.

Vielleicht organisieren Sie für Ihre Mittsommerparty im Grünen irgendeine Art von Überdachung, packen Ihren Grill ein und lassen alle Gäste etwas dazu beitragen. Ob Sie dieses Fest nun als freundliches Ritual für die Naturgeister zelebrieren oder einfach nur ein rauschendes Fest mit Verwandten und Freunden feiern wollen, gönnen Sie sich diese Auszeit mitten im Sommer. Vielleicht sehen Sie in dieser magischen Nacht die Glühwürmchen mit den Blumenelfen tanzen oder die Baumgeister mit Ihren Gartenzwergen.

sommerquark

Für die Nachspeise kaufen Sie etwa 125 Gramm Quark pro Person und jede Menge Obst Ihrer Wahl. Nehmen Sie am besten frisch gekauftes Obst von einheimischen Sorten, die zur Jahreszeit passen. Im Sommer eine Dose zu öffnen, wäre doch ein grober Frevel.

Bitten Sie freundliche Menschen, Ihnen beim Schnipseln all des Obstes zu helfen, da Sie sonst leicht Stunden dafür brauchen. Wenn Sie das Ganze schon im Voraus vorbereiten wollen, lassen Sie nicht zu viel Zeit zwischen Schnipseln und Essen vergehen. Ihr Obst verliert sonst allzu schnell seine Lebenskraft, wird unansehnlich und braun. Wenn es nicht anders geht, träufeln Sie Zitronensaft darüber, dann behält es seine Farbe.

Während Ihre Heinzelmännchen schneiden, machen Sie sich an den Quark. Wählen Sie dafür eine Schüssel, die für Quark samt Obst groß genug ist. Geben Sie die vorgesehene Menge Quark hinein und süßen Sie nach Geschmack. Etwas mehr Biss verleihen Sie dem Ganzen, wenn Sie abgeriebene Zitronenschale und jede Menge Zitronensaft dazugeben. Als Letztes mischen Sie das Obst unter.
Während Sie diese Vorbereitungen treffen, können Sie zum Beispiel die Kraft der vier Elemente in Ihre Speisen summen, Sie können singen oder einfach nur ein Pentagramm zum Segnen darüber zeichnen. Lassen Sie sich was einfallen.

Für die Gaumenfreuden können Sie aus der sommerlichen Fülle schöpfen; schließlich bietet Mutter Natur genügend Früchte und Gemüse in üppiger Vielfalt an. Die Farben dieser Jahreszeit sind so bunt wie das Angebot auf Ihrem Wochenmarkt oder aus Ihrem eigenen Garten. Und Milch und Honig – Sie ahnen es bereits – gehören nicht nur ins Schlaraffenland der Märchen, sondern auch zu den magischen Speisen des Sommers.

Noch ein Nachtrag zu den Naturgeistern. Die haben Sie ja bereits standesgemäß eingeladen: die Wassergeister mit Sprudel auf einem Stein oder mit dem Finger im Gartenteich; den Luftgeistern haben Sie Rauchzeichen geschickt. Ihre Erdgeister sind über einladende Steine gestolpert und die Feuergeister wurden vom Kerzenlicht angelockt.

Nun ist es an der Zeit, die andersweltlichen Gäste ebenso gut zu bewirten wie die diesseitigen. Kleine Schälchen mit verschiedenen Gerichten stellen Sie in eine verwunschene Ecke, dazu ein paar kleine Gläschen mit Getränken, dann kann sich jeder selbst bedienen. Probieren Sie bloß nicht, einen dieser Gäste zu überraschen. Sie wissen bestimmt noch, wie es mit den Heinzelmännchen war. Die wurden nie mehr gesehen, nachdem ihnen Neugierige auf den Pelz gerückt sind. Und Sie möchten schließlich weiterhin auf die Unterstützung Ihrer guten Geister zählen. Na denn, ein fröhliches Mittsommerfest! Und vergessen Sie nicht, sich bei allen (!) Gästen für ihr Erscheinen zu bedanken.

juni gewächse

Angelika
Angelica archangelica

!!! △ ♀

Farbe: gelbweiße Blütendolden
Blüte: Juni – August
Höhe: bis zu 2 m

Elemente	
△	Feuer
▽	Wasser
⊽	Erde
⊿	Luft
Planeten	
♃	Jupiter
♂	Mars
☉	Sonne
♀	Venus
☿	Merkur
☽	Mond
♄	Saturn
Sonstiges	
✳	pflegeleicht
!!!	Vorsicht geboten!

Aussaat und Vermehrung: Die zweijährige Pflanze versät sich selbst, treibt Blüten im zweiten Jahr. Danach geht die Pflanze ein, wenn Sie die Blüten nicht direkt nach der Blütezeit abschneiden. Ansonsten kann Angelika auch drei oder vier Jahre lang blühen.

Standort und Bodenanforderung: Sonne, verträgt auch leichten Halbschatten; nährstoffreicher Boden.

Pflege: Düngen Sie im Frühjahr vor der Blüte.

Medizinische Eigenschaften: Angelika besitzt antibakterielle Wirkung und hilft auch bei Pilzerkrankungen. Die Anwendung dieses Krauts lindert Verdauungsprobleme und Regelbeschwerden, unterstützt das vegetative Nervensystem und die Entgiftung des Körpers. Achtung, verwenden Sie diese Pflanze nicht über einen längeren Zeitraum und lassen Sie unbedingt die Finger davon, falls Sie unter Diabetes leiden! Der Saft dieses Doldengewächses kann bei Sonneneinstrahlung auf der Haut verbrennungsartige Ausschläge verursachen!

Magische Eigenschaften: Verwenden Sie Blätter und Blüten der Pflanze für Räuchermischungen, die mit Schutz zusammenhängen. Wenn Sie befürchten, dass jemand in Ihrem Leben herumhext, nehmen Sie ein Bad mit den Blüten oder Blättern der Angelika, um diese unerwünschten Einflüsse loszuwerden. Kommt auch bei Heilungsritualen zum Einsatz, entweder auf dem Altar oder als Beigabe im Räucherwerk.

Beinwell, Gemeiner
Symphytum officinale

Farbe:	weiße bis gelblichweiße, lila oder purpurfarbene Blüten
Blüte:	Juni – September
Höhe:	bis zu 150 cm

Aussaat und Vermehrung: Sie können diese mehrjährige Pflanze gut im Frühjahr oder Herbst teilen. Alle drei bis vier Jahre sollte das ohnehin geschehen, damit die Blätter weiterhin üppig sprießen.

Standort und Bodenanforderung: Sonne oder Schatten; feuchte Böden; in freier Natur in Ufernähe, in reichen und gut gewässerten Böden.

Pflege: Wenn Sie eine reiche Blätterernte wünschen, düngen Sie einmal im Jahr mit reifem Kompost und schneiden Sie die Blütentriebe zurück.

Medizinische Eigenschaften: Enthält Bestandteile, die das Knochenwachstum und die Wiederherstellung von Collagen und Knorpel anregen. Da eine übertriebene Anwendung über einen längeren Zeitraum zu Leberschäden führen kann, nur auf Anweisung und unter Aufsicht eines Arztes oder Homöopathen verwenden!

Magische Eigenschaften: Wer eine Reise plant, kann einige Stücke der getrockneten Wurzel in den Koffer legen, damit dieser nicht verloren geht. Legen Sie zum Beispiel ein Wurzelstück in das Handschuhfach Ihres Wagens. Denken Sie daran, dieses mindestens einmal im Jahr auszutauschen und visualisieren Sie, was Sie sich von Beinwell wünschen.

> Tragen Sie etwas Beinwell bei sich, um eine sichere und reibungslose Fahrt zu gewährleisten.

Eisenhut
Aconitum-Arten

!!! ▽ ♄

Farbe:	blau, weiß, gelb, rosa, violett
Blüte:	Juni – August
Höhe:	90 – 150 cm

Aussaat und Vermehrung: Wenn Sie die Blüten nicht entfernen, sät sich die mehrjährige Staude selbst aus. Sie können sie auch durch Teilung im Herbst oder Frühjahr vermehren. Wenn Ihr Eisenhut nicht mehr so recht blüht, kann das an einem zu alten Wurzelstock liegen. Teilen Sie ihn bei der jahreszeitlich nächsten Gelegenheit.
Standort und Bodenanforderung: halbschattig, kühl; nährstoffreicher Boden.
Pflege: Gießen Sie bei länger anhaltender Trockenheit. Vor der Blüte mit Hornspänen oder Ihrem gut gereiften Kompost düngen.
Medizinische Eigenschaften: Achtung, alle Pflanzenteile enthalten giftiges Aconitin. Tragen Sie beim Schneiden oder beim Pflanzen unbedingt geeignete Handschuhe und halten Sie Kinder in sicherem Abstand. Enthält Wirkstoffe für schmerzstillende Medikamente, gegen fiebrige Erkältungen und Herzstörungen, die aber nur den Profis vorbehalten sind.
Magische Eigenschaften: Pflanzen Sie ihn als Wächter in der Nähe des Hauseingangs, um unerwünschte Besucher fern zu halten.

> Achtung, alle Pflanzenteile enthalten giftiges Aconitin. Tragen Sie beim Schneiden oder beim Pflanzen unbedingt geeignete Handschuhe.

Eisenkraut
Verbena-Hybriden

!!! ▽ ♀

Farbe:	lila, blau, gelegentlich auch weiß, rosa und rot
Blüte:	Juni – Oktober
Höhe:	20 – 40 cm

Aussaat und Vermehrung: Säen Sie die Samen der einjährigen Sommerblume spätestens Ende März (drinnen). Tipp: Lassen Sie sie vor der Aussaat über Nacht in lauwarmem Wasser aufquellen. Stellen Sie sie anschließend für einige Tage in den Kühlschrank. Nach dieser Schockbehandlung holen Sie die Samen wieder in die Wärme und säen Sie bei einer Temperatur um 20 Grad aus. Bedecken Sie die Dunkelkeimer gut mit Anzuchterde oder decken Sie das Saatgefäß lichtdicht ab. Schauen Sie ab und zu nach, ob sich schon was rührt, und entfernen Sie die Abdeckung, wenn sich die ersten Blättchen zeigen. Etwa einen Monat nach der Saat können Sie die Winzlinge in eigene Töpfe mit üblicher Erde umsetzen. Sortieren Sie die schwächsten aus, kappen Sie die Spitzen, damit der Wuchs buschiger wird, und stellen Sie sie kühler (um 15 Grad). Ab Mitte Mai können Sie sie dann ins Gartenbeet oder einen Balkonkübel pflanzen.

Standort und Bodenanforderung: Sonnenschein; guter, nährstoffreicher Boden.

Pflege: Gießen Sie nur mäßig und nur bei anhaltender Trockenheit – spätestens, wenn Ihre Pflänzchen zu verwelken drohen. Eisenkraut hasst nasse Füße. Schneiden Sie regelmäßig verwelkte Blüten ab, um weiteres Wachstum anzuregen.

Medizinische Eigenschaften: Für medizinische Zwecke wird nur *Verbena officinalis* verwandt. Es eignet sich zur Behandlung von Nervosität und vielen stressbedingten Erscheinungen und ist gut für die Verdauung. Als bitteres Kraut hilft es bei leberbedingten Beschwerden wie Verstopfung. Ein heißer Tee wirkt fiebersenkend; kalt getrunken fördert er die Harnausscheidung. Achtung, verwenden Sie dieses Kraut unter keinen Umständen während der Schwangerschaft, da es die Gebärmuttermuskeln anregen könnte!

Magische Eigenschaften: Wenn Sie es ganz streng traditionell halten wollen, pflücken Sie das Eisenkraut im Mittsommer. Es dient jeder Art von Liebeszauber; als Blumenkrone auf dem Kopf schützt es Sie beim Zaubern, als Amulett beschirmt es ganz allgemein. Streuen Sie die Blätter und Blüten der Pflanze in alle Räume, wenn Sie einen Reinigungszauber durchführen, oder verschenken Sie einen Kräuterbeutel an jemanden, dessen Gefühle in Aufruhr sind. Wenn Sie Eisenkraut in Ihrem Garten stehen haben, lässt es alle anderen Pflanzen gedeihen und fördert den Fluss von Wohlstand in Ihre Richtung. Verwenden Sie Eisenkraut in Ihrer Räuchermischung, wenn Sie eine unerwiderte Liebe loslassen wollen.

Fetthenne
Sedum-Arten

Farbe: rosa, gelbe, weiße oder rote Blüten
Blüte: Juni – September
Höhe: als Steingartenart Polster bildend, zwischen 5 – 25 cm; hochstielige Arten zwischen 30 und 50 cm

Aussaat und Vermehrung: Im Frühsommer durch Stecklinge, geht sehr leicht. Junge Triebe der größeren Stauden am Boden abschneiden, in einen Topf mit spezieller Anzuchterde stecken und eine Plastikhaube (z. B. abgeschnittene Plastikflasche) überstülpen. Erde leicht feucht halten. Die Wurzeln sprießen nach einigen Wochen, je nach Wärme und Feuchtigkeit hinauspflanzen; große Arten mit 30 bis 40 cm Abstand; die Polstervarianten dichter zusammen.
Standort und Bodenanforderung: Sonne; trockener, durchlässiger Boden; keine schweren Lehmböden oder nassen Moorgebiete.
Pflege: Kaum nötig. Alle paar Jahre etwas düngen, die abgeblühten Triebe der großen Stauden im Frühjahr zurückschneiden.
Medizinische Eigenschaften: Diese Pflanze können Sie für Tinkturen (➔ August) verwenden. Andere Anwendungen besprechen Sie am besten mit jemandem, der oder die sich mit Kräuterkunde auskennt.
Magische Eigenschaften: Die Fetthenne zieht Energie an. Seien Sie aber umsichtig, wo Sie sie pflanzen, da sie anderen Pflanzen leicht Lebensenergie abziehen kann. In der Nähe von Eingängen verstärkt sie den Fluss der Lebensenergie in Ihre Richtung.

Die Fetthenne ist sehr pflegeleicht und genügsam, sollte aber alle paar Jahre etwas gedüngt werden.

Fingerhut
Digitalis-Arten

!!! ▽ ♀

Farbe: weiß, gelb, rot und rosa
Blüte: Juni – August
Höhe: 40 – 150 cm

Aussaat und Vermehrung: Ziehen Sie die zweijährige Staude aus Samen. Lassen Sie den für vierzehn Tage nur leicht mit Erde bedeckt angehen, dann stellen Sie ihn nach draußen und lassen ihn über Winter dort. Wenn Sie eine frühe Blüte bevorzugen, holen Sie die Pflänzchen Ende Januar ins Haus und stellen sie auf eine nicht zu sonnige Fensterbank (sonst verbrennen sie leicht). Nach den Eisheiligen können sie dann hinausgesetzt werden, vergessen Sie aber nicht, die jungen Pflanzen zunächst ein paar warme Tage draußen im Topf zu lassen, um einen Temperaturschock zu vermeiden. Wenn Sie den Fingerhut erst einmal in Ihrem Garten haben, brauchen Sie sich um den Weiterbestand keine Sorgen mehr zu machen, da sich die Pflanze fröhlich selbst aussät. Pflanzen Sie die Jungpflanzen (sie blühen erst im zweiten Jahr) im Herbst zusammen, sodass Sie eine Gruppe der ansehnlichen Blumen bekommen.

Standort und Bodenanforderung: Sonne bis Halbschatten; jeder Boden ist recht.
Pflege: Um kräftige Pflanzen heranzuziehen, müssen sie nach der Blüte zurückgeschnitten werden – und bedanken sich mit einer zweiten Blüte im Herbst. Sie gewinnen dann allerdings keinen Samen.
Medizinische Eigenschaften: Achtung, der Fingerhut ist sehr giftig! In der Medizin wird die Pflanze zur Behandlung von Herzbeschwerden eingesetzt.
Magische Eigenschaften: Als Giftpflanze gehört der Fingerhut zu den Gewächsen, die Ihrem Haus und Garten Schutz gewähren. Wegen der Giftgefahr verwenden Sie die Pflanze am besten nur zum Visualisieren und lassen die Pflanzenteile da stehen, wo sie wachsen. Die Staude bekam ihren englischen Namen – Foxglove – laut einer Legende, als die Elfen den Füchsen Fingerhüte für ihre Krallen gaben, damit sie beim Hühnerdiebstahl nicht so leicht erwischt wurden.

Frauenmantel
Alchemilla mollis

!!! ▽ ♀

Farbe: gelb bis Chartreuse-grün
Blüte: Juni – Juli
Höhe: 30 – 60 cm

Aussaat und Vermehrung: Die Aussaat besorgt die mehrjährige Staude von allein – und zwar in größeren Mengen. Junge Pflanzen können Sie im Herbst oder Frühjahr mit etwa 30 bis 40 cm Abstand setzen. Bereits ausgewachsene Pflanzen zur Vermehrung im Herbst teilen.
Standort und Bodenanforderung: Sonnig bis halbschattig; lockerer, nährstoffreicher Boden.
Pflege: Wenn Sie nach der ersten Blüte die verblühten Teile abschneiden, bekommen Sie zwar keine Samen, aber vielleicht eine zweite Blüte im September. Gießen Sie bei trockenem Wetter ausreichend, er mag keine Dürre. Vergessen Sie nicht, im Frühjahr zu düngen.
Medizinische Eigenschaften: Er eignet sich besonders für Frauen mit starken Regelschmerzen. Wenn Sie schwanger sind, auf keinen Fall verwenden, er unterstützt Muskelkontraktionen! Äußerlich können Sie frische, zerdrückte Blätter zum Beispiel auf Insektenstiche legen, um die Schwellung abklingen zu lassen.
Magische Eigenschaften: Verwenden Sie getrocknete Blüten und Blätter in Kräuterbeuteln, die mit dem Thema Liebe in Verbindung stehen. Oder pflanzen Sie die Staude in die »Liebesecke« Ihres Gartens. In den zarten Blättern sammelt sich der Morgentau, dem schon seit Urzeiten magische Kräfte zugeschrieben werden.

Hopfen
Humulus lupulus

!!! △ ♂

Farbe: grüngelb
Blüte: Juni – Juli
Höhe: bis zu 6 m

Aussaat und Vermehrung: Wenn Sie in diesem Leben etwas von Ihrem Schlinger haben wollen, dann pflanzen Sie bereits gut etablierte Gewächse, die Sie in jedem gut sortierten Gartencenter bekommen.
Standort und Bodenanforderung: Volle Sonne oder Schatten; dunkle und feuchte Häuserecken sind nicht zu empfehlen.
Pflege: Düngen Sie am besten im Frühjahr, bevor die Wachstumssaison richtig losgeht. Binden Sie die Triebe an, sofern Sie kein Rankgitter aufgestellt haben, das der Hopfen von selbst erklimmen kann.
Medizinische Eigenschaften: Achtung, der Pollen der weiblichen Blüten kann zu Hautirritationen führen! Meiden Sie Hopfen, wenn Sie zu Niedergeschlagenheit neigen. Hopfen als Tee (nur die weiblichen Blüten) ist ein mildes Beruhigungsmittel, entspannt also und macht schläfrig. Da er Östrogenähnliche Wirkstoffe enthält, begünstigt er nicht nur den Milchfluss stillender Mütter, sondern auch männliche Bierbäuche …
Magische Eigenschaften: Legen Sie Hopfenblüten in einem Kräuterbeutel unter Ihr Kopfkissen, um einen guten Schlaf zu begünstigen, und verwenden Sie ihn in Räuchermischungen für Heilzeremonien.

Jasmin, Echter
Jasminum officinale

Farbe: weiß
Blüte: Juni – Oktober
Höhe: bis zu 8 m

Aussaat und Vermehrung: Frische Triebe im Frühsommer schneiden, in Anzuchterde setzen. Im kommenden Frühjahr können Sie das neue Gewächs dann ins Freie pflanzen.
Standort und Bodenanforderung: Pralle Sonne; zieht durchlässigen, gut gedüngten Boden vor. Ist nicht frosthart, überlebt nur bis null Grad (andere Jasminarten sind teilweise winterhart). Züchten Sie Ihren Jasmin am besten in einem Topf auf Terrasse oder Balkon und holen Sie ihn im Winter rein. Lassen Sie ihn bei etwa 10 Grad überwintern.
Pflege: Lassen Sie Ihren Strauch in Ruhe wuchern, wenn Sie genügend Platz haben. Sonst schneiden Sie ihn im Frühjahr zurück. Am besten zeigt Ihnen einmal ein Profi, was und wie viel. Düngen Sie Ihren Jasmin im Frühjahr, damit er üppig blüht und gedeiht.

Medizinische Eigenschaften: Jasmin hilft bei Beschwerden der weiblichen Fortpflanzungsorgane. Auf seiner antiseptischen Wirkung beruht das Gurgelwasser gegen einen kratzigen Hals. Als Tee getrunken, relaxt er. Achten Sie dabei nur darauf, dass es sich nicht um künstliches Jasminaroma handelt. Riechen Sie an den frischen Blüten auch, um sich zu entspannen und Ihren Optimismus zu stärken.
Magische Eigenschaften: Verwenden Sie die stark duftenden Blüten in Kräuterbeuteln beim Thema Liebe – in diesem Fall mehr bei einer betont spirituellen Verbindung im Gegensatz zu einer leidenschaftlichen. Sie können Jasmin auch in allen Ritualen verwenden, die diesen Bereich in einer Partnerschaft stärken sollen.

Kamille
Chamaemelum nobile

Farbe:	weiß und gelb
Blüte:	Juni – Juli, einige Arten bis in den Herbst
Höhe:	15 – 30 cm

Aussaat und Vermehrung: Teilen Sie im Herbst oder Frühjahr.
Standort und Bodenanforderung: Volle Sonne; schätzt nährstoffreiche, durchlässige Böden.
Pflege: Die kleinen Sorten eignen sich besonders gut als Bodendecker, da sie sich bei einer Minihöhe von 10 cm immerhin auf 65 cm Durchmesser verbreiten.
Medizinische Eigenschaften: Kamille ist bereits seit den Ägyptern, Griechen und Römern eine vielseitig eingesetzte Heilpflanze. Alle Anwendungen hier aufzuzählen, würde Seiten füllen. Getrost können Sie Kindern Kamillentee geben, wenn sie über Bauchschmerzen klagen, nicht schlafen können oder beim Zahnen Probleme haben. Empfehlenswert ist er auch bei Magen-Darm-Beschwerden und Einschlafschwierigkeiten, da er entkrampfend und beruhigend wirkt. Nehmen Sie Kamille nicht über einen längeren Zeitraum ein, da die Wirkung sonst nachlässt.

Magische Eigenschaften: Sie können Kamille vielseitig einsetzen, ähnlich wie im medizinischen Bereich. Sie kann Sie bei Schutz-, Liebes-, Reinigungs- und Geldritualen unterstützen. Ihr Duft wird Sie außerdem beglücken. Kamille hat eine positive Wirkung auf umliegende Pflanzen, und selbst Schnittblumen halten länger, wenn Sie dem Wasser Kamillentee zugeben.

> Nehmen Sie Kamille nicht über einen längeren Zeitraum ein, da die Wirkung sonst nachlässt.

Lavendel
Lavandula angustifolia

Farbe: blaulila Blüten
Blüte: Juni – August
Höhe: 30 – 80 cm

Aussaat und Vermehrung: Bevor die mehrjährige Staude zu blühen beginnt, schneiden Sie etwa 10 cm eines jungen Triebes ab. Stecken Sie diesen in Anzuchterde, bis er Wurzeln bildet. Ab September oder im nächsten Jahr können Sie die jungen Pflanzen dann aussetzen. Lassen Sie Ihren Lavendel über Winter auf Ihrer Fensterbank wohnen, wo Sie sein zarter Duft erfreut. Er ist allerdings so zart, dass Sie schon Ihre Nase in die Blätter stecken müssen, um ihn wahrzunehmen. Ihre energetische Nase hat es da leichter.
Standort und Bodenanforderung: Der Lavendel braucht Sonne, Sonne und nochmals Sonne; dafür hat er keine besonderen Bodenansprüche.
Pflege: Übertreiben Sie es nicht mit dem Wasser und düngen Sie gar nicht. Damit Ihr Halbstrauch nicht holzig wird, schneiden Sie ihn etwa alle drei Jahre im Frühjahr um knapp die Hälfte zurück.
Medizinische Eigenschaften: Lavendel kann bei der Behandlung von stressbedingten Beschwerden helfen, wie zum Beispiel Spannungskopfschmerzen. Da er schleimlösend wirkt, ist er in vielen natürlichen Hustensäften zu finden. Sie können ätherisches Öl bei leichtem Sonnenbrand oder anderen Verbrennungen anwenden, bei kleineren Wunden oder, um Narbenbildung vorzubeugen.
Magische Eigenschaften: Legen Sie Lavendel in Ihren Schrank, um Motten in die Flucht zu schlagen, aber auch (ja!), um eine neue Liebe anzuziehen. Die getrockneten Pflanzenteile eignen sich hervorragend zum Räuchern, wenn Sie zum Beispiel Ruhe für eine Meditation brauchen. Träufeln Sie bei Schlaflosigkeit ein paar Tropfen des Öls auf Ihr Kopfkissen und süße Träume stellen sich von ganz allein ein. Einige Zweige des Lavendels in Ihrem Badewasser dienen der Reinigung – nicht nur äußerlich.

Lilie
Lilium-Arten

Farbe: weiß, gelb, orange, rot, rosa oder mehrfarbig

Blüte: Juni – August. Achtung, Blütenstaub der meisten Sorten ist aus der Bekleidung nur sehr schwer herauszubekommen!

Höhe: 40 cm – 2 m

Aussaat und Vermehrung: Die Anzucht aus Samen ist nur etwas für Profis. Einfacher ist es, sie im Herbst durch Teilung zu vermehren. Achten Sie beim Kauf darauf, dass die Zwiebeln fest und nicht zusammengeschrumpelt sind. Bei der Feuerlilie können Sie aus den kleinen Achselzwiebeln, die im Knick der Blätter am Stiel nachwachsen, neue Feuerlilien ziehen. Setzen Sie diese im Herbst in geeignete Töpfe und gießen Sie nur mäßig. Im Frühjahr setzen Sie die jungen Pflanzen dann aus.

Standort und Bodenanforderung: Sonne, Wurzelbereich im Schatten; gut durchlässiger, nicht zu schwerer Boden.

Pflege: Binden Sie die höheren Sorten an und wählen Sie eine windgeschützte Ecke, die nachmittags im Schatten liegt. Vor dem Austrieb und während der Wachstumszeit gut wässern, nach der Blüte nicht nötig. Schneiden Sie Lilien im Herbst zurück und decken sie gegen Frost ab, besonders junge Pflanzen könnten den sonst übel nehmen.

Medizinische Eigenschaften: Lilienpräparate haben sowohl in der westlichen als auch in der östlichen Medizin eine lange Tradition. Aus der Madonnalilie werden zum Beispiel Wirkstoffe gegen Hautprobleme gewonnen (gegen trockene oder gesprungene Haut oder auch Verbrennungen).

Magische Eigenschaften: Lassen Sie die majestätischen Blumen Ihren Garten bewachen und vor unwillkommenen Besuchern schützen. Falls Sie befürchten, dass jemand Sie mit einem unerwünschten Liebesritual einfangen will, tragen Sie eine frische Lilie bei sich oder visualisieren Sie täglich kurz, während Sie die Blüte betrachten, wie Sie frei und unabhängig Ihren Weg gehen.

Löwenmäulchen
Antirrhinum majus

Farbe:	alle außer Blau, viele mehrfarbig
Blüte:	Juni – September
Höhe:	20 – 100 cm

Aussaat und Vermehrung: Ein heller und warmer Ort (15 bis 20 Grad) ist für ihre Anzucht unerlässlich. Dort lassen Sie zwischen Januar und März die Samen keimen, die dann bis zur Pflanzzeit im Mai kühler gestellt werden sollten (10 bis 15 Grad). Nach etwa einem Monat können Sie die einjährige Sommerblume ausdünnen, um später nur die kräftigsten auszusetzen. Wenn Sie möglichst viele Blütenstängel haben wollen, kappen Sie die Jungpflanzen, sobald sie etwa 10 cm groß sind. Dann verzweigt sich die Pflanze. Falls Ihnen das alles zu aufwändig ist, erstehen Sie einfach ein paar Jungpflanzen, die Sie ab Mitte Mai ins Gartenbeet setzen können.

Standort und Bodenanforderung: Sonnig bis halbschattig. Das Löwenmäulchen ist gut geeignet für Töpfe und Balkonkästen. Achten Sie allerdings darauf, dass hohe Sorten keinem scharfen Wind ausgesetzt sind, da sie leicht brechen können. Keine besonderen Bodenanforderungen.

Pflege: Gießen Sie unbedingt, falls es nicht regnet. Düngen Sie nur bei nährstoffarmer Erde, ansonsten nicht erforderlich. Wenn Sie die Blütezeit verlängern wollen, schneiden Sie die Blütenkerzen bis zur ersten Verzweigung aus, noch bevor sich eine größere Anzahl von Früchten gebildet hat.

Medizinische Eigenschaften: Überlassen Sie die Anwendungen unbedingt den Profis.

Magische Eigenschaften: Die bunten Blumen im Garten oder auf dem Balkon schützen Sie vor allen böswilligen Übergriffen, besonders vor denen der magischen Natur. Stellen Sie für ein Schutzritual Löwenmäulchen auf Ihren Altar.

Melisse
Melissa officinalis

Farbe:	weiße oder pinkfarbene Blüten
Blüte:	Juni – August
Höhe:	50 – 100 cm

Aussaat und Vermehrung: Sie können eine einmal gesetzte Melisse ruhig sich selbst überlassen, achten Sie lediglich darauf, dass sie sich nicht zu weit ausbreitet. Anders als bei der Minze müssen Sie aber nicht unbedingt zur Topfzucht überwechseln, denn die Melisse lässt sich leicht in Schach halten. Wenn Sie sie dennoch vermehren wollen, pflanzen Sie einen etwa 7 cm langen Wurzelteil im Herbst in Anzuchterde. Sobald sich das neue Pflänzchen über der Erde zeigt, setzen Sie es in einen Topf mit handelsüblicher Erde um. Im Frühjahr können Sie das Kraut dann hinauspflanzen.

Standort und Bodenanforderung: Sonnig, verträgt auch Halbschatten; keine besonderen Bodenansprüche.

Pflege: Wenn Ihr Garten sehr karg ist oder Sie im Topf pflanzen, düngen Sie zweimal im Jahr, Herbst und Frühling. Die Topfpflanze sollten Sie regelmäßig zurückschneiden, am besten im Herbst nach der Blüte, damit die Melisse nicht zu hoch und schön buschig wächst.

Medizinische Eigenschaften: Wenn Sie mindestens hundert Jahre alt werden wollen, dann trinken Sie täglich eine Tasse Melissentee. Hilfreich ist die Melisse ebenfalls bei Nervosität, Depressionen, Schlaflosigkeit und Krämpfen, die aus Verdauungs- oder Regelbeschwerden herrühren. Der berühmte Klosterfrau Melissengeist verbindet die guten Eigenschaften der Melisse zu einem traditionellen Tonikum. Ein frisches Blatt auf einen Wespenstich gerieben, lässt ihn schneller abschwellen.

Magische Eigenschaften: Da sie eine Lieblingsblume der Bienen ist, können Sie dafür sorgen, dass sich die fleißigen Insekten bei Ihnen so richtig wohl fühlen, wenn Sie Ihren Bienenstock mit dem Saft von Melissenblättern bestreichen oder einfach einige Pflanzen ganz in der Nähe unterbringen. Verwenden Sie diese Pflanze für jede Art von Liebes- und Heilungszauber.

> *Wenn Sie mindestens hundert Jahre alt werden wollen, dann trinken Sie täglich eine Tasse Melissentee.*

Ringelblume
Calendula officinalis

Farbe: gelb oder leuchtend orange
Blüte: Juni – Oktober
Höhe: 20 – 60 cm

Aussaat und Vermehrung: Am einfachsten ist es, die buschigen Sommerblumen aus Samen zu ziehen, da sie üblicherweise nicht im Topf angeboten werden. Markieren Sie im Garten eine Fläche für Calendula und streuen Sie dort ab April großzügig die wurmkringeligen Samen aus. Bedecken Sie sie nicht mit Erde und verziehen Sie, sobald sie vom Unkraut zu unterscheiden sind. Lassen Sie einige Blüten stehen, damit Sie im Herbst neue Samen ernten können.

Standort und Bodenanforderung: Liebt Sonne; gedeiht auf jedem Boden gut.

Pflege: Schneiden Sie Verblühtes ab, falls Sie keine Samen wollen. Gießen Sie die Ringelblume wie alle Sommerblumen ausreichend, wenn es sehr trocken ist.

Medizinische Eigenschaften: Adstringierende und antiseptische Wirkung; hilft gegen Viren, Bakterien und Pilze. Innerlich wird sie zur Behandlung von Erkältungen, Candida, Darminfektionen und Verdauungsbeschwerden eingesetzt. Sie unterstützt den Kreislauf und ihre Östrogen-ähnliche Wirkung hilft bei Regelbeschwerden. Äußerlich angewendet ist die Ringelblume gut bei Kratzern, Schnittwunden, Verbrennungen, Abszessen und Wundsein. Über Anwendung und Dosierung befragen Sie am besten jemanden, der sich mit Kräuterheilkunde auskennt.

Magische Eigenschaften: Geben Sie die Blütenblätter in Ihr Badewasser und Sie ernten den Respekt Ihrer Mitmenschen – vorausgesetzt, Sie haben ihn auch verdient. Tragen Sie Calendulablätter für Gerechtigkeit bei sich. Außerdem unterstützt die Ringelblume Schutzrituale.

> Geben Sie die Blütenblätter in Ihr Badewasser und Sie ernten den Respekt Ihrer Mitmenschen - vorausgesetzt, Sie haben ihn auch verdient.

Thymian
Thymus vulgaris

Farbe: lila oder zartlila Blüten, immergrüner Strauch
Blüte: Juni – August
Höhe: um 30 cm

Aussaat und Vermehrung: Vermehren Sie diesen Halbstrauch durch Teilung im September oder Oktober. Sie können auch frische Frühlingstriebe von etwa 7 cm abschneiden und in Wurzelerde stecken. Pflanzen Sie den neuen Thymian im kommenden Frühjahr.
Standort und Bodenanforderung: Volle Sonne; gut durchlässiger Boden; auch für leicht kalkhaltige Standorte geeignet.
Pflege: Schneiden Sie Ihren Thymian ein wenig nach der Blüte, um die Blattproduktion anzukurbeln. Damit der Halbstrauch nicht zu holzig wird, stutzen Sie im Frühjahr, vor der Wachstumsperiode, um etwa ein Drittel zurück.
Medizinische Eigenschaften: Achtung, wenn Sie schwanger sind, halten Sie sich von Thymian fern! Das ätherische Öl ist giftig, verwenden Sie es also nur nach entsprechender Anweisung eines Profis. Zubereitungen als Tee sind ungefährlich. Mit seinen starken antiseptischen Eigenschaften bringt das Heilkraut das Immunsystem auf Trab und bekämpft Infektionen des Verdauungstrakts, der Atem- und Harnwege, des Genitalbereichs. Thymian erleichtert heftigen Husten und hilft Fieber zu senken. Er unterstützt darüber hinaus die Leberfunktion.
Magische Eigenschaften: Verwenden Sie Thymian für Reinigungs- und Trennungsrituale, zum Beispiel zusammen mit Salbei oder Majoran. Tragen Sie einen Zweig bei sich und visualisieren Sie regelmäßig, wenn Sie sich vor Erkältungen und anderen unangenehmen Infektionen schützen wollen. Nehmen Sie ein Bad mit Thymian, um vergangenen Kummer wegzuspülen, oder schmücken Sie damit Ihr Haar, um sich unwiderstehlich zu machen.

Ysop
Hyssopus officinalis

Farbe: blaulila Blüten, immergrüne Staude
Blüte: Juni – September
Höhe um 60 cm

Aussaat und Vermehrung: Vermehren Sie Ihre Staude, indem Sie im Frühsommer junge Triebe von etwa 7 cm abnehmen. Lassen Sie diese in Anzuchterde Wurzeln bilden und pflanzen sie am besten erst im folgenden Frühjahr ein, damit sie genug Zeit haben, sich zu verwurzeln und kräftig zu werden, bevor Sie sie in die unfreundliche Welt der Frühjahrsstürme und Herbstgewitter entlassen.

Achtung, nicht für Schwangere oder Menschen mit hohem Blutdruck geeignet! Epileptiker sollten das ätherische Öl der Pflanze ebenfalls meiden!

Standort und Bodenanforderung: Volle Sonne; durchlässiger, reicher Boden.
Pflege: Düngen Sie Ihren Halbstrauch im Herbst oder Frühling und schneiden Sie ihn spätestens im Frühjahr um etwa ein Drittel zurück, damit er nicht verholzt.
Medizinische Eigenschaften: Verwenden Sie Pflanzenteile (Blüten, Blätter und Stängel) im Bad, wenn Sie unter Arthritis oder Rheuma leiden. Außerdem hilft dieses Kraut gegen zahlreiche Infektionserkrankungen. Ysop passt in kleinen Mengen auch in Salate (junge Blätter und Blüten). Der Tee aus Blüten und Blättern ist bestens geeignet, Erkrankungen der Atemwege zu bekämpfen, da er antiseptisch wirkt und Viren tötet. Achtung, nicht für Schwangere oder Menschen mit hohem Blutdruck geeignet! Epileptiker sollten das ätherische Öl der Pflanze ebenfalls meiden!
Magische Eigenschaften: Ysop ist ein traditionelles Reinigungskraut. Verwenden Sie ihn in Räuchermischungen, hängen Sie ihn im Haus auf oder baden Sie damit.

weniger juli wird mehr

Sommerzeit! Es scheint, als ob alles um uns herum sattere Farben hätte. Kornfelder reifen heran, bald beginnt die Erntezeit. Die Erdgöttin Demeter füllt die Körbe: mit roten Kirschen, saftigen Pfirsichen und süßen Himbeeren. Gemüse reift sogar auf der Fensterbank oder auf dem Balkon: Tomaten, Bohnen und Kräuter. Für die meisten ist der Juli auch Ferien- und Reisezeit. Ob es uns in noch wärmere Gegenden des Südens zieht oder in gemäßigtere Breiten im Norden: Wir erfreuen uns an langen Abenden und warmen Temperaturen. >>>

Es ist Zeit, sich dem prallen Leben in Ihrem Garten zuzuwenden. Egal ob heißer oder verregneter Sommer, bevor Löwenzahn & Co. endgültig Ihre Beete überwuchern und auch die allseits unbeliebte Nacktschnecke es sich in Blumen und Gemüse allzu gemütlich macht, brauchen Sie einen guten Zauber gegen unerwünschte Mitbewohner im Garten. Rücken Sie den Plagegeistern am besten mit einer Unkraut-Meditation zu Leibe.

In den Juli fällt keines der großen Jahreszeitenfeste. Lassen Sie in der Hitze des Sommers einfach Ihre Seele baumeln und vergessen Sie den kleinlichen Alltagsärger. Nehmen Sie sich zu dieser Zeit wieder eine Mondphase vor, um Ihre Verbindung zu Mutter Natur zu vertiefen. Diesmal geht es um den abnehmenden Mond. Er entführt Sie sanft aus Ihrem Alltag, sorgt in magisch aufgeladenem Gießwasser gut für Ihre Pflanzen oder in Ihrer Badewanne für traumhafte Entspannung.

gießkannen
voller mondlicht

Magische Zutaten
- Gießkanne oder Regentonne, gefüllt mit Wasser

Die Kraft des abnehmenden Mondes unterstützt Sie bei allem, was Sie loswerden wollen. Wenn Sie mit dieser Energie zusammenarbeiten, verstärken Sie Ihre Kräfte damit erheblich. Auch wenn sanftes weißes Mondlicht nicht mit so viel Trara daherkommt wie blendend-strahlendes Sonnenlicht, ist seine Energie nicht weniger magisch brauchbar oder kraftvoll. Denken Sie mal an die Urgewalt der abnehmenden Tide am Meer. Selbst wenn Sie ein sehr guter Schwimmer oder Schwimmerin sind, gegen die Macht des auf- oder ablaufenden Wassers haben Sie keine Chance. Und dabei sieht zum Beispiel die Nordsee oder auch der Atlantik im Sommer doch höchstens einladend und sicher nicht machtvoll oder gar bedrohlich aus. Die Kraft des abnehmenden Mondes hat es in sich – auch wenn er nicht danach aussieht. Lassen Sie sich nicht von seiner scheinbaren Sanftheit täuschen.

Ähnlich wie beim Sonnenwasser (➜ Juni), nehmen Sie auch hier wieder Gefäße, die Ihrem Zweck entsprechen. Stellen Sie Gießkannen oder gleich ganze Regentonnen auf. Achten Sie darauf, dass der Mond Ihr Wasser auch wirklich bescheinen kann und keine Gebäude oder dergleichen unerwünschte Schatten werfen. Wenn Sie Zeit haben, setzen Sie sich neben Ihr Wasser und baden spirituell im Mondlicht. Auf jeden Fall ist es wichtig, sich genug Zeit zu nehmen, um wenigstens eine Wasser- und Mondmeditation durchzuführen. Wenn Sie Ihr Wasser unter einem wolkenlosen Himmel für einige Stunden im Mondlicht stehen lassen können, bietet es sich an, daraus neben dem Gießwasser eine Tinktur (➜ August) herzustellen, die sich sehr viel länger hält als einfaches Wasser.

Für Ihre Mondwasser-Meditation setzen Sie sich so hin, dass Sie den Mond gut sehen. Ziehen Sie sich warm an, warm genug, dass Sie sich auf den Boden setzen oder doch zumindest Ihre nackten Füße die Verbindung zur Erde herstellen können.
Beginnen Sie jetzt damit, einfach nur Ihren Atem zu beobachten. Lassen Sie Ihren Blick den Fokus verlieren. Dadurch versetzen Sie sich automatisch in eine träumerische und entspannte Stimmung. Schließen Sie nicht die Augen, sondern lassen alle Muskeln locker und vermeiden jegliche Anspannung, wo sie nicht nötig ist. Wenn Sie aufrecht sitzen, brauchen Sie schließlich noch ein paar Muskeln, um nicht umzufallen.

Lassen Sie nun Ihren Blick allmählich Richtung Mond wandern, bis Sie genau draufschauen. Überprüfen Sie, ob Sie mit dem Blick nach oben immer noch bequem sitzen können, sonst legen Sie sich lieber hin und beginnen noch einmal von vorn. Wenn Sie Ihren Blick auf den Mond gerichtet haben, beginnen Sie leise vor sich hin zu summen.

Mondwasser eignet sich besonders gut für Pflanzen, die zu üppig ins Kraut schießen, oder für solche, die von Ungeziefer und Schädlingen befallen sind.

Kein bestimmtes Lied, lassen Sie vielmehr die Töne einfach von sich aus aufeinander folgen. Schauen Sie dabei auf den Mond, und achten Sie einfach nur auf die Kraft, die zwischen diesem Himmelskörper und Ihnen besteht. Frauen braucht sicher niemand die Bedeutung des Mondes für den Fruchtbarkeitszyklus zu erklären; dem einen oder anderen Mann werden die Bewegungen des Wassers im eigenen Körper vielleicht nicht ganz so vertraut sein. Spüren Sie der Energie nach, die das Wasser in Ihrem Körper genauso beeinflusst wie die Gezeiten im Ozean. Fühlen Sie, wie das sanfte Ziehen der Mondgezeiten Sie mit sich trägt.

Kommen Sie nun langsam wieder in Ihre alltägliche Wahrnehmung zurück und setzen Sie sich so hin, dass Sie den Mond als Spiegelung in Ihrem Wasser sehen können. Rühren Sie mit dem Finger im Mondwasser und summen Sie dabei die Kraft des Himmelskörpers in Ihr Gießwasser.

Sobald Sie fertig sind, kehren Sie nun vollständig in Ihr alltägliches Bewusstsein zurück. Wenn Sie mögen, können Sie noch im Mondlicht sitzen bleiben und den abnehmenden Mond auf sich wirken lassen. Genießen Sie eine (hoffentlich) laue Sommernacht!

Dieses Mondwasser eignet sich besonders gut für Pflanzen, die zu üppig ins Kraut schießen, oder für solche, die von Ungeziefer und Schädlingen befallen sind. Visualisieren Sie, wie die Pflanze dem Viehzeug ihre Lebenskraft verweigert (die fiesen Tierchen müssen sich dann einen anderen Wirt suchen) und wie die unerwünschten Untermieter sich überall, nur nicht auf Ihren Pflanzen, wohl fühlen.

Sie können von Ihrem Mondlichtwasser auch etwas in Ihr Badewasser schütten. Nützen Sie ein solches Mondbad, um Dinge loszulassen und sich nicht nur äußerlich zu reinigen.

unkraut oder wildkraut?

Wie so oft im Leben ist auch das Thema Unkraut eine Glaubensfrage. Wenn Sie im Urlaub über eine Wiese spazieren, freuen Sie sich sicher wie andere Menschen auch an Tausendgüldenkraut, Löwenzahn oder zauberhaften Gräsern, die sich sacht im Wind wiegen. Falls sie allerdings sanft im Wind zwischen Ihren Stauden, Blumen und Kräutern schaukeln, ist das schon etwas anderes. Dann erklären viele das nützliche und ach so hübsche Kraut zum Un-Kraut. In vor-ökologischen Zeiten wurde es generell so genannt; je nach eigener Einstellung und Widerstandskraft des erwünschten Kulturpflänzchens wird Ihnen mal eher die eine oder die andere Bezeichnung auf der Zunge liegen.

Magisch gesehen ist das Thema Unkraut ein bisschen heikel, denn streng ausgelegt gebieten es die magischen Benimmregeln, dass Sie mit jeder einzelnen Pflanze ein Gespräch suchen und sie bitten umzuziehen, bevor Sie diese von ihrem Standort entfernen. Da kaum jemand (die Autorin eingeschlossen) so viel Zeit hat, bieten sich schon aus praktischen Gründen die klassischen Methoden der Unkrautbekämpfung eher an. Sie kommen einfach nicht umhin, im Garten zu jäten.

Falls Sie dazu grundsätzlich keine Lust haben, legen Sie sich am besten einen Kiesgarten zu, unter dem eine Plastikfolie liegt, die jeglichen Wuchs unterbindet.

Chemische Unkrautvernichter haben in einem magischen Garten allerdings gar nichts zu suchen. Sie verändern nicht nur den Boden zu nachhaltig, sondern schaffen auch eine andere Energie, in der sich weder Sie selbst noch Ihre Gartengeister wohl fühlen können.

zauberhaftes zupfen

Bevor Sie jetzt zu Schaufel und Hacke greifen, um Löwenzahn & Co. den Garaus zu machen, reden Sie mit selbigen so, als wenn es Ihre Zimmerpflanzen wären. Vielleicht gibt es ja ein bestimmtes Beet, eine Wiese oder auch nur einen Blumentopf, in dem Sie diese Pflanzen unbehelligt wachsen lassen können und wo sie auch nicht weiter stören. Aber ob Sie nun Ihre Unkräuter in die Biotonne, auf den Kompost oder in einen Blumentopf umsiedeln, bitten Sie diese zuvor darum, Ihre Energie an den Planeten weiterzuleiten. Halten Sie diese Unkraut-Meditation ruhig kurz. Dann können Sie die vor jedem Jäten einsetzen, ohne Stunden damit zu verbringen.

Stellen Sie sich für diese Meditation in die Gartenmitte. Schließen Sie die Augen und gehen Sie in Gedanken zwischen Ihren Pflanzen umher. Richten Sie dabei Ihr Augenmerk weniger auf Ihre Blumen, Stauden oder Büsche, sondern auf alles, was Ihren Wünschen nach dort nicht hingehört. Wichtig ist hier Ihre persönliche Ansicht, nicht etwa, was das Gartenlexikon behauptet, denn Blutweiderich gilt beispielsweise als Unkraut, ist aber so wunderschön, dass er sich als Gartenpflanze prächtig macht.

Wenn Sie Ihren Rundgang beendet haben, kehren Sie in die Mitte zurück. Bleiben Sie aber weiterhin bei Ihrer andersweltlichen Wahrnehmung. Rufen Sie nun diejenigen Pflanzengeister, die Sie gleich jäten werden. Erklären Sie ihnen Ihr Vorhaben, sprechen Sie mit den Gartengeistern und sagen Sie ihnen auch, wohin sie gehen werden. Mit einem Wort: Seien Sie einfach höflich.

Wenn Sie alles erledigt haben, kehren Sie in Ihr alltägliches Bewusstsein zurück. Lassen Sie sich also Zeit beim Öffnen der Augen, damit Ihnen nicht schwindlig wird. Fangen Sie nun mit dem Jäten an und bleiben Sie sich dabei der Verbindung zu den Gartengeistern und den Elementen bewusst.

> Bevor Sie zu Schaufel und Hacke greifen, um Löwenzahn & Co. den Garaus zu machen, reden Sie mit selbigen so, als wenn es Ihre Zimmerpflanzen wären.

abrakadabra gegen schneck und pilz

Magische Zutaten
- nur Ihre volle Konzentration

Mit dem abnehmenden Mond in diesem Monat können Sie zudem ein Ritual verbinden, das Ihnen lästige Mitbewohner im Garten oder im Balkonkasten vom Hals hält. Allerdings bedarf auch das Gärtnern mit zauberischem Grünzeug des gesunden Menschenverstandes. Das bedeutet: Falls Sie fröhlich Monokultur betreiben, falsch gießen und Ihren Pflanzen auch sonst wenig Liebe zukommen lassen, dann wundern Sie sich nicht, wenn ein Schädling nach dem anderen über Ihre Pflanzen herfällt. Wenn Sie Ihren Boden schlecht behandeln, können Sie immer noch davon ausgehen, dass Wildkräuter härter im Nehmen sind als Ihre Gewächse aus dem Gartencenter. Erstere überleben nämlich garantiert.

In Ihrem Garten tummeln sich zurzeit also eine Menge Wildpflanzen und allerlei unerwünschtes Getier. Gegen eine Bierfalle für Nacktschnecken ist nichts einzuwenden, aber Sie könnten auch mal ausprobieren, wie Sie das Ungeziefer spirituell am besten fern halten oder vertreiben.

Setzen Sie sich an einem warmen Tag in den Garten und schließen die Augen. Konzentrieren Sie sich für einen Augenblick auf Ihr Vorhaben und stellen Sie sich dann einen Kreis aus blauem oder weißem Licht vor, der sich langsam von Ihrem Standort ausbreitet, bis er Ihren ganzen Garten einschließt. Erweitern Sie dieses Bild bis zu einer regelrechten Käseglocke aus Licht, sodass auch höhere Büsche oder Bäume eingeschlossen sind. Sehen Sie die äußere Hülle als undurchdringlich an für alles Getier und alle Wesen, die in Ihrem Garten nichts zu suchen haben. Letzteres ist ziemlich wichtig, schließlich wollen Sie Ihre Nützlinge nicht gleich mit hinauswerfen. Erneuern Sie diesen Lichtkegel, sooft Sie das Gefühl haben, dass Ihr Garten es nötig hat.

Sollte dennoch das eine oder andere Wesen der blättrigen, kriechenden oder saugenden Art den Weg durch Ihren Energiekegel finden und sein Un-Wesen treiben wollen, dann rücken Sie ihm bitte nicht mit der chemischen Keule zu Leibe. Das hat den gleichen Effekt, wie wenn Sie bei jedem Schnupfen gleich Antibiotika schlucken: Das Ergebnis ist viel verheerender, als die Schädlinge je gewesen wären. Suchen Sie stattdessen lieber nach ökologisch verträglichen Alternativen. Möglicherweise sind diese mit etwas mehr Aufwand verbunden, dafür machen sie aber auch mehr Spaß und sind umweltschonend.

ökotipps gegen landplagen

● Sammeln Sie Ackerschachtelhalme *(Equisetum arvense)* und legen Sie sich einen getrockneten Vorrat davon an. Nehmen Sie 1 Kilo der frischen Pflanze oder etwa 200 Gramm der getrockneten auf 10 Liter Wasser und lassen Sie das Ganze für einen Tag lang abgedeckt ziehen. Die Pflanze sollte unbedingt zerkleinert werden, damit sich die wirksamen Bestandteile lösen können. Nach 24 Stunden kochen Sie es einmal kurz auf, seihen ab und lassen die Brühe abkühlen. Anwendung bei Pilzerkrankungen, zum Beispiel Mehltau und Rost: Verdünnen Sie 1:3 bei akutem Befall oder 1:4 zur Vorbeugung und gießen oder spritzen die befallene Pflanze mit diesem Sud.

● Aromatischer Knoblauch ist ein gutes Naturmittel gegen Pilzerkrankungen, da er desinfiziert. Spinnmilben schlägt die Knolle ebenfalls in die Flucht. Bereiten Sie einen Knoblauchtee zu, indem Sie eine gute Hand voll (bis 200 Gramm) der frischen Zehen zerdrücken und wie beim Ackerschachtelhalm ziehen lassen. Dieses Knofi-Wasser wird unverdünnt gegossen oder auf die befallenen Pflanzen gespritzt.

- Die gute alte Brennnessel (*Urtica dioica*) ist ebenfalls ein Verbündeter für umweltfreundliche Schädlingsbekämpfung. Allerdings brauchen Sie für Ihre Brennnesselbrühe einen robusten Magen und unempfindliche Nachbarn, da die Zubereitung bestialisch stinkt. Auch hier können Sie auf Vorrat ernten und die Pflanze trocknen. Verwenden Sie 1 Kilo frische Brennnesseln oder 200 Gramm des getrockneten Krauts auf 10 Liter Wasser. Lassen Sie das Ganze zum Beispiel in einem Eimer im Garten abgedeckt stehen und achten Sie darauf, wann die Gärung einsetzt. Dann bilden sich Blasen wie bei einem kohlensäurehaltigen Getränk und es fängt an zu stinken. Etwa eine Woche nach Einsetzen der Gärung können Sie die Brühe verwenden. Besprühen Sie die Blättter mit einer Verdünnung von 1:20 gegen Blattläuse und Spinnmilben. Zur Vorbeugung und zur Kräftigung Ihrer Pflanzen gießen Sie eine Verdünnung von 1:10 (Achtung: Mit diesem Konzentrat sollten Sie nur den Wurzelbereich gießen!).

- Großmutters Hausmittel mit grüner Seife (zwei Tassen auf 10 Liter) und einem Schuss Spiritus wirkt gegen alles, was saugt. Spritzen Sie diese Mischung gegen Blattläuse, Spinnmilben und Ähnliches.

- Wenn Sie Ihre Pflanzen einfach nur widerstandsfähiger gegen Schädlingsanfälligkeit machen wollen, stärken Sie diese mit einer Kamillenkur. Setzen Sie eine Hand voll frischer Blüten (etwa 50 Gramm) oder das Doppelte, wenn Sie das ganze Heilkraut verwenden, mit 10 Litern Wasser an, indem Sie nach und nach die Kamille mit dem heißen Wasser wie beim Teekochen übergießen. Lassen Sie diese Brühe etwa eine halbe Stunde lang ziehen und gießen Sie gelegentlich heißes Wasser nach, bis Sie die zehn Liter zusammenhaben. Seihen Sie die Pflanzenteile ab, lassen Sie das Ganze abkühlen und gießen Sie damit.

juli gewächse

Duftwicke
Lathyrus oderatus

▽ ♀

Elemente	
△	Feuer
▽	Wasser
▽̄	Erde
△̄	Luft
Planeten	
♃	Jupiter
♂	Mars
☉	Sonne
♀	Venus
☿	Merkur
☽	Mond
♄	Saturn
Sonstiges	
✻	pflegeleicht
!!!	Vorsicht geboten!

Farbe: rot, lila, weiß in allen Schattierungen
Blüte: Juli – September
Höhe: bis zu 2 m; breitet sich am Rankgerüst noch weiter aus

Aussaat und Vermehrung: Die einjährige Pflanze wird entweder im Frühjahr ausgesät oder als gekaufte Jungpflanze ab Mitte Mai in den Garten gesetzt. Samen 24 Stunden vor der Aussaat in Wasser quellen lassen. Die mehrjährigen *Lathyrus*-Arten sind ideal, um einen Zaun oder ein Spalier dauerhaft zu begrünen.
Standort und Bodenanforderung: Möglichst viel Sonne; lockerer, nährstoffreicher Boden.
Pflege: Gießen Sie bei Trockenheit regelmäßig und düngen Sie die einjährigen Arten alle drei bis vier Wochen. Diese Schlinger lassen sich auch gut auf dem Balkon in einem großen Topf ziehen. Dort sollten sie mit Flüssigdünger versorgt werden. Mehrjährige Wicken düngen Sie leicht mit Kompost, höchstens einmal im Jahr.
Medizinische Eigenschaften: Überlassen Sie die Anwendungen unbedingt den Profis.

Magische Eigenschaften: Wie so viele duftende Gartenbewohner ist auch diese für die Anziehungskraft zwischen Menschen zuständig. Verschenken Sie Samen oder kleine Pflanzen an gute Freunde, um diese Freundschaft zu vertiefen. Stärken Sie Ihren persönlichen Mut, indem Sie Ihre Nase in die Wicken stecken und dabei Schutz und Stärke visualisieren. Falls Sie allerdings vorhaben, jemanden übers Ohr zu hauen, sollten Sie nicht zu kräftig ihren Duft inhalieren, denn er bewirkt Ehrlichkeit.

Johanniskraut
Hypericum perforatum

Farbe: rot, orange bis gelb
Blüte: Juli – September
Höhe: bis 90 cm

Aussaat und Vermehrung: Am besten setzen Sie diese strauchartige Pflanze jung und gekauft in Ihren Garten, da die Anzucht etwas aufwändig ist.
Standort und Bodenanforderung: Sonne, verträgt aber auch Halbschatten; gut durchlässiger Boden.
Pflege: Düngen Sie mäßig im Frühjahr und Herbst, wenn Ihr Boden etwas karg geraten ist. Ansonsten ist Johanniskraut nicht sehr anspruchsvoll. Gießen Sie nur, wenn es länger trocken ist.
Medizinische Eigenschaften: Obwohl sich Johanniskraut bei der Behandlung von Depressionen und ähnlichen Gemütszuständen bewährt hat, ist bei der Anwendung Vorsicht zu empfehlen. Falls Sie Johanniskraut zu sich nehmen, sprechen Sie mit Ihrem Behandler, da es Wechselwirkungen mit Medikamenten gibt, die zum Beispiel gegen AIDS oder den natürlichen Abstoßungsprozess bei Organübertragungen verschrieben werden. Außerdem dürfen Sie es nicht zusammen mit anderen Antidepressiva, mit Tetrazyklin (Antibiotikum) oder mit blutverdünnenden Medikamenten einnehmen. Von einer nicht ungefährlichen Selbstbehandlung ist deshalb dringend davon abzuraten.
Magische Eigenschaften: Ernten Sie Johanniskraut am besten zu Mittsommer. Wenn Frauen einen Zweig davon unter ihr Kopfkissen legen, können sie von ihrem zukünftigen Ehemann träumen – vorausgesetzt, sie wollen einen. Hängen Sie ein Büschel davon übers Fenster, um böse Geister und sonstige üble Gesellen fern zu halten. Sie können die Blätter und Blüten auch in einer Räuchermischung zum Schutz von Haus, Hof und Garten verwenden.

Nachtkerze
Oenothera biennis

Farbe:	gelb
Blüte:	Juli – Oktober; die Blüten der ein- und zweijährigen Sorten haben nur eine Lebensdauer von einem Tag und öffnen sich gegen Abend, daher der engl. Name Evening Primrose.
Höhe:	15 – 60 cm

Aussaat und Vermehrung: Teilen Sie im Herbst oder Frühling und pflanzen Sie die Nachtkerze sofort wieder ein. Da die Blüten auf langen Stängeln sitzen, kann sie auch gut in der vorderen Reihe oder mitten im Beet stehen. Sie wächst nicht so dicht, dass sie Ihnen die Sicht versperrt.

Standort und Bodenanforderung: Volle Sonne; geschützte Ecke mit eher sandigem Boden; auf idealem Standort längere Blütezeit.

Pflege: Wenn Sie die Nachtkerze an der richtigen Stelle untergebracht haben, reicht eine leichte Düngung einmal im Jahr. Seien Sie dabei nicht zu üppig mit Kompost oder Ähnlichem, da sonst die Erde zu schwer wird.

Medizinische Eigenschaften: Das Öl der Samen enthält Gamma-linolen-Säure (GLA), das bei Ekzemen hilft und prämenstruelle Spannungen und Beschwerden während der Menopause erleichtert. Es findet außerdem Verwendung bei der Behandlung von hyperaktiven Kindern, rheumatischer Arthritis, zu hohem Blutdruck und es unterstützt die Beweglichkeit roter Blutkörperchen bei degenerativen Erkrankungen wie Multipler Sklerose.

Magische Eigenschaften: Neben dem entspannend wirkenden Duft können Sie diese Kraut verwenden, wenn Sie sich auf ein Ritual vorbereiten und nicht richtig zur Ruhe kommen. Falls Sie wie Winnetou & Co. durchs Unterholz schleichen wollen, reiben Sie Ihre Mokassins damit ein, damit Schlangen das Weite suchen. Am besten eignet sich die Nachtkerze jedoch, wenn Sie in irgendeiner Form weibliche und männliche Energien ausgleichen möchten. Diese Pflanze verbindet in sich die Gegensätze von Feuer und Wasser, Sonne und Mond. Nutzen Sie sie zum Beispiel in einem Massageöl, wenn Sie Ihre Beziehung harmonischer gestalten wollen. Visualisieren Sie am besten beide Energien, während Sie Hand anlegen.

Salbei
Salvia officinalis

Farbe: lila Blüten
Blüte: Zahlreiche der etwa 750 Sorten blühen im Juli, andere früher.
Höhe: etwa 60 cm

Aussaat und Vermehrung: Salbei gibt es einjährig, zweijährig, als Immergrün und als Halbstrauch. Der hier beschriebene ist eine Staude, die wie die meisten im Frühjahr oder Herbst durch Teilung vermehrt werden kann.

Standort und Bodenanforderung: Liebt Sonne in einer guten, nicht zu nassen Gartenerde; gedeiht auch an ungünstigen Stellen.

Pflege: Um ein Verholzen zu vermeiden, schneiden Sie Ende Mai, sobald es garantiert keinen Frost mehr gibt, stark zurück, später im Sommer noch einmal. So verhindern Sie, dass Ihr Salbei stachelig wird, und erreichen Blattfülle.

Medizinische Eigenschaften: Salbei gehört zu den ganz alten Heilkräutern und ist seit den Römern auch schriftlich belegt. Vermutlich ist seine Anwendung noch länger bekannt. Das ätherische Öl des *Salvia sclarea* können Sie bei nervösen und stressbedingten Beschwerden anwenden, allerdings nicht, wenn Sie gerade Alkohol zu sich genommen haben, es in Kürze vorhaben und auch nicht während der Schwangerschaft. Salbeitee ist gut bei Verdauungsproblemen und nervöser Erschöpfung.

Magische Eigenschaften: Ohne Salbei kein Räucherwerk. Kaum ein anderes Kraut reinigt die Atmosphäre so durchdringend und gründlich. Falls Sie gegen Rauch allergisch sind, können Sie auch sein ätherisches Öl verwenden. Das hat ebenfalls stark klärende Wirkung. Tragen Sie einen Salbeizweig bei sich, um sich Weisheit anzueignen oder verwenden Sie ihn für jede Art von Geldzauber. Wenn Sie herausbekommen wollen, ob einer Ihrer Wünsche gerade ins kosmische Bild passt, schreiben Sie ihn auf ein Salbeiblatt. Legen Sie sich dieses drei Nächte lang unter Ihr Kopfkissen. Wenn Sie während dieser Zeit von Ihrem Wunsch träumen, verfolgen Sie Ihr Ziel weiter. Wenn nicht, vergraben Sie das Salbeiblatt und warten auf eine bessere Gelegenheit oder auf einen Wink des Schicksals.

Schafgarbe
Achillea-Arten

Farbe:	rot oder rosa, weiß, gelb
Blüte:	Juli – September
Höhe:	50 – 120 cm

Aussaat und Vermehrung: Wenn Sie die mehrjährige, buschige Staude selbst aussäen wollen, funktioniert das nur mit der Gemeinen Scharfgarbe *(Achillea millefolium)*. Bedecken Sie die Samen, wenn überhaupt, nur ganz dünn mit Erde und halten Sie diese feucht. Verziehen Sie die Keimlinge wie üblich und setzen Sie die kleinen Pflanzen nicht vor Mai vor die Tür. Einfacher ist es, ausgewachsene Pflanzen zu teilen, entweder im Frühjahr oder im Herbst. Teilen Sie die Mutterpflanze mit einem Spaten in mehrere mindestens faustgroße Ballen und setzen Sie diese sofort wieder ein.
Standort und Bodenanforderung: Pralle Sonne; keine besonderen Bodenansprüche.
Pflege: Um einen üppigen Blumenflor zu erzielen, verwöhnen Sie die Schafgarbe im Herbst oder Frühjahr mit Dünger.

Medizinische Eigenschaften: Verwenden Sie frische Blätter für kleinere Wunden. Damit wurden noch während des Ersten Weltkriegs Blutungen gestillt. Innerlich angewendet, kann eine Überdosierung schädlich sein, deshalb sollten Sie den Rat von Fachleuten einholen.
Magische Eigenschaften: Tragen Sie einige Blätter der Pflanze bei sich, wenn Sie eine Extra-Portion Mut und Stärke benötigen. Ein paar Zweige der Staude über Ihrem Ehebett oder im Hochzeitsstrauß verleiht dieser Beziehung mindestens sieben Jahre lang Bestand. Vielleicht hängt das mit der Fähigkeit der Schafgarbe zusammen, diejenigen anzuziehen, deren Nähe Ihnen wichtig ist. Räuchern Sie mit getrockneten Schafgarbenblättern Ihren Garten aus, wenn Sie ein Grundstück übernommen haben, das Ihnen nicht ganz geheuer ist.

Sonnenhut
Echinacea purpurea

Farbe:	pink
Blüte:	Juli – August
Höhe:	bis zu 90 cm

Aussaat und Vermehrung: Die erste Pflanze kaufen Sie am besten. Danach können Sie im Herbst durch Teilung oder abgeschnittene und mit Wurzelsubstrat angesetzte Wurzelstücke vermehren.

Standort und Bodenanforderung: Sehr sonnig in durchlässigem und nährstoffreichem Boden.

Pflege: Sie können die Blüten im Herbst zurückschneiden, aber wenn Sie Glück haben und keine Regengüsse oder Schneemassen die Stängel aufweichen und niederdrücken, ragen diese dekorativ aus dem Schnee.

Medizinische Eigenschaften: Der echte Sonnenhut wird zu Mitteln verarbeitet, die Ihre Abwehrkräfte stärken. Die wirklich guten sind Tinkturen, die aus der Wurzel der Pflanze hergestellt wurden. Auch andere Pflanzenteile eignen sich zwar, sind aber in ihrer Wirkung nicht so stark.

Magische Eigenschaften: Der Sonnenhut eignet sich als Freundschaftsgeschenk für jede Gottheit, die Sie um etwas bitten möchten. Pflanzen Sie dieses Gewächs außerdem in Ihrem Garten an, wenn Sie den anderen Pflanzen energetisch etwas Gutes tun wollen.

> Der Sonnenhut eignet sich als Freundschaftsgeschenk für jede Gottheit, die Sie um etwas bitten möchten.

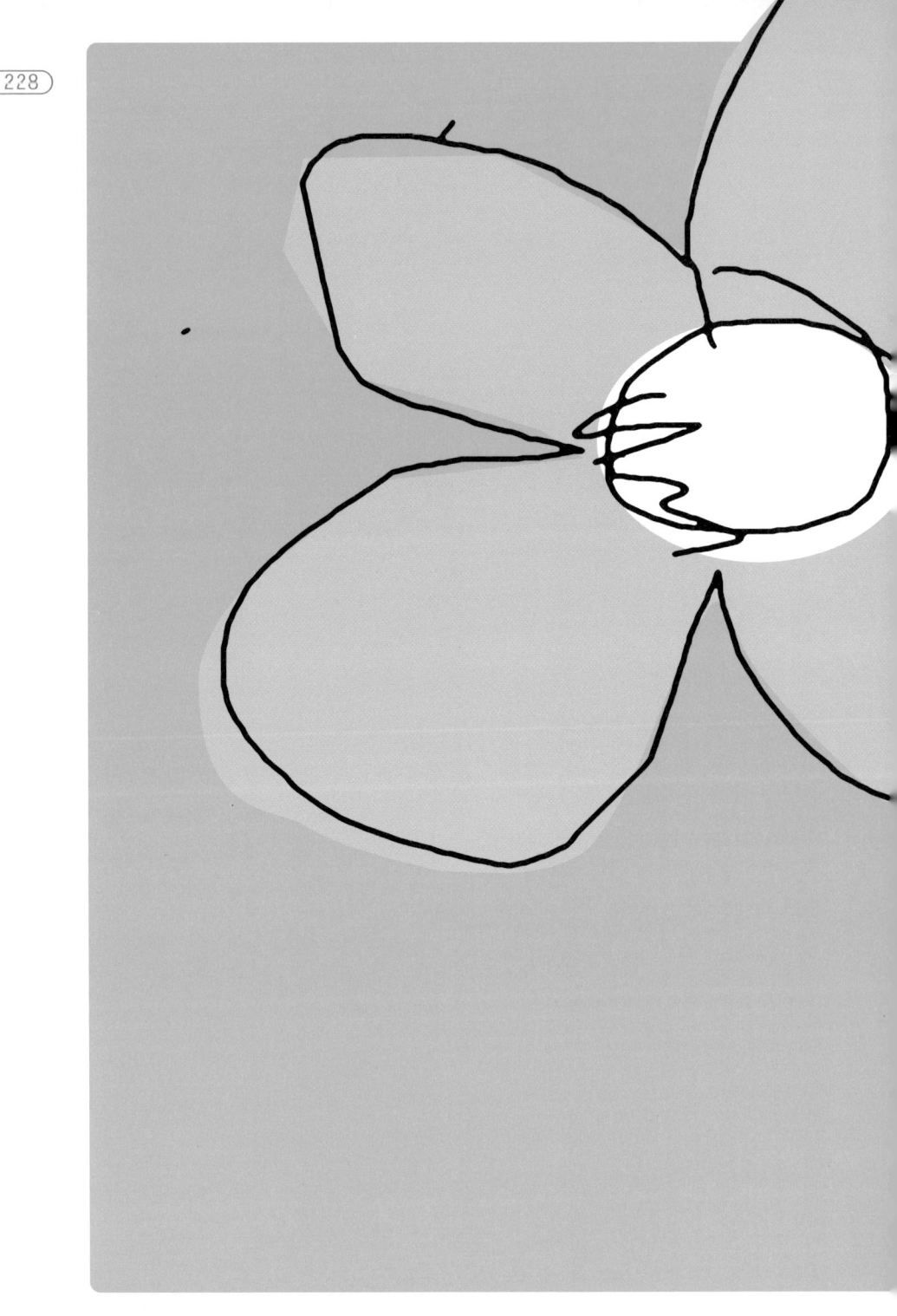

herbst
übergang und abschied

- August – die erste Ernte
- September – das Jahr im Gleichgewicht
- Oktober – Jahresausklang

august
die erste ernte

Draußen tobt sich dank Hitzewelle das eine oder andere Augustgewitter aus und die hoffentlich brütend heißen Sommertage lassen den Schweiß fließen. Wer denkt da schon an Herbst oder gar an Winter? Bei genauerem Hinsehen können Sie aber unschwer bemerken, dass Mutter Natur fleißig Vorbereitungen für die kalte Jahreszeit trifft.   >>>

An Büschen, Bäumen und Stauden entdecken Sie die ersten kleinen Früchte – nein, nicht die Nacktschnecke, das daneben. Viele Pflanzen verblühen bereits wieder, so mancher Getreideacker ist schon abgeerntet und Obst und Gemüse werden körbeweise auf Wochenmärkten angeboten.

Anfang August wird nach der vorchristlichen Tradition das erste der beiden Erntedankfeste gefeiert und zugleich der Beginn des Herbstes, die vierte Jahreszeit im großen kosmischen Kreislauf. Auch wenn es an den Temperaturen vielleicht noch nicht zu spüren ist, die Tage werden tatsächlich wieder kürzer.

Ursprünglich begingen unsere Vorfahren dieses Fest Lammas nach Gelegenheit, das heißt, wenn die ersten Getreidefelder abgeerntet wurden, war es Zeit zum Feiern. Nicht nur Brot, aus dem ersten Getreide der Saison gebacken, sondern auch Früchte und Beeren aller Art kamen dabei auf den der Jahreszeit entsprechend reich gedeckten Tisch.

Achten Sie gerade in dieser Jahreszeit darauf, dass unerwünschte Pflanzen den erwünschten nicht Licht und Nahrung entziehen.

herbstanfang im garten

● Noch immer sind wilde Kräuter fleißig am Sprießen und auch Kulturpflanzen benötigen Ihre liebevolle Pflege. Achten Sie gerade in dieser Jahreszeit darauf, dass unerwünschte Pflanzen den erwünschten nicht Licht und Nahrung entziehen; ziehen Sie das Unkraut lieber vorher aus der Erde.

● Notieren Sie sich, welche Pflanzen nicht an der richtigen Stelle stehen, damit sie später im Jahr oder zum Frühling hin umgepflanzt werden können. Zum Zeitpunkt des Umpflanzens können Sie im Zweifelsfall nicht mehr erkennen, wo was genau steht.

● Ernten Sie Samen von Ihren Lieblingsblumen und bewahren Sie diese trocken und kühl auf. Dann können im nächsten Frühjahr noch mehr Blütenträume in Erfüllung gehen. Vergessen Sie aber nicht, die Samen in Tütchen zu stecken und zu beschriften. Sie haben sonst im nächsten April garantiert keine Ahnung mehr, was Sie da für Schätze besitzen.

- Bewässern Sie ausreichend, wenn es heiß ist, aber nicht in der prallen Sonne. Richten Sie den Wasserstrahl nicht auf die Blätter, sondern auf den Wurzelbereich.

- Stellen Sie das Düngen jetzt ganz ein.

- Ernten und trocknen Sie Kräuter für den Winter. Wenn Sie diese nicht an der Decke aufhängen können, sollten sie auf dem Backblech ausgelegt werden, bis sie ganz bröselig sind. Füllen Sie dann die Kräuter in große Gläser, möglichst in dunkle oder bemalte, damit sie keinem direkten Sonnenlicht ausgesetzt sind. Kontrollieren Sie nach ein paar Tagen, ob der Inhalt trocken geblieben ist. Restfeuchtigkeit würde die Kräuter schimmeln lassen. Falls nötig, trocknen Sie in einem warmen Ofen nach – beispielsweise nachdem Sie Ihr Erntedankbrot gebacken haben.

- Alle winterharten Zwiebel- und Knollengewächse (außer dem Krokus, ➔ Februar) können im September gepflanzt werden. Achten Sie nur darauf, dass sie auch wirklich winterfest sind, wie Tulpen und Narzissen zum Beispiel, da einige den Winter drinnen verbringen müssen, um nicht zu erfrieren.

> Alle winterharten Zwiebel- und Knollengewächse (außer dem Krokus) können im September gepflanzt werden. Achten Sie nur darauf, dass sie auch wirklich winterfest sind.

- Schneiden Sie verblühte Pflanzen zurück. Generell können Sie mehr abschneiden, als Sie denken. Die meisten Hobbygärtner sind gewöhnlich zu vorsichtig. Wenn Sie nicht genau wissen, was und wie viel Sie abschneiden sollen, bemühen Sie lieber Menschen vom Fach.

herbstanfang auf dem balkon

- Ebenso wie im Garten müssen auch auf dem Balkon verblühte Pflanzen zurückgeschnitten werden. Ersetzen Sie einjährige Blumen eventuell durch herbstliche Blüher.

- Gönnen Sie Ihrem ganzen Balkon an einem regnerischen Tag eine Dusche. Waschen Sie ruhig mal Wände und Boden mit klarem Wasser ab. Vergewissern Sie sich aber, dass Sie Ihren Flüssigmüll nicht an die Nachbarn darunter weiterleiten.

- Lassen Sie so oft wie möglich Ihre Balkontür offen – bei jedem Wetter. Sie stärken damit die Verbindung zwischen drinnen und draußen. Wenn Sie einbruchsicher wohnen, können Sie das sogar mal über Nacht ausprobieren – dabei aber unbedingt den Sicherheitsaspekt mit berücksichtigen!

herbstanfang auf der fensterbank

- Ernten Sie auch auf dem Fensterbrett reichlich Kräuter, damit Sie in der kühleren Jahreszeit, wenn Ihre Pflanzen Sie nicht mehr so großzügig beliefern, genügend für Küche und Magie übrig haben.

- An den ersten kühlen Tagen kann die Zugluft auf dem Fensterbrett für Ihre grünen Freunde allzu kalt werden. Achten Sie darauf, Ihre Pflanzen rechtzeitig in Sicherheit zu bringen.

- Auch Heizungsluft könnte an so manchem Abend schon wieder für austrocknende Blätter sorgen. Gießen und sprühen Sie, wenn es nötig werden sollte.

erntedankritual

Magische Zutaten
- ein kleines »Buch der guten Dinge«
- eventuell selbst gebackenes Brot

spirituelle dankbarkeit

Eines des wichtigsten Themen des Herbstes ist nach alter magischer Tradition eine etwas in Vergessenheit geratene und daher altmodisch anmutende Tugend: die Dankbarkeit. Damit sind nicht nur die üblichen Erntedankfeiern für die reichen Gaben von Mutter Natur gemeint. Betrachten Sie zu dieser Jahreszeit ruhig (aber stets mit einem Augenzwinkern), was sich in Ihrem Leben tut, und richten Sie dabei Ihre Aufmerksamkeit auf die guten Seiten.

Der eine oder die andere wird vermutlich sofort protestieren und einwenden, dass es doch sicherlich einiges im Leben eines jeden Menschen gibt, das nun wirklich nichts Gutes hat. Klar, wenn Sie als hungerndes Kind irgendwo in Afrika geboren wären, dann hätte ein Dankbarkeitsritual vermutlich keinen besonders hohen Stellenwert in Ihrem Leben. Zur großen Überraschung aller Beteiligten haben Forscher aber herausgefunden, dass die glücklichsten Menschen ausgerechnet in den ärmsten Regionen der Welt zu Hause sind, wie in Bangladesch beispielsweise, die unzufriedensten in einigen der reichsten Länder Europas.
Wenn Sie dieses Buch in Händen halten, gehören Sie auf jeden Fall zum privilegierten Teil der Menschheit, der des Lesens mächtig ist. Außerdem haben Sie genug Geld, sich dieses Werk anzuschaffen und ein Dach über dem Kopf, unter dem Sie es sich zu Gemüte führen. Auch wenn all diese Umstände für uns Mitteleuropäer alltäglich sind, bleiben sie dennoch ein guter Grund für Zufriedenheit, Dankbarkeit und mindestens *eine* Dankesfeier.

bedanken – bei allen und jedem

Bevor Sie nun Ihr kleines privates Erntedankfest feiern, fassen Sie einmal all das Gute in Ihrem Leben ins Auge. Es ist keineswegs hinfällig, sich über gutes Wetter oder einen freundlichen Regenguss zur rechten Zeit zu freuen – besonders vor dem Hintergrund der verheerenden Folgen der letzten Flutkatastrophe in Deutschland. Also, sehen Sie genau hin und entdecken Sie, wie vielen Ereignissen, Dingen und Menschen Sie schon begegnet sind, die ein herzliches Dankeschön verdient haben.

Wenn Sie sich ganz allgemein eine zuversichtlichere Lebenseinstellung wünschen, aber nicht so recht wissen, wie und wo Sie damit anfangen sollen, schaffen Sie sich am besten ein Büchlein an, das Sie neben Ihr Bett legen. Dort tragen Sie jeden Abend drei Punkte ein, die Sie am vergangenen Tag beglückt haben. Mit der Zeit bekommen Sie so eine Fülle von kleinen und großen Wundern aufs Papier, die Sie vielleicht schon lange nicht mehr bewusst wahrgenommen haben. Falls Sie so ein Buch der guten Dinge bereits in Arbeit haben, können Sie es gut in ein Erntedankritual mit einbeziehen und als Inspirationsquelle nutzen.

In den ersten Tagen des Herbstes zaubert sich alles gut, was sich auch im weiteren Sinn mit der Erntezeit verbinden lässt. Ob Sie ein Projekt abschließen oder eine schwierige Familienkrise zu meistern haben, der August ist bestens geeignet, etwas abzugrenzen oder sanft seinem Ende näher zu bringen. Wie ein endgültiger Schlussstrich gezogen wird, folgt im Oktober (Verabschiedung zu Neumond) oder November (Ritual zum Loslassen).

Verbinden Sie jeden Zauber mit kulinarischen Genüssen, wie schon im Mai oder zu Mittsommer. Wie wäre es diesmal mit einem selbst gebackenen Brot? Falls Sie keinerlei Lust verspüren, selbst den Teig anzusetzen, tut es zur Not auch eine fertige Backmischung. Sie brauchen ja kein langweiliges Weizenbrot zu Erntedank anbieten. Lassen

Sie ruhig Ihre Fantasie spielen und geben Sie ein paar Ringelblumenblüten und Kräuter aus dem Garten hinzu. Oder was halten Sie von einem Beerenbrot mit entsprechenden Früchten aus Garten oder Wald? Kneten Sie bei dieser Gelegenheit nicht nur ein paar interessante Zutaten ein, sondern auch ein Dankeschön an Ihre fleißigen Gartengeister. Und natürlich bietet sich auch Erntedank an, ein fröhliches Fest mit netten Menschen und freundlichen Geistern zu feiern.

selbst gemachte tinkturen

Nicht nur Getreide und anderen weltlichen Genüsse gehören zur Erntezeit, sondern auch alles, was heilt und sonst wie Ihre Gesundheit und spirituelle Entwicklung unterstützt. Gehen Sie also mal wieder ins Fitnessstudio oder stellen Sie Ihre eigenen Tinkturen her. Diese Pflanzenauszüge, mit Wasser gemischt, wirken ähnlich wie homöopathische Mittel. Die bekanntesten sind vermutlich die Bachblüten.

Die Herstellung einer Tinktur ist recht aufwändig und lohnt wirklich nur, wenn Sie entweder viel Spaß an solchen Dingen haben oder sich die Arbeit mit mehreren Menschen teilen. Wenn also fünf Leute jeweils eine Tinktur herstellen, dann können Sie tauschen und haben das fünffache Ergebnis.

Vor allem brauchen Sie für selbst hergestellte Tinkturen Sonne, Sonne und nochmals Sonne.

Vor allem brauchen Sie für selbst hergestellte Tinkturen Sonne, Sonne und nochmals Sonne. Es könnte also einige Zeit dauern, bis Sie sich einen wirklich umfangreichen Vorrat angelegt haben, da Sie nicht nur bis zu einem wolkenlosen Tag ausharren müssen, sondern Sie brauchen zu diesem Zeitpunkt auch Ihren freien Tag.

Beginnen Sie mit den Vorbereitungen zu Ihrer Tinkturherstellung schon Tage oder Wochen davor. Suchen Sie an möglichst abgelegenen Orten nach größeren Kolonien einer bestimmten Blume oder eines bestimmten Baumes. Vergewissern Sie sich, dass in der Nähe frisches Wasser zu bekommen ist, ob dort also eine Quelle entspringt. Für Flachlandbewohner ist das etwas schwieriger als für Gebirgler. Doch auch wenn Sie in einer Großstadt leben, erkundigen Sie sich, wo in der Nähe Quellgebiete einheimischer Flüsse zu finden sind. Sie werden überrascht sein,

tinktur-zutaten

- Mindestens vier Stunden wolkenloser Sonnenschein
- Baumwollhandschuhe
- Große Glasschüssel, damit das Licht von allen Seiten Ihre Tinktur durchfluten kann
- Große Glaskanne, in der Sie den Inhalt Ihrer Schüssel bequem unterbringen können
- Desinfizierte Flasche - oder auch zwei, wenn Sie mit jemandem zusammenarbeiten -, möglichst kein durchsichtiges Weißglas
- Ungebleichte Kaffeefilter, die gleichzeitig als Trichter und Sieb dienen
- Sauberes, scharfes Messer oder eine solche Gartenschere
- Möglichst frisches Wasser, im Idealfall frisch geschöpftes Quellwasser
- Unterlage zum Sitzen, Picknickzubehör (denn Ihr Aufenthalt könnte länger dauern), etwas zum Lesen (zum Beispiel über Pflanzen)
- Alkohol aus der Apotheke; sagen Sie dem/r ApothekerIn, wofür Sie ihn brauchen. Sie dürfen keinen Alkohol verwenden, der für Menschen ungenießbar und gefährlich wäre. Zur Not nehmen Sie einfachen mindestens 40-prozentigen Weinbrand oder Rum.
- Eine Kladde zum Eintragen, was Sie gemacht haben, welche Informationen Sie in Ihren Meditationen bekommen und alles, was Ihnen sonst noch so zu Ihrer Tinktur einfällt.

wie viel frisches Wasser auch in Ihrer Umgebung aus dem Boden strömt.

Wenn Sie Ihre Wasserversorgung gesichert haben, suchen Sie sich einen Platz in Ihrer Pflanzenkolonie aus, an dem Sie den Tag über bleiben können. Dies sollte ein Ort sein, der ganze vier bis fünf Stunden pralle Sonne abbekommt, also ohne große Bäume, die ungünstige Schatten auf Ihre Pflanzen und Ihr Wasser werfen könnten. Falls Sie sich nicht ganz sicher sind, wohin genau die Sonne an dem von Ihnen gewählten Platz scheint, besuchen Sie diesen Ort vorher einige Male zu unterschiedlichen Tageszeiten und schreiben sich auf, wo es schattig und wo es sonnig ist. Zu Hause bereiten Sie sich auf den Tinktur-Tag vor, indem Sie alles Nötige zusammenpacken. Damit vermeiden Sie, etwas Wichtiges zu vergessen und den möglicherweise einzigen sonnigen Tag des Jahres zu verpassen.

ans (blüten-)werk

Am Sonnentag stehen Sie am besten früh auf, denn Ihre Pflanzen sollten vor neun Uhr, das heißt, bevor die Sonne die aufsteigenden Morgensäfte verdunsten kann, in Ihrem Topf landen. Verwenden Sie morgens möglichst nichts, was Parfum enthält, und auch keine starken ätherischen Öle. Tragen Sie klare, nicht zu kräftige Farben, Weiß ist am besten, da es das Sonnenlicht einfach nur zurückwirft, ohne ihm etwas hinzuzufügen. Schnappen Sie sich Ihre Tasche mit den Zutaten und allem, was Sie sonst noch mitnehmen wollen, und los geht's.

An Ihrer Pflanzenstelle machen Sie es sich als Erstes bequem und kommen richtig an. Dazu gehört, sich um den eigenen Komfort zu kümmern und alle vorbereiteten Gegenstände auszubreiten. Wenn Sie dort Ihre Utensilien zurücklassen können, ziehen Sie los und holen das Wasser (mindestens drei Liter). Falls Sie dort nichts liegen lassen können, ohne dass vielleicht jemand lange Finger macht, besorgen Sie zuerst das Wasser.

Stellen Sie Ihre Glasschüssel in die Sonne und gießen Sie Wasser hinein, bis sie gut gefüllt ist. Nun setzen Sie sich zwischen die ausgewählten Pflanzen und meditieren. Dazu machen Sie es sich so gemütlich wie möglich, denn nichts stört Ihre Aufmerksamkeit mehr als ein Ast, der Sie beharrlich in den Allerwertesten piekst. Schließen Sie die Augen und entspannen Sie sich mithilfe Ihres Atems. Holen Sie beispielsweise ruhig und tief Luft: siebenmal für jede der vier Himmelsrichtungen.

Wenn Sie sich ganz entspannt fühlen, rufen Sie den Geist der ausgewählten Pflanze und bitten um hilfreiche Informationen für Ihre Zubereitung. Fragen Sie außerdem, wofür gerade diese Tinktur gut ist. Wenn Sie ein Gewächs gewählt haben, das bereits als Tinktur bekannt ist, erscheint Ihnen diese Frage vielleicht nicht so wichtig, aber es könnte sein, dass Sie zusätzliche Anwendungsmöglichkeiten neben den gängigen in Erfahrung bringen. Falls Sie sich nicht sicher sind, ob Sie die Eigenschaften neuer Tinkturen erkennen können, stellen Sie bekannte Bachblüten-Tinkturen her, deren Wirkungen allgemein bekannt sind.

Achten Sie darauf, dass Sie keine Blume so komplett plündern, dass sie nicht mehr überlebensfähig ist.

Bitten Sie die Pflanzengeister um Erlaubnis und erklären Sie, was genau Sie vorhaben. Wenn Sie ein Nein zu hören bekommen, dann machen Sie einfach nur ein nettes Picknick und lassen die Pflanzen in Ruhe. Sie finden es schließlich auch nicht lustig, wenn irgendwer in Ihren Garten einsteigt und ohne Erlaubnis Ihre Lieblingsblumen erntet.

Wenn alles geklärt ist, kehren Sie in die alltägliche Wirklichkeit zurück. Beginnen Sie nun, die Blüten zu pflücken. Fassen Sie diese am besten nicht mit den Händen an, sondern verwenden Sie die Pflanzenblätter sozusagen als Topflappen. Achten Sie darauf, dass Sie keine Blume so komplett plündern, dass sie nicht mehr überlebensfähig ist. Nehmen Sie immer nur so viel, dass jedes einzelne Gewächs und die ganze Gruppe locker weiterleben können. Wenn sich Ihre Pflanze nicht sanft pflücken lässt, benützen Sie ein sauberes, scharfes Messer.

Legen Sie die Blüten aufs Wasser und verwenden Sie einen Stängel, um die Blüten mit dem Wasser zu bedecken; es spielt keine Rolle, wenn sie zum größten Teil an der Oberfläche treiben.

Nun setzen Sie sich daneben und visualisieren kurz, was Sie sich von der Tinktur wünschen. Achten Sie darauf, dass Sie nicht selbst Schatten auf das Wassergefäß werfen.

Jetzt haben Sie viel Zeit. Für die nächsten vier bis fünf Stunden können Sie lesen, schlafen, in der Sonne dösen oder wonach Ihnen sonst der Sinn steht. Bleiben Sie aber mindestens mit einem Gedanken bei der Sache. Sollte sich in der Zwischenzeit eine Wolkendecke aufbauen und Ihre Tinktur überschatten, dann gießen Sie das Wasser mit den Pflanzen auf die Erde, bedanken sich und kommen ein anderes Mal wieder.

Nach dieser intensiven Sonnenbestrahlung über Stunden seihen Sie Ihre Tinktur ab und füllen Sie Ihre Flasche(n) je halb voll. Das restliche Wasser geben Sie Mutter Natur zurück und bedanken sich. Mischen Sie nun der Urtinktur dieselbe Menge Alkohol bei.

Bevor Sie diese Tinktur verwenden, wird sie weiter verdünnt. Nehmen Sie eine braune Flasche mit Pipetten-Verschluss (30 ml) und füllen Sie diese mit Weinbrand. Geben Sie zwei Tropfen aus Ihrer großen Flasche hinzu und schütteln Sie alles gut durch. Lassen Sie die Mischung Ihrer Gebrauchstinktur einige Tage stehen. Bevor Sie Ihre Blütentinktur zu sich nehmen, verdünnen Sie diese weiter. Üblicherweise verwenden Sie dafür kleine Fläschchen von etwa zehn Millilitern.

Füllen Sie diese voller Wasser und geben Sie einige Tropfen der Gebrauchstinktur hinzu. Wenn Sie Ihr Gebräu nun anwenden, verdünnen Sie das Ganze noch einmal. Diesmal geben Sie mehrere Tropfen Ihrer Gebrauchsmischung in ein Glas mit Wasser. Trinken Sie davon über den Tag verteilt oder alles auf einmal. Folgen Sie Ihrem Gefühl. Wenn Sie den Eindruck haben, dass Sie beispielsweise jetzt sofort einen Anstoß durch Ihre Gänseblümchentinktur brauchen, dann geben Sie einige Tropfen davon ohne zusätzliches Wasser auf Ihre Zunge. Achten Sie dabei nur darauf, dass Sie die Pipette nicht berühren. Falls es doch mal passiert, leeren und desinfizieren Sie Ihre Pipettenflasche und setzen eine neue Mischung an.

Üblicherweise verwendet man nur Wildpflanzen für Tinkturen; die einzige Ausnahme sind Pflanzen aus Ihrem Garten. Dann stellen Sie wirklich ganz persönliche Tinkturen her, die Sie auch nur für sich selbst, Ihren Garten, Balkon und Ihre Wohnung verwenden sollten. Wenn Sie zum Beispiel umziehen, gehen Sie in Ihren Garten und leeren diese ortsgebundenen Tinkturen aus. Nehmen Sie sie nicht mit in Ihr neues Reich.

Sie können auch Muscheln, Edelsteine oder andere Gegenstände aus der Natur für eine Tinktur verwenden. Experimentieren Sie, aber probieren Sie die Wirkung immer zuerst an sich selbst aus. Falls Sie Zweifel haben, überlassen Sie das Mischen lieber den Profis.

Alle Gegenstände für die Herstellung der Tinkturen sollten danach desinfiziert werden, zum Beispiel durch Aufkochen. Gegenstände, die nicht gekocht werden dürfen, können Sie mit heißem Dampf behandeln. Verwenden Sie zum Beispiel Geräte, wie sie für die Desinfektion von Babyfläschchen üblich sind. Chemische Reinigungsmittel, die Rückstände hinterlassen könnten, sind ungeeignet. Alkohol dagegen ist geeignet. Verwenden Sie nie Gerätschaften für eine andere Tinktur, ohne sie vorher zu säubern. Und am besten bewahren Sie alles Zubehör an einem sauberen Ort auf.

Sie können auch Muscheln, Edelsteine oder andere Gegenstände aus der Natur für eine Tinktur verwenden.

Bei der Lagerung der Blütentinkturen achten Sie darauf, dass sich die Glasflaschen nicht berühren. Nur so bleiben die Schwingungen der Tinkturen klar erhalten. Wickeln Sie die Flaschen zum Beispiel in Seidentücher oder reine Baumwolle, Leinen oder einen anderen naturbelassenen Stoff.

Die Einnahme der Blütentinktur richtet sich ganz nach Ihrem Gefühl. Meditieren Sie mit den Flaschen und verwenden Sie sie zunächst einmal nur für sich selbst, bis Sie erfahrener sind. Oder besprechen Sie die Anwendung mit jemandem, der Tinkturen einzusetzen versteht, zum Beispiel einem(r) Homöopathen/in. Schreiben Sie Ihre Erfahrungen auf, damit Sie sich im Laufe Ihrer magischen Weiterentwicklung ein Nachschlagewerk für Ihre persönlichen Tinkturen zusammenstellen.

august gewächse

Basilikum
Ocimum basilicum

Farbe:	weiße Blüten
Blüte:	August – September
Höhe:	bis 45 cm

Elemente	
△	Feuer
▽	Wasser
⩘	Erde
⩗	Luft
Planeten	
♃	Jupiter
♂	Mars
☉	Sonne
♀	Venus
☿	Merkur
☽	Mond
♄	Saturn
Sonstiges	
✹	pflegeleicht
!!!	Vorsicht geboten!

Aussaat und Vermehrung: Das einjährige Basilikum kann im Frühjahr direkt aus Samen gezogen werden. Warten Sie unbedingt mit der Aussaat, bis der letzte Frost garantiert vorbei ist, wenn Sie im Freiland säen wollen. Sonst kultivieren Sie drinnen vor. Verwenden Sie am besten Sorten, die auch mal einen kalten Regenschauer vertragen.

Standort und Bodenanforderung: Volle Sonne in geschützten Ecken; kein zu schwerer, durchlässiger Boden. Wenn Sie sich nicht ganz sicher sind, ob Ihre Garten- oder Balkonlage für Basilikum geeignet ist, pflanzen Sie ihn in einen Topf, den Sie bei schönem Wetter nach draußen stellen.

Pflege: Wenn Sie länger etwas von Ihren aromatischen Basilikumblättern haben wollen, dann knipsen Sie die Blüten ab, sobald sie erscheinen. Ihr Basilikum verschwendet dann keine Kraft in die Blüten, sondern lässt sie in die Blätter fließen.

Medizinische Eigenschaften: Wenn Ihnen auf Reisen leicht übel wird, dann holen Sie sich Basilikum zu Hilfe. Verwenden Sie einen Teelöffel frischer oder einen Esslöffel der getrockneten Blätter, die Sie mit einem Becher heißem Wasser aufgießen. Lassen Sie diesen Tee für einige Minuten ziehen und seihen ihn dann ab. Trinken Sie Ihr Gebräu entweder heiß in kleinen Schlucken, bevor Sie sich auf den Weg machen, oder nehmen Sie das Getränk kalt mit und trinken vor und während der Reise davon.

Magische Eigenschaften: Sie können dieses Kraut für Zaubereien verwenden, bei denen es um Liebe, Schutz, Wohlstand und Reinigung geht. Basilikum ist eines der stärksten Kräuter (ähnlich dem Salbei), was die Reinigung und Klärung von Räumen oder eines Gartens bzw. Balkons anbelangt. An diesem Pflänzchen kommt nichts vorbei. Wenn Freunde umziehen, schenken Sie Ihnen Basilikum, um ihnen Glück im neuen Zuhause zu wünschen. Falls Sie ein Geschäft führen, können Sie auch etwas Basilikum in Ihre Ladenkasse legen und so den Fluss des Geldes fördern – denken Sie aber daran, dass es ums Fließen geht, Moneten horten ist im Plan des Universums nicht vorgesehen …

Farbe:	weißlich gelbe Blüten
Blüte:	August – September
Höhe:	bis zu 2 m

Aussaat und Vermehrung: Wenn Sie erst einmal Fenchel im Garten haben, brauchen Sie sich um eine Aussaat keine Sorgen mehr zu machen; das geschieht von allein. Setzen Sie im Frühjahr die neuen Pflänzchen zu Gruppen zusammen – und was übrig bleibt, verschenken Sie an andere Gartenhexen.
Standort und Bodenanforderung: Volle Sonne; gedeiht in trockener Erde, besser in feuchter, nährstoffreicher.
Pflege: Da die Blütendolden mit den Fenchelsamen im Wind brechen können, binden Sie diese in ungeschützten Lagen am besten mit Bambusstöcken an.
Medizinische Eigenschaften: Fenchel ist ein altes Hausmittel bei Magenproblemen und Blähungen. Sie können selbst Babys einen dünnen Tee kochen und etwas davon geben, süßen Sie aber nicht. Trinken Sie ein Tässchen zum oder nach dem Essen, um Ihren Verdauungstrakt zu unterstützen. Außerdem können Sie Fenchel bei Regelbeschwerden und in den Wechseljahren verwenden, da er Hormon-ähnlich wirkt. Sprechen Sie vor der Anwendung aber unbedingt mit Ihrem Arzt oder Homöopathen.
Magische Eigenschaften: Verwenden Sie Pflanzenteile, besonders die Samen, in Kräuterbeuteln und Räuchermischungen, die etwas mit innerer Reinigung zu tun haben oder Sie vor äußerer Beeinflussung schützen sollen. Hängen Sie zu diesem Zweck Fenchelstängel und -blüten ans Fenster Ihrer Wohnung.

Herbstanemone
Anemonen-Arten

!!! △ ♂

Farbe: rosa, weiß oder rot
Blüte: August – Oktober
Höhe und Breite: 30 – 100 cm

Aussaat und Vermehrung: Im Herbst können Sie Wurzelteile entnehmen und mit einem abgeschrägten Ende in Vermehrungserde setzen. Dabei sollte die obere Schnittstelle nur knapp in der Erde stecken. Bewässern Sie ausreichend, stellen Sie Ihre künftigen Stauden kühl und decken sie mit einer Folie ab. Im Frühjahr pflanzen Sie Ihre Minipflanzen ins Freiland um.
Standort und Bodenanforderung: Halbschatten oder Schatten; in lockerem, nährstoffreichem Boden.
Pflege: Achten Sie darauf, dass Sie in der Nähe von Herbstanemonen nicht umgraben, weil Sie sonst kleine Wurzelteile abtrennen. Aus diesen würden unweigerlich neue Anemonen wachsen, die den Mutterpflanzen dann die Nährstoffe im Boden streitig machen. Pflanzen Sie keine neuen Gewächse im Herbst an, da sie dann nicht gut angehen. Warten Sie besser auf den Frühling.

Gießen Sie ausreichend, wenn es über längere Zeit trocken ist, und stützen Sie höhere Sorten durch Bambusstöcke oder Ähnliches ab. Die Herbstanemone ist nicht mit der im Frühjahr blühenden Knollenvariante zu verwechseln, auch Mittelmeeranemone genannt.
Medizinische Eigenschaften: Achtung, da die Pflanze in allen Teilen Giftstoffe enthält, die bei Berührung zu Hautreizungen führen können, sollten Sie bei der Arbeit Handschuhe tragen und mit dieser Pflanze keine medizinischen Experimente anstellen!
Magische Eigenschaften: Wenn Sie die ersten Blüten pflücken und getrocknet in einem Kräuterbeutel bei sich tragen, wehrt sie Erkältungen ab. Warme Kleidung und eine abhärtende Sauna können im Übrigen auch nicht schaden. Rote Anemonen – wie fast alle roten Blumen – schützen Haus und Hof.

das jahr
september
im gleichgewicht

Ob Sie nun einen Bilderbuchsommer oder eher einen der nasskalten Art erwischt haben, spätestens im September gibt es keinen Zweifel mehr, dass Sie sich mitten in der nächsten Jahreszeit befinden. Die Tage sind deutlich kürzer, auch wenn die Sonne gelegentlich noch wunderbar warm scheint. In diese Zeit fällt Mabon, das Hexenfest der Tagundnachtgleiche um den 22. September, das auch als zweites Erntedankfest zelebriert wird.   >>>

Damit steht die Gelegenheit günstig, auch in dieser Hälfte des Jahres das harmonische Gleichgewicht in Ihrem Garten auszuloten und alle Beteiligten auf den Winter vorzubereiten. Nachdem Sie den Sommer über all Ihre Pläne für einen Zauber-Garten oder einen magischen Balkon in die Tat umgesetzt haben, kommt nun die Zeit, die Früchte Ihrer Arbeit genauer unter die Lupe zu nehmen und schon mal einen Blick auf Zukünftiges zu werfen. Zu dieser Jahreszeit bringen Sie Ihren Garten ins Gleichgewicht – und da wir ja gar nicht anspruchsvoll sind, ganz nebenbei auch gleich den Rest Ihres Lebens. Im September allerdings mit umgekehrten Vorzeichen als im Frühjahr.

alle elemente unter einem (garten-)hut

Die Tagundnachtgleiche im Herbst ist sozusagen das zweite Bein, auf dem Ihr magisches Jahr steht, wenn Sie Wert auf einen harmonisch ausgewogenen Garten legen. September ist im Jahreszeitenzyklus das Gegenstück zum Monat März.

Über die letzten Monate haben Sie Ihren Garten – hoffentlich – ausgiebig bepflanzt, begossen und genossen. Sie sollten inzwischen ein sehr gutes Gespür bekommen haben, welche Ecken in Ihrem grünen Zimmer es energetisch besonders in sich haben oder wo es noch immer nicht so hinhaut, wie Sie sich das zu Beginn des Jahres vorgestellt haben.

Anlässlich dieser Tagundnachtgleiche können Sie abwägen, was es loszuwerden gilt, nicht umsonst beginnt hier das Sternzeichen der Waage. Was Sie für zu leicht befinden, lassen Sie dann im Oktober oder November endgültig los. Bis dahin haben Sie genug Zeit, sich genau zu überlegen, was Sie wirklich möchten – und los sein wollen.

Wie Sie ja bereits wissen, hängt die Harmonie in Ihrem Garten nicht nur von den Farben ab, in denen er blüht, sondern von vielen anderen Faktoren (➜ Januar). Wer sich noch weiter damit beschäftigt, kommt vielleicht auf die chinesische Lehre Feng Shui. Sie gibt eine Fülle von Anregungen, nach denen sich leicht ein energetisch gut geladener Garten anlegen lässt. Sie können aber auch das gute alte Pendel noch einmal bemühen. Wenn Sie die Übungen vom Jahresanfang (➜ Dezember) durchgeführt haben, kennen Sie die Energieverhältnisse in Ihrem Garten sehr genau, und vermutlich haben Sie schon einige Übung im Umgang mit den fünf Elementen aus Ihrem magischen Kreis. Die gleichen Elemente finden Sie auch in Ihrem Garten unter jedem Blatt, in jeder Pflanze – mal mehr, mal weniger vertreten. Um diese nun sinnvoll auszugleichen, ist es wichtig, sie genau zu kennen.

Wägen Sie also ab und gleichen Sie aus. Die unten aufgeführten Ausgleicher zum Selbermachen eignen sich im Übrigen nicht nur für Ihren Balkon oder Garten, sondern sind auch nette Geschenke für Ihre Lieben.

osten - luftige gedanken

Zur Himmelsrichtung Osten gehört in der europäischen Tradition das Element Luft. Es steht für Anfang, Bewegung, Frische und Intelligenz. Luft ist unsichtbar, Sie können sie nicht anfassen und doch ist sie lebenswichtig. Magisch gesehen ist die Luft das Element Ihres Verstandes. Die Farbe der Luft ist das Gelb des morgendlichen Himmels.
Es gibt eine ganze Reihe von Möglichkeiten, wie Sie diesem Element in Ihrem Garten besondere Geltung verschaffen: Sie können dafür

Bewegung aller Art verwenden, egal ob Sie nun selber im Garten herumtanzen oder ob Sie bewegliche Gegenstände aufhängen, die der Wind zum Tanzen bringt. In Ritualen verleihen Sie diesem Element Ausdruck, indem Sie etwas in die Luft werfen, Räucherwerk entzünden, visualisieren oder etwas Duftendes benutzen. Wenn Sie eine besondere Art von Musik suchen, die besonders gut zur Luft passt, dann wählen Sie Instrumente wie Flöten und alles, was sonst noch so geblasen wird.

Das Element Luft gehört im Jahreszeitenzyklus zum Frühling, zur Tageszeit Morgendämmerung und Sonnenaufgang. Astrologisch gesehen gehören die Zeichen Zwilling, Waage und Wassermann zu diesem Element.

windspiele basteln

In Ihren Garten befördern Mobiles und Windspiele am besten die Kräfte des Elements Luft. Entwerfen Sie beispielsweise ein Mobile aus Federn, die Sie besonders mögen, oder von Vögeln, die Ihren Garten häufig besuchen. Achten Sie aber darauf, dass diese Federn sozusagen freiwillig in Ihre Hände gelangen. Abgemurkstes Federvieh bringt höchstens unangenehme Energien in Ihre Nähe statt magische und gärtnerische Höhenflüge.

Eine einfache Möglichkeit, die Kraft des Windes in Ihre grüne Oase einzuladen, ist ein Windspiel, das Sie leicht selbst herstellen können. Damit verbinden Sie Bewegung und Klang.

Dieses Windspiel kriegen Sie auch hin, wenn Sie nicht gerade mit Bob dem Baumeister verwandt sind. Wählen Sie dafür Materialien aus, die Ihnen gefallen. Wenn Ihnen der Sinn nach Erdenergie steht, besorgen Sie sich Bambus. Im Prinzip eignet sich jedes Rohr; falls Sie jedoch nicht zu

windspiel

Sie brauchen:
- Bambus- oder Kupferrohr
- Säge
- Bohrer
- Gartenbast
- Glas- oder Holzperlen

kleinteilig bauen wollen, fragen Sie nach dickeren Röhren, zum Beispiel von zwei bis fünf Zentimeter Durchmesser. Was Sie nicht im Baumarkt bekommen, können Sie eventuell über eine Gärtnerei bestellen.

Die Bambusröhren müssen Sie zuschneiden. Dafür verwenden Sie am besten eine Stich- oder Kreissäge, falls Sie so etwas besitzen. Sonst leihen Sie sich eine. Sie können im Baumarkt auch fragen, ob Ihnen dort jemand den Zuschnitt macht, das Gleiche gilt für Tischlereibetriebe.

Wenn Sie Glück haben, müssen Sie dafür noch nicht einmal etwas bezahlen. Falls es mit dem Maschinenschnitt nicht klappt, können Sie auch mit einer geeigneten Handsäge zuschneiden.

Sägen Sie zuerst ein Querholz zu. Die Länge dieses Stückes bestimmt die Breite Ihres Windspiels. Bohren Sie in regelmäßigen Abständen Löcher durch diese Querstange. Die sollten so groß sein, dass Sie eine dicke Stopfnadel mit Bast oder einen Draht problemlos hindurchziehen können.

Wenn Sie sich nun zum Beispiel für fünf Längsteile entscheiden, damit die vier Elemente plus Spirit/Akasha mit von der Partie sind, schneiden Sie Ihren restlichen Bambus so zu, dass Sie entweder gleich lange Teile erhalten, oder Sie variieren die Längen nach Geschmack. Wenn Sie dem Ganzen noch zusätzlich Stil verleihen wollen, sägen Sie die Enden nicht gerade ab, sondern schräg wie die Mundstücke einer Panflöte. Die oberen Enden versehen Sie wiederum mit Löchern wie im Querstück.

Als Nächstes kommt der Spaßfaktor. Mit dem Bast hängen Sie Ihre Bambusröhren an die Querstange. Machen Sie einfache Knoten, Makrameeschnörkel oder verarbeiten Sie Holz-, Glas- oder Keramikperlen in Ihr Kunstwerk. Sie können auch zu Pinsel und Farbe greifen und jede Röhre in der entsprechenden Farbe des Elements anmalen. Übertreiben Sie es allerdings nicht, denn die Farbe verändert den Klang Ihres Windspiels.

Wenn Ihre Röhren fertig an der Querstange befestigt sind, machen Sie noch einen Henkel am Querstück fest und hängen Ihr Kunstwerk an den gewünschten Platz.

Sie können auch zu Pinsel und Farbe greifen. Übertreiben Sie es allerdings nicht, denn die Farbe verändert den Klang Ihres Windspiels.

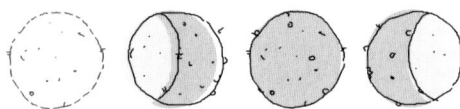

Wenn Sie mehr die Feuerenergie mithilfe eines metallenen Windspiels fördern wollen, dann besorgen Sie sich Metallrohr. Am einfachsten und preiswertesten ist Kupferrohr, das Sie beim Sanitärbedarf oder im Baumarkt bekommen. Wählen Sie die Stärke auch hier wieder nach Geschmack und Verfügbarkeit aus.

Das Zusägen des Kupfers ist nicht wesentlich schwieriger als das des Bambus, vorausgesetzt Sie haben das richtige Werkzeug zur Hand. Nehmen Sie auf jeden Fall eine Metallsäge, da Ihr Fuchsschwanz oder andere Sägen schnell unbrauchbar werden, wenn Sie das falsche Material bearbeiten.

Auch zum Bohren der Löcher brauchen Sie einen Metallbohrer. Ganz genial sind kleine Rohrschneider, wie sie Klempner verwenden. Die garantieren Ihnen nicht nur einen schnellen Schnitt, sondern auch einen splitterlosen Rand. Wenn Sie zu diesen handwerklichen Arbeiten keine Lust haben, bitten Sie einen Klempner, Ihnen zu helfen. Gute Freunde mit Hang zum Do-it-yourself sind bei solchen Vorhaben auch immer wieder gerne gesehen.

Gehen Sie ansonsten genauso vor wie beim Bambuswindspiel. Wenn Sie Ihre Röhrchen zusätzlich verzieren wollen, wählen Sie dafür Symbole aus, die Sie ins Metall ritzen, statt mit Farbe aufzupinseln. Auch hier können Sie wieder mit Perlen verschiedenster Art dekorieren. Wenn Sie andere Dinge wie zum Beispiel Federn hamstern, ist dies die Gelegenheit, sie praktisch zu verwenden. Machen Sie vor dem Gebrauch allerdings eine kurze Meditation oder pendeln Sie, um sicher zu gehen, dass die Federn auch in Ihren Garten wollen.

Achtung, welche handwerklichen Tätigkeiten Sie auch ausführen, tragen Sie entsprechende Schutzkleidung dabei! Dazu gehören Schutzbrillen, Handschuhe, geeignete Schuhe und eng anliegende Kleidung.

süden – aus feuer geboren

In den Süden Ihres Gartens gehört das Element Feuer. Es ist sowohl der Funke des Lebens, der alles erst ermöglicht, als auch die zerstörerische Kraft, die alles in Asche verwandelt. Im Gegensatz zu den anderen Elementen kann Feuer nicht lodern, ohne etwas anderes zu verbrennen; es hat keinen Bestand aus sich selbst heraus. Deshalb eignet es sich für alle Meditationen oder Rituale, die etwas verwandeln oder verändern sollen.

Das Element Feuer reinigt, zerstört, kräftigt und seine Farbe ist – wie auch anders – Rot. Nutzen Sie die Feuerkraft, wenn Sie etwas verändern wollen, Mut oder Schutz brauchen. Und nicht zu vergessen, wenn Sie einen Liebeszauber vorhaben. Zum Feuer gehören die heiße Mittagszeit und der Sommer, die astrologischen Zeichen des Widders, Löwen und Schützen. Wenn Sie Gitarre oder ein anderes Saiteninstrument spielen, verbindet Sie auch dieses mit dem Element Feuer.

kerzen ziehen

Die einfachste Möglichkeit, Feuer in Ihren Garten zu bringen, sind Kerzen oder Fackeln. Letztere selbst herzustellen ist nicht ganz einfach, Kerzen dagegen sind leicht gezogen. Sammeln Sie am besten Wachsreste von Kerzen, die Sie schon für magischen Zauber benutzt haben. Wenn Sie ge-

kerzen

Sie brauchen:
- Kerzenwachs, zum Beispiel Reste
- Einen alten Topf mit Henkel, den Sie nicht mehr in der Küche benötigen
- Joghurtbecher in verschiedenen Größen oder glatte, gut gereinigte Blechdosen in verschiedenen Größen
- Kerzendochte
- Wäscheklammern
- Stricknadeln oder Schaschlikspieße

nug beisammenhaben, besorgen Sie sich passende Kerzendochte, die zu einer Kerze von der Dicke eines Joghurtbechers passen. Erkundigen Sie sich in einem Bastelgeschäft oder im Internet, welche Stärke richtig ist, sonst brennt Ihre Gartenkerze hinterher nicht gleichmäßig: Ist der Docht zu dünn, brennt sie nur in die Mitte ein immer tieferes Loch, ist er zu dick, läuft sie aus.

Schmelzen Sie das Wachs als bunte Mischung in Ihrem Tiegel. Achtung, nicht kochen lassen, es besteht Verletzungsgefahr! Hängen Sie derweil Ihre Dochte mithilfe einer Brücke aus Stricknadeln und Wäscheklammern über die Dosenöffnung, sodass er in der Mitte baumelt. Beschweren Sie das Ende beispielsweise mit einer Büroklammer oder Ähnlichem. Wenn Ihr Wachs geschmolzen ist, geben Sie es vorsichtig in die Joghurtbecher oder in Ihre Dose. Aber nicht zu heiß einfüllen, sonst schmilzt das Plastik! Am besten eignet sich zum Füllen eine kleine Kelle aus Metall.

Die erste dünne Schicht ist besonders wichtig, da Sie damit das Ende Ihres Dochtes in der Mitte fixieren. Probieren Sie ruhig ein bisschen herum, damit es auch wirklich passt. Lassen Sie die erste Wachsschicht ganz hart werden, und geben Sie dann noch einmal etwa zwei Zentimeter drauf, die Sie wiederum völlig durchhärten lassen. Nehmen Sie Ihr Wachs zwischendurch immer wieder vom Herd, um es nur eben so flüssig zu halten, und achten Sie darauf, dass der Raum gut belüftet ist. Halten Sie Ihren Docht in der Mitte und füllen Sie den Rest ein. Lassen Sie Becher oder Dosen stehen, bis Ihre Kerze komplett ausgekühlt ist, am besten über Nacht. Achten Sie dabei auf eine feuerfeste Unterlage, damit das heiße Wachs kein Loch in Großmutters Erbschrank schmort.

Nach dem Auskühlen schneiden Sie die Joghurtbecher auf und, voilà, Ihre Kerze ist fertig. Die Dose halten Sie kurz unter heißes Wasser, bis sich die Kerze leicht herausschälen lässt. Wenn dabei der eine oder andere Rand stört und Sie sie nicht herauskriegen, dann bleibt sie zur Not einfach drin und Sie brennen sie so ab. Ihnen entgehen dann zwar die wunderschönen geringelten Farbeindrücke, aber dafür haben Sie gleich einen passenden Windschutz.

windlichter setzen

Wenn Sie keine Lust oder Zeit haben, ganze Kerzensortimente selbst herzustellen, können Sie auch einfach nur Kerzenhalter produzieren. Auch hier sind der Fantasie keine Grenzen gesetzt. Besonders schön machen sich im Garten Lichter, die Sie an Mauern, Zäunen, Spalieren und Bäumen aufhängen können.

Sammeln Sie einige Marmeladen- oder andere Vorratsgläser mit möglichst großer Öffnung. Gurkengläser, bei denen es schon schwierig ist, die Gurken aus dem Glas zu angeln, sind eher ungeeignet. Es sei denn, Sie hegen akrobatische Ambitionen und haben nichts gegen angebrannte Finger, wenn Sie versuchen, Ihr Teelicht in der Tiefe des Gurkenglases zu entzünden.

Schneiden Sie als Erstes etwa 50 bis 60 Zentimeter des Drahtes ab und winden Sie ihn zweimal um Ihr Glas, sodass es sicher in dieser Öse hängt. Aus dem Rest formen Sie einen Henkel, der mindestens zwanzig Zentimeter über dem Glas frei lässt. Verankern Sie alles so, dass sich Ihre Verbindungen nicht von selbst lösen können und Ihr Glas nicht herunterfällt. Wenn es der Draht zulässt, können Sie knoten, flechten oder eine Schlaufe reindrehen. Entscheidend ist die Sicherheit. Zur Not löten Sie die Verbindungen zusammen.

Wenn Sie mit Ihrer Befestigung fertig sind, kommt der künstlerische Teil der Arbeit – Sie merken schon, im September wird auch nicht eines Ihrer zahlreichen Talente geschont. Bemalen Sie das Glas mit Glasfarben oder befestigen Sie selbstklebende Motive von Window Colours darauf. Entwerfen Sie selbst welche, blättern Sie im Symbollexikon

windlichter

Sie brauchen:
- Marmeladen- und andere Gläser mit einem Rand für Schraubverschlüsse
- Draht
- Zangen zum Biegen des Drahtes
- Teelichter
- Glasfarbe oder Window Colours

oder lassen Sie sich von Tapetenmustern, Geschenkpapier oder Bucheinbänden inspirieren. Wenn Sie bereits einige Gläser hergestellt haben und Ihnen die Arbeit mit dem Draht leichter von der Hand geht, können Sie auch das fertig dekorierte Produkt verdrahten. Achten Sie dann nur darauf, Ihr Meisterwerk nicht zu zerkratzen oder sonst wie zu beschädigen. Auch diese handwerklichen Bastelarbeiten lassen sich wieder bestens verschenken. Sie können zum Beispiel für jedes der Elemente ein eigenes Dessin entwerfen und die Gläser entsprechend den Himmelsrichtungen in Ihrem grünen Paradies anbringen.

westen – wasser des lebens

Wasser ist eines der wertvollsten Güter unseres Planeten und doch gehen wir selten respektvoll damit um. Dieses Element ist neben der Luft eine der Grundvoraussetzungen zum Überleben der Menschheit, denn ohne das kostbare Nass sind wir schnell am Ende. Ohne Futter halten wir es schon länger aus.

Das Element Wasser gehört zur Himmelsrichtung Westen, dort, wo in Europa der Atlantische Ozean liegt. Mit Wasser verbinden sich Rituale zur Heilung, um Liebe zu vertiefen, zur Reinigung, zur Beruhigung und zum Loslassen; für den sechsten Sinn, Träume, Beziehungen und Freundschaften.

Die Farbe des Wassers ist blau und als Musikinstrument können Sie hier alles in Betracht ziehen, was nachklingt: Glocken, Zimbeln oder Triangeln. Sonnenuntergänge und die Abenddämmerung symbolisieren ebenso die Energie dieses Elements wie die Tierkreiszeichen Krebs, Skorpion und Fische; darüber hinaus die herbstlichen Erntezeiten und jede Form von Wasser selbst, wie Eis, Schnee und Nebel.

Mit Wasser verbinden sich Rituale zur Heilung, um Liebe zu vertiefen, zur Reinigung, zur Beruhigung und zum Loslassen.

wasserspiele installieren

Die Wasserenergie in Ihrem Garten stärken Sie am leichtesten mit einem Brunnen. Sie können dafür einfach in einen Laden gehen und vorgefertigte Wasserspiele erstehen oder aber selbst welche herstellen. Das Einzige, was Sie vom Fachmann einbauen lassen sollten, ist die Beleuchtung in der Nähe oder in Ihrem Wasser. Elektrizität und Wasser werden sonst schnell zu einer tödlichen Kombination. Handelsübliche Pumpen dagegen können Sie selbst in die Steckdose stecken, solange alle Außenkabel fachgerecht verlegt sind. Eine andere Möglichkeit sind Solarpumpen, die zum Beispiel von Firmen wie Waschbär oder Panda (➜ Anhang, Adressen) vertrieben werden. Surfen Sie auch im Internet, ob Sie in Ihrer Nähe jemanden finden, der solche Pumpen anbietet. Sie haben nicht nur den Vorteil, umweltfreundlich Strom und sprudelndes Wasser zu produzieren, Sie können außerdem mit Ihrem Brunnen jederzeit umziehen, da Sie mit der Stromquelle Sonne flexibel sind.

Überlegen Sie als Erstes, wo Sie Ihre Wasserspiele plätschern lassen wollen. Dort markieren Sie eine Fläche, die dem Durchmesser Ihrer Mülltonne entspricht. Sägen Sie nun so viel von dieser ab, bis Sie eine Wasserstelle von mindestens 60 cm Tiefe erhalten. Sie sind sonst im Sommer ständig damit beschäftigt, Wasser nachzufüllen. Sie werden überrascht sein, wie schnell es verdunstet.

Graben Sie Ihre gekürzte Tonne bis zum Rand ein und legen Sie das Metallgitter darüber. Dieses Gitter muss groß genug sein, um die Wasserfläche komplett zu bedecken, und stabil genug, dass Sie sich zur Not draufstellen können. Stellen Sie nun die Pumpe auf den Boden des Wasserbehälters und fädeln Sie das Stromkabel unter der Abdeckung durch.

wasserspiele

Sie brauchen:
- Stromanschluss oder Solarpumpe
- Wasserpumpe
- Größeren Blumentopf
- Mehrere große Steine
- Metallgitter, zum Beispiel ein Gartentor
- Plastikmülltonne
- Werkzeuge wie Sägen für Plastik und Metall
- Schutzbrille

Den Schlauch aus der Pumpe stecken Sie durch das Gitter. Legen Sie nun Ihre Steine dekorativ auf das Gitter, bis davon nichts mehr zu sehen ist, der Schlauch aber noch herausschaut. Schieben Sie diesen durch das Entwässerungsloch in Ihrem Blumentopf und legen Sie diesen seitlich gekippt auf Ihren Steinhaufen. Wenn Sie ihn aufrecht stellen, kann das Wasser nicht herauslaufen und er fällt dann leicht um. Beschweren und umgeben Sie ihn so mit Steinen, dass das Wasser zwar hervorplätschert, der Schlauch aber nicht zu sehen ist. Wenn alles stimmt, läuft das Wasser aus dem Topf über die Steinabdeckung in Ihre vergrabene Mülltonne zurück.

Um Ihr Wasserspiel persönlicher zu gestalten, können Sie auch Ihre Ritualgegenstände für den Garten um Ihren Brunnen herum drapieren.

Stellen Sie sicher, dass der Blumentopf nicht wegrollen oder -rutschen kann, damit nicht möglicherweise ahnungslose Haustiere davon überrascht werden. Basteln Sie so lange an Ihren Wasserspielen herum, bis Sie mit dem Design zufrieden sind. Um das Ganze noch persönlicher zu gestalten, können Sie beispielsweise Statuen von Elfen, Schnitzereien, besondere Halbedelsteine oder auch Ihre Ritualgegenstände für den Garten um Ihren Brunnen herum drapieren.

Wenn Sie einen Miniteich für den Balkon aufbauen wollen, dann sollte dafür genug Platz und die Tragfähigkeit gewährleistet sein. Sonst landen Sie mitsamt Ihrem Balkonteich womöglich beim Nachbarn darunter. Wenn Sie Gefäße von der maximalen Größe eines Eimers unterbringen können, dann besorgen Sie sich lieber eine Pumpe für einen Zimmerbrunnen und arrangieren Sie damit ein kleineres Gebilde. Das hat außerdem den Vorteil, dass Sie es im Winter mit in die Wohnung nehmen können und zugleich einen praktischen Luftbefeuchter haben. Der Nachteil ist, dass Sie Ihren Brunnen nur bei gutem Wetter draußen lassen sollten.

norden – erde unter den füßen

Welchem Gärtner muss man schon erklären, wie wichtig das Element Erde ist? Schließlich würde keine Ihrer Gartenpflanzen ohne Erde wachsen. Das handfesteste der Elemente, die Erde, gehört zum Norden und seine Farbe ist das Grün von Wäldern, Wiesen und allem, was die Erde an Fruchtbarkeit hervorbringt.

Dementsprechend können Sie dieses Element besonders gut verwenden, wo immer es um fruchtbare Beziehungen geht, ob das nun geschäftliche oder familiäre sind. Außerdem dient Ihre Gartenerde oder die Töpfe auf Ihrem Balkon dazu, Sie (buchstäblich) zu erden. Nichts bringt Sie schneller auf den Boden der Tatsachen zurück, als wenn Sie im Dreck wühlen. Jeder noch so hochtrabende Gedanke landet dabei schnell wieder im Hier und Jetzt. Sie können mit dieser Energie alles unterstützen, was Sie nährt und Ihnen Sicherheit gibt: von Geldzauber über Rituale für Jobs, Häuser- und Wohnungssuche bis zu blühenden Gärten.

Falls Sie trommeln, verbinden Sie sich damit wie bei allen anderen Percussion-Instrumenten mit dem Element Erde. Von der Jahreszeit her finden Sie bei der Erde den Winter, denn dort liegt die Wurzel allen Wachstums, die Tageszeit Nacht und die Tierkreiszeichen Stier, Jungfrau und Steinbock.

Die einfachste Methode, sich das Element Erde einzuverleiben, ist, sich einen Stein oder ein Salzkorn in die Tasche zu stecken. Vielleicht erinnern Sie sich, das Salz der Erde finden Sie nicht nur in der Bibel. Wenn Sie in einem Ritual Steine verwenden und diese dann auch noch vergraben, haben Sie gleich die doppelten Erdkräfte eingeladen.

steingarten anlegen

Wenn Sie im Garten, auf dem Balkon oder der Fensterbank das Element Erde stärken wollen, können Sie das mit jedem beliebigen Feldstein tun. Entscheidend ist nicht, woher Sie Ihren Felsbrocken bekommen, sondern was Sie daraus machen. Legen Sie ihn vielleicht in einem Steingarten der anderen Art an.

Beginnen wir diesmal mit der Fensterbank, denn das ist in diesem Fall die einfachste Lösung, die jede – auch noch so faule – Gartenhexe jederzeit verwirklichen kann. Besorgen Sie sich dafür Steine, die Ihnen gefallen. Wahrscheinlich haben Sie eh schon einige gehamstert, denn die meisten Menschen kehren von Spaziergängen am Meer oder in den Bergen nicht mit leeren Händen nach Hause zurück.

Wählen Sie sich eine magische Zahl aus, die zu Ihnen, den Steinen und Ihrem Vorhaben passt. Wenn Sie sich zum Beispiel mehr der Elemente in Ihrem täglichen Leben bewusst werden möchten, dann verwenden Sie fünf Steine in Ihrem Ritual (Luft, Feuer, Wasser, Erde plus Akasha). Überlegen Sie sich, wo und wie Sie die Elemente stärken und in Ihrem Leben verankern wollen, und legen Sie die Steine dort in Ihre Wohnung. Dabei muss der Stein fürs Element Wasser nicht unbedingt auf dem Wasserkasten der Klospülung liegen oder der Feuer-Stein auf einer Herdplatte. **Seien Sie einfallsreich und legen Sie Ihre Steine ruhig gelegentlich um, bis Sie den idealen Platz gefunden haben.** Eine weitere Möglichkeit wäre, Ihre Steine auf Ihren Hausaltar zu legen und dort beisammen zu lassen. Damit schaffen Sie einen kraftvollen Ankerplatz für Ihr Domizil und Ihre Vorhaben.

Wenn Sie Ihr Steinparadies auf dem Balkon aufbauen wollen, können Sie dafür zum Beispiel einen ganzen Blumentopf einrichten. Sie pflanzen dann dort kein Grünzeug, sondern füllen ihn komplett mit Steinen. Lassen Sie diese allmählich zu Ihnen kommen, dann haben sie eine wirklich persönliche Bedeutung, im Gegensatz zum Einkauf im Gartencenter. Sie können auch Halbedelsteine zu Ihren gewöhnlichen Felsbrocken legen. Die bekommen Sie überall dort, wo Zimmerbrunnen angeboten werden und auch in manchen Tierhandlungen. Wenn Sie gekaufte Steine verwenden oder geschenkt bekommen, reinigen Sie diese, bevor Sie ihnen einen Platz in Ihrem Haus oder Garten anbieten.

Ihr Steingarten – ob groß oder klein, drinnen oder draußen – bietet Ihnen eine Gelegenheit, jederzeit mit dem Element Erde in Verbindung zu treten: Stellen oder setzen Sie sich vor Ihre Steinsammlung und nehmen Sie einen davon in die Hand. Spüren Sie in die Erdenergie hinein, fühlen Sie die Stärke und bedächtige Bewegung, die zu diesem Element gehören. Lassen Sie sich davon unter die Arme greifen und leiten.

Wenn Sie in Ihrem Garten die Energie der Erde verstärken wollen, legen Sie beispielsweise eine Fläche mit Kieseln an; oder Sie verlegen persönlich ein paar größere Steine als Gartenweg, versammeln Steinhaufen in den vier Himmelsrichtungen oder stellen eine größere steinerne Statue in Ihrem Garten auf. In der kleineren Version passt die auch auf den Balkon oder auf die Fensterbank.

Specksteine eignen sich wunderbar dazu, Ihre ganz persönlichen Gartenstatuen zu entwerfen. Sie bekommen diesen leicht zu bearbeitenden Stein zum Beispiel in gut sortierten Bastelgeschäften, da gibt es allerdings meistens nur kleinere, handliche Brocken. Fragen Sie, ob Sie einen größeren bestellen können. Falls Sie im Bastelgeschäft nicht fündig werden, fragen Sie bei Steinmetzen, Herstellern von Grabsteinen oder auch Bildhauern nach.

Sie können Speckstein einfach mit Metall bearbeiten, da er so weich ist, dass Sie ihn zum Beispiel mit einem Nagel ritzen können. Tragen Sie dabei am besten Arbeitshandschuhe, damit Sie die Verletzungsgefahr mindern. Falls Sie Stücke abschlagen wollen, brauchen Sie außerdem eine Sicherheitsbrille. Schließlich sollten Sie das gute Stück auch nach der Vollendung noch mit beiden Augen begutachten können.

Wählen Sie für das Design Motive aus, die Ihre Verbindung zum Element Erde stärken. Ritzen Sie zum Beispiel ein Pentagramm (➔ Dezember)

steinstatue meißeln

Sie brauchen:
- Einen Speckstein der gewünschten Größe
- Metallmeißel zur Steinbearbeitung
- Schmirgelpapier von grob bis fein
- Diverse Feilen (flache und runde)
- Arbeitshandschuhe
- Sicherheitsbrille

ein, das Zeichen des Elements Erde oder Ihre persönliche Form einer Erdgöttin. Dabei kommt es nicht darauf an, dass jeder auf Anhieb Gaia oder Demeter wieder erkennt, sondern darauf, dass Ihr Gefühl Erdgöttin murmelt, sobald Sie Ihr Werk betrachten. Haben Sie Mut zu Ihrer Form und scheren Sie sich einen feuchten Kehricht um die Ansichten anderer zu Ihrem Kunstwerk. Bearbeiten Sie Ihre Statue so lange mit Meißel, Feile und Schmirgelpapier, bis Sie mit dem Ergebnis zufrieden sind. Seien Sie dabei nicht zu selbstkritisch, schließlich sind Sie nicht Michelangelo. Nachdem Sie Ihren Speckstein fertig bearbeitet haben, können Sie ihn mit einer kleinen Zeremonie oder auch einem großen Ritual mit den Erdgeistern in Ihrer Umgebung bekannt machen. Stellen Sie dabei nicht nur heraus, was Sie mit der Figur verbindet, sondern auch, was Sie mithilfe Ihres Steines für das Element Erde tun können.

akasha:
das fünfte element

Dieses Element ist allumfassend. Es enthält alles und nichts, löst alle Gegensätze auf und ist durch Begriffe kaum zu fassen. Stellen Sie es sich wie den Mörtel zwischen den Steinen vor, ohne diesen bliebe keine Mauer stehen. Leihen Sie sich am besten den gleichnamigen Film aus: »Das fünfte Element« von Luc Besson. Da sehen Sie auf sehr vergnügliche Weise, was es damit auf sich hat, zumindest so ungefähr.

Dieses schlecht greifbare Element verbindet die anderen miteinander. Um ein Gefühl für Akasha zu bekommen, nutzen Sie Ihre Meditationen oder anderen Entspannungsübungen. Wenn Sie Augenblicke erleben, in denen Sie sich ganz ruhig fühlen und völlig im Hier und Jetzt stehen, keinerlei hektische Gedanken durch Ihr Hirn sausen und Sie sich ganz wohl fühlen – dann stimmt die Verbindung zu Akasha. Leider lässt sich diese nicht absichtlich herstellen. Sie können Sie nur »passieren« lassen – ganz absichtslos und heiter.

september gewächse

Prachtspiere
Astilben-Arten

△ ♂

Farbe: weiß, rosa und rot
Blüte: September – Oktober
Höhe: 30 – 80 cm

Aussaat und Vermehrung: Am besten pflanzen Sie kleine Stauden aus dem Gartencenter schon im Frühjahr, damit sie bis zum Herbst Zeit haben, sich richtig zu verwurzeln. Sie können Sie auch selbst aus Samen ziehen; möglicherweise blühen sie dann erst im zweiten Jahr.

Standort und Bodenanforderung: Schattig oder halbschattig, keine volle Sonne; ideal unter Bäumen oder auf der Schattenseite einer Hecke; feuchter Boden, gute, fette Erde.

Pflege: Düngen Sie mindestens einmal im Jahr, im Frühling. Schneiden Sie verblühte Stiele nicht ab, sonst entgeht Ihnen die sehr dekorative Trockenblume. Da sich die *Astilbe* über den Winter vollständig in die Erde zurückzieht, reicht es, wenn Sie erst im Frühjahr die alten Blätter entfernen. Die feingliedrigen, trockenen Blüten im Schnee können sehr hübsch aussehen.

Medizinische Eigenschaften: keine.

Magische Eigenschaften: Sie übertragen die Kräfte des Feuers auf Sie. Nutzen Sie Prachtspieren für einen Schutzzauber.

Elemente	
△	Feuer
▽	Wasser
⊽	Erde
⊿	Luft
Planeten	
♃	Jupiter
♂	Mars
☉	Sonne
♀	Venus
☿	Merkur
☽	Mond
♄	Saturn
Sonstiges	
✳	pflegeleicht
!!!	Vorsicht geboten!

Sonnenblume
Helianthus-Arten

Farbe: gelb
Blüte: September, viele auch schon früher im Sommer
Höhe: bis 2 Meter

Aussaat und Vermehrung: Diese Sommerblume kommt zum Beispiel durch Vögel in Ihren Garten, das heißt völlig arbeitslos, oder Sie streuen im Herbst oder Frühjahr selber Sonnenblumenkerne (mit Schale!) in die Erde. Nach der ersten Blüte vervielfältigt sich diese Pflanze so nachhaltig, dass Sie ihr vermutlich bald an die Blätter gehen müssen, wenn Sie nicht ein riesiges Sonnenblumenfeld in Ihrem Garten wünschen.
Standort und Bodenanforderung: Mag keine nassen Füße, liebt pralle Sonne.
Pflege: An windigen Tagen kann Ihre Sonnenblume abknicken, deshalb sehr üppige Exemplare anbinden.
Medizinische Eigenschaften: Sonnenblumenöl eignet sich als reines Pflanzenprodukt gut zum Kochen und Backen. Sie können es – anders als Olivenöl – zum Beispiel im Wok verwenden, da es auch höhere Temperaturen verträgt, ohne zu verbrennen. Die Kerne roh gegessen sind sehr nahrhaft und enthalten eine Menge Fett, also Vorsicht, wenn Sie auf Ihr Gewicht achten wollen.
Magische Eigenschaften: Wenn Sie einer Sache auf den Grund gehen wollen, legen Sie eine Sonnenblume unter Ihr Bett und Sie kommen leichter an die Wahrheit. In Ihrem Garten verheißt sie allgemein Glück für alle Bewohner.

> Nach der ersten Blüte vervielfältigt sich diese Pflanze so nachhaltig, dass Sie ihr vermutlich bald an die Blätter gehen müssen, wenn Sie nicht ein riesiges Sonnenblumenfeld in Ihrem Garten wünschen.

(herbst)─(263)

oktober
jahresausklang

Inzwischen ist es unübersehbar herbstlich geworden in Ihrem Garten, und abgesehen von den anstehenden praktischen Arbeiten können Sie Ihren grünen Flecken jetzt auch magisch auf die winterliche Ruhezeit vorbereiten.   >>>

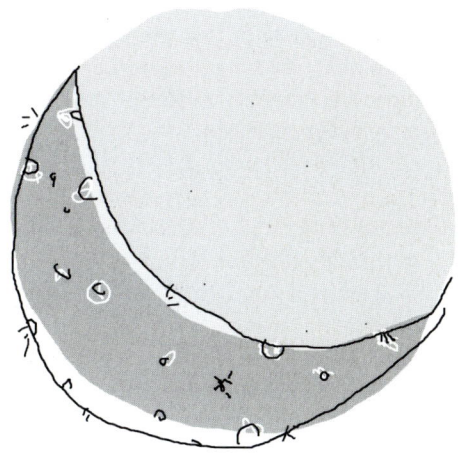

Im Oktober gibt es keine Tagundnachtgleiche, keine Sonnenwende und keine beginnende Jahreszeit zu feiern. Ein eher langweiliger Monat, könnte man meinen, aber schließlich scheint auch in diesem Oktober der Mond. Wie wäre es also mit einem großen Ausmisten auf dem Balkon, im Garten – und wenn Sie schon dabei sind, vielleicht auch noch in der einen oder anderen Ecke Ihrer Wohnung oder Ihres sonstigen Lebens? Bevor der Winter anbricht, wäre es schön, das Gartenjahr mit einem kleinen Mondzauber für Ihre Gartenzwerge abzurunden – und damit sind hier nicht die kleinen Kerlchen mit den roten Mützen gemeint.

altes loslassen

Magische Zutaten
- Gegenstände, die die vier Elemente symbolisieren

Auf der rein praktischen Ebene geht es beim Aufräumen in Ihren Balkonkästen oder in Ihrem Hexengarten um verwelkte Blätter, abgeblühte Stauden und andere Überbleibsel, auf die sich schon Ihr Kompost freut. Ziemlich zeitraubend wäre es, für jedes einzelne Blättchen und jeden Grashalm eine eigene Meditation abzuhalten, aber für alles zusammen lohnt es schon.

Nehmen Sie sich etwas Zeit und warten Sie auf einen sonnigen Herbsttag. Falls sich ein solcher nicht einstellt, ziehen Sie sich entweder sehr warm an und meditieren im Stehen oder Sie verlegen das Ganze in die warme Stube. Entscheiden Sie selbst, ob Sie wirklich im Freien sein müssen, um eine Verbindung zu Ihren Pflanzen und den dazugehörigen Geistern aufzubauen.
Setzen Sie sich an Ihren Kraftplatz in der Wohnung und entspannen Sie sich. Beobachten Sie Ihren Atem und richten Sie Ihre Aufmerksamkeit

auf die Monate des vergangenen Jahres. Gehen Sie in Ihren Erinnerungen spazieren und merken Sie sich, was es zu verändern gab, was Sie gern loswerden möchten und welche Pflanzen umziehen sollten. Es geht nicht darum, dass Sie beim Zurückkommen jede Einzelheit genau behalten haben, aber Sie werden auf jeden Fall ein gutes Gefühl dafür bekommen, welche Aufräumarbeiten angesagt sind. Damit können Sie ganz nach Belieben jetzt schon beginnen oder Sie nehmen es sozusagen nahtlos mit in den November.

Vielleicht fällt Ihnen bei dieser Gelegenheit ja auch etwas aus Ihrem übrigen Leben ein, das Sie gern mitkompostieren möchten; sei das nun eine vergangene Liebe, ein langweiliger Job oder eine zerbrochene Freundschaft. Auch die können Sie in Ihre Gartenarbeit mit einbeziehen. Wenn Sie genügend Eindrücke gesammelt haben, kehren Sie wie üblich in Ihre alltägliche Wahrnehmung zurück.

Schreiben Sie sich am besten auf, was Ihnen im Gedächtnis geblieben ist oder was Ihnen sonst noch zu diesem Thema einfällt. Sie können im Anschluss daran auch ein regelrechtes Brainstorming durchführen, um möglichst viele Ideen zu sammeln, ganz wie es Ihnen am besten gefällt. Wenn Sie sich nun Ihrer Gartenarbeit zuwenden, nehmen Sie Ihre Ritualgegenstände mit und legen sich um Ihren Arbeitsplatz eine Art magischen Kreis. Auf dem Balkon legen Sie die Gegenstände an die entsprechenden Wände, im Garten an die Grenzen Ihres Grundstücks. Schließen Sie aber Ihren magischen Kreis diesmal nicht, da Sie kaum ausschließen können, dass der Briefträger oder Nachbars Hasso mal eben vorbeischaut und Sie dann aus Ihrem Kreis heraustreten müssten.

Nehmen Sie Verbindung zu den Elementen auf, sagen Sie sozusagen kurz Guten Tag, und seien Sie sich bei Ihrer Arbeit immer der Luft-, Feuer-, Wasser- und Erdgeister bewusst. Betrachten Sie das Ende der Fülle höchstens mit einer Unze Wehmut, denn der Winter ist nichts weiter als die Vorbereitung auf den nächsten Frühling. Bedanken Sie sich während der Gartenarbeit bei den Geistern, die Sie das Jahr über begleitet haben.

Betrachten Sie das Ende der Fülle höchstens mit einer Unze Wehmut, denn der Winter ist nichts weiter als die Vorbereitung auf den nächsten Frühling.

sträucher und hecken schneiden

Wenn Sie in Ihrem Garten oder in einem Topf auf dem Balkon einen größeren Busch oder einen Baum beherbergen, kommt vermutlich irgendwann die Frage auf Sie zu, wann, was und wie viel Sie zurückschneiden. Bevorzugen Sie Hecken statt Zäunen, stellt sich diese Frage gleich mehrmals im Jahr.

Zunächst gilt es, ein Reihe praktischer Überlegungen zu beachten. Es ist zum Beispiel nicht gestattet, Bäume, Sträucher oder auch Hecken während der Brutzeit der Vögel zu schneiden. Ausnahme: kleine Buchsbäumchen, die Sie mit der Nagelschere zu hübschen Figuren trimmen können. Das versteht sich ja auch von allein, denn wer will schon die Nester von niedlichen kleinen Piepmätzen zerstören? Doch nicht nur Vögel, sondern auch so mancher nützliche Käfer, Wurm oder Schmetterling braucht ungestörte Ruheplätze und Jagdgründe. Allein die Anzahl höchst brauchbarer Spinnen, die sich in Ihren Büschen und Bäumen tummeln, ist erheblich. Gönnen Sie also im Frühjahr und Sommer allen Lebewesen in Ihrem Garten so viel Ruhe wie möglich.

Wenn es irgend geht, schneiden Sie zu diesen Zeiten auch noch so unansehnlich in die Höhe schießende Hecken nicht. Genau genommen brauchen Hecken nur zweimal im Jahr gekürzt zu werden. Auf diese Weise erhalten Sie zwar keine geschnittenen Gartenwände wie aus dem Bilderbuch, doch dafür eine ökologisch sinnvolle Variante der Gattung Hecke. Es gibt eine ganze Reihe von traditionellen Heckenpflanzen, die Sie am besten gar nicht schneiden, die aber mit ihrer Vielfalt an Blattformen und Größenunterschieden Ihren Garten dennoch wunderschön einrahmen.

Doch zurück zum Heckenschnitt. Ebenso wie es für Ihren Haarschnitt gute und schlechte Tage gibt, trifft das auch auf Hecken zu. Bei abnehmendem Mond ist ein Beschnitt von Pflanzen am unproblematischsten, weil zu dieser Zeit die Lebenssäfte in den Pflanzen absteigen. Wenn Sie dagegen bei zunehmendem Mond schneiden, könnten sie »verbluten«, dass heißt, zu viel Saft verlieren.

> **Bei abnehmendem Mond ist ein Beschnitt von Pflanzen am unproblematischsten.**

magischer schnitt

Beim Thema Mond sind wir auch schon wieder bei den nicht ganz so üblichen Garten-Überlegungen angelangt. Beim Heckenschnitt gilt es nicht nur, den Mond einzubeziehen, sondern auch alle anderen Energiequellen. Vergessen Sie nicht, dass Sie ein Teil der Welt sind, in der Sie leben. Wenn Sie nun einen Teilbereich, eine Pflanze, ein Lebewesen beispielsweise, respektlos behandeln, fällt das auf Sie zurück. Gehen Sie etwa mit den Pflanzen Ihrer Umgebung nicht gut um, dann fehlt Ihnen deren freundliche Energie. Anstatt in Ihrem Garten aufzutanken, könnte dann Ihre vermeintliche Oase sehr an Ihren Kräften zehren. Sie würden das vermutlich kaum bemerken, ist doch der heutige Alltag stressig genug, um so gut wie jede feinere Wahrnehmung auszuschalten.

Machen Sie vor dem Heckenschnitt – einen Baumschnitt sollten Sie unbedingt Fachleuten überlassen – eine kurze Übung, um sich mit Ihrem Garten in Einklang zu bringen. Nachdem Sie die richtige Mondphase abgewartet haben, nehmen Sie sich am Tag vor Ihrer Gartenaktion etwas Zeit.

Wenn Sie mögen, schließen Sie Ihren Elementkreis, aber denken Sie daran, dass Sie dabei ganz geschützt und ungestört sein sollten. Es reicht auch schon, wenn Sie sich einfach nur in Ruhe hinsetzen und an Ihren Meditationsplatz begeben – im Inneren oder im Freien.

Entspannen Sie sich und schließen Sie die Augen. Lassen Sie einfach nur Ihre Aufmerksamkeit durch Ihre Umgebung wandern, gehen Sie in Gedanken durch Ihren Garten oder auf Ihren Balkon. Nehmen Sie besonders die Kräfte wahr, die Sie mit Ihrem Beschnitt verändern werden. Erklären Sie Ihr Vorhaben, das heißt, beschreiben Sie es wie einer guten Freundin. Bitten Sie um Erlaubnis und hören Sie auf Ihre innere Stimme. Auch wenn es nicht sehr wahrscheinlich ist, vielleicht bestehen Ihre Gartengeister auf einer grünen Wildnis und haben für einen Heckenschnitt gar nichts übrig. Eventuell geben sie Ihnen auch interessante und nützliche Hinweise, was Ihren Garten, Bäume, Büsche und alle anderen Gewächse betrifft. Hören Sie einfach nur genau hin und lassen Sie sich leiten.

Machen Sie vor dem Heckenschnitt eine kurze Übung, um sich mit Ihrem Garten in Einklang zu bringen.

Wenn Sie so weit sind, kommen Sie wieder ins Jetzt zurück. Bewegen Sie Hände und Füße, damit Sie auch ganz ankommen.

Am besten lassen Sie zwischen der Meditation und Ihrem Heckenschnitt ein wenig Zeit vergehen. Wer weiß, vielleicht überlegen es sich Ihre Büsche wieder anders ...

verabschiedung zu neumond

Ob Sie nun etwas für flatterhafte Elfen übrig haben oder erdverbundene Zwerge vorziehen: Ihr Garten lebt. Und Ihre guten Gartengeister haben den Sommer über ausdauernd neben Basilikum und Ringelblumen gewacht und sie gegen Schnecken, Katzen und Kinderhände verteidigt. Da der Winter vor der Tür steht, ist es Zeit, Ihr Paradies sanft auf diese Ruheperiode einzustimmen. Zum letzten Monat des Jahreszeitenzyklus gehört die letzte Mondphase, der Neumond.

Die Kraft dieser Mondphase zeigt sich in einem sanften, aber kraftvollen Hinwegspülen von allem, was nicht mehr hierher gehört. Sie können dieser Energie alles anvertrauen, was Sie loswerden wollen, ob das nur der Kompost oder eine verflossene Liebe ist.

Um sich von etwas zu verabschieden, sollten Sie erst mal wissen, was Sie wirklich hinter sich lassen wollen.

Um sich von etwas zu verabschieden, sollten Sie erst mal wissen, was Sie wirklich hinter sich lassen wollen. Wenn Sie zum Beispiel meinen, Sie brauchten einfach nur mehr Geld, um endlich diese ständige Panik vor dem Pleitegeier ablegen zu können, dann befinden Sie sich auf dem falschen Dampfer. Tatsächlich wäre es in diesem Fall viel nützlicher, sich die wahren Knoten in Ihrer Seele vorzunehmen und einen durchdringenden Blick auf Ihre ganz persönlichen kleinen Saboteure zu werfen. Die reden Ihnen nämlich unentwegt ein, dass Sie einfach nichts ändern können, dass es im Leben nun mal so ist

und dass es sich nicht lohnt, etwas zu verändern – denn wer weiß, was dann auf einen lauern könnte. Diese fiesen Sabo-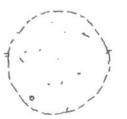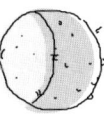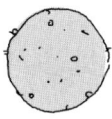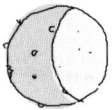
teure sollten Sie im Oktober endlich rausschmeißen. Ob Sie nun Wildkräuter aus Ihrem Beet oder Unkraut aus Ihren Gedanken entfernen, Ihr Kompost wird sich freuen – und Sie und der Garten atmen danach erleichtert und freier wieder auf.
Machen Sie sich also als Erstes klar, welche Verhaltensweisen, Gegenstände oder Beziehungen Sie gewählt haben, um bestimmte Wünsche, Träume oder Bedürfnisse nicht zu Wort kommen zu lassen. Und sparen Sie sich am besten gleich den Protest, dass es doch schließlich Situationen gibt, die Sie wirklich nicht unter Kontrolle haben. Stimmt, aber wie Sie darauf reagieren, das liegt ganz allein bei Ihnen. Also ran an den Speck – Sie brauchen ja niemandem zu erzählen, welche düsteren Geheimnisse Sie aus- oder auch vergraben.

meditation beim jäten

Besonders gut können Sie diese Meditation in Sachen Ehrlichkeit beim Jäten ausüben. Inzwischen haben Sie genug Übung, um Ihre Aufmerksamkeit auf beides richten zu können. Wenn Ihnen das zu schwierig erscheint, jäten und meditieren Sie einfach abwechselnd: Buddeln Sie fleißig aus, und sobald Ihnen Rücken oder Knie wehtun, gönnen Sie sich eine Pause, in der Sie über Ihren Seelenmüll nachdenken. Nehmen Sie sich für diese Gelegenheit wieder etwas zum Schreiben mit in den Garten, dann gelingt Ihr Vorhaben besser. Was Sie einmal zu Papier gebracht haben, werden Sie hinterher nicht mehr so einfach ignorieren können – Ehrlichkeit fällt Ihnen so leichter.
Wenn Sie mit dem Jäten und Sammeln von Sabotageeinheiten fertig sind, suchen Sie sich ein ruhiges Plätzchen, an dem Sie niemand stört. Wer im Seelenmüll wühlt, braucht keine weitere Unterhaltung.
Probieren Sie es zur Abwechslung mal mit einer Miniübung zum Thema Loslassen. Stellen Sie sich in die Mitte eines Raumes oder Gartens ent-

spannt, aber aufmerksam hin. Das heißt, dass Sie die Arme locker hängen lassen, den Kopf gerade auf den Schultern tragen. Drücken Sie Ihre Knie nicht ganz durch. Das fühlt sich so an, als wenn Sie sich gleich hinsetzen wollten. Ihre Füße stehen etwa schulterbreit auseinander.

Schließen Sie nun die Augen und atmen Sie wie gewohnt ruhig. Richten Sie Ihre innere Aufmerksamkeit auf das Thema, das Sie loswerden wollen. Heben Sie Ihre Hände so, als wollten Sie Beifall klatschen. Verharren Sie einen Augenblick. Dann öffnen Sie schnell die Augen, sehen auf Ihre Hände und klatschen einmal laut. Dabei atmen Sie die Luft in Ihren Lungen und Ihr Thema aus. Klatschen Sie noch dreimal kurz hinterher und bekräftigen Sie das zum Beispiel mit einem knappen: »Hinweg, hinweg, hinweg!«

Schließen Sie nun noch einmal die Augen und lassen Sie Ihre Arme langsam in die Ruheposition zurücksinken. Verharren Sie so einen Augenblick und kehren Sie dann wieder ganz in die alltägliche Wirklichkeit zurück.

Diese Übung können Sie täglich durchführen. Sie werden damit zum Beispiel alles los, was Ihnen tagsüber begegnet ist und was Sie nicht in den nächsten Tag mitnehmen wollen.

zudecke aus mondlicht

Für die kalte Jahreszeit gönnen Sie Ihren empfindlicheren Pflanzen sicherlich einen Frostschutz, schützen Sie darüber hinaus auch Ihre Pflanzengeister durch eine freundliche kleine Mondlichtübung. Wenn Sie es sich leicht machen wollen, weichen Sie dafür vom Neumond ab, dann haben Sie zumindest etwas sichtbares Licht. Wenn Sie ganz besonders abenteuerlustig sind, probieren Sie es stattdessen mal mit Sternenlicht oder tatsächlich mit dem Neumond. Schließlich steht Ihnen dessen Energie auch zur Verfügung, wenn Sie nur seinen Umriss erkennen können.

Suchen Sie sich eine Nacht mit klarem Himmel aus. Die Geübteren können es ruhig auch mal bei bewölktem Firmament probieren. Das erhöht sozusagen den Schwierigkeitsgrad Ihres Vorhabens und Sie können so gut Ihre Fähigkeiten beim Visualisieren testen.

Da die Nächte schon ziemlich kalt sein können, sollten Sie diesen Freundschaftszauber entweder drinnen ausführen oder sich dick anziehen. Nichts stört die Aufmerksamkeit mehr, als wenn Sie mit den Zähnen klappern. Setzen Sie sich zum Beispiel in die offene Balkon- oder Terrassentür. Dort ist es nicht ganz so eisig und außerdem windgeschützt und trocken. Von dort können Sie ebenso gut mit Ihrem Garten in Verbindung treten.

Entspannen Sie sich und rufen Sie in Gedanken alle herbei, die in Ihrem Garten mitwerkeln. Vielleicht sehen Sie bestimmte Gestalten, möglicherweise spüren Sie nur eine verschwommene Anwesenheit, vielleicht merken Sie beim ersten Mal auch gar nichts. Verlassen Sie sich darauf, man hört Ihnen trotzdem genau zu. Schließen Sie die Augen und rufen Sie das Mondlicht vom Himmel, lassen Sie alle – sich selbst eingeschlossen – darin baden. Genießen Sie diese sanfte Energie.

Schließen Sie die Augen und rufen Sie das Mondlicht vom Himmel.

Stellen Sie sich nun das Mondlicht wie fein gesponnene Fäden vor. Weben Sie in Ihrer Vorstellung daraus eine warme, weiche und leuchtende Decke, die Sie über den gesamten Garten breiten. Wickeln Sie alle empfindlichen Pflanzen sachte darin ein und lassen Sie an mehreren Stellen etwas überstehen, damit sich Ihre Elfen, Gartenzwerge und wer da sonst noch so kreucht und fleucht, hineinkuscheln und darunter behaglich überwintern können. Lassen Sie einen kleinen silbernen Faden als Verbindung zum Mond übrig, um die Energieversorgung für Ihre Decke aus Mondlicht zu sichern – und denken Sie daran, im nächsten Frühjahr die Winterbettdecke aus Ihrem Garten wieder hochzuziehen.

Wenn Sie mit Ihrer Übung fertig sind, gönnen Sie sich ein heißes Bad mit etwas Sonnenwasser und einer Prise Kräutern: Kamille und Rosenblätter für eine neue Liebe oder etwas Salbei und Rosmarin für klare Gedanken. Das Badewasser können Sie hinterher zum Gießen verwenden, wenn Sie keine Seife benützen.

So gut versorgt, gebadet in Sonnenwasser und Mondlicht, kann der Winter für Sie und Ihren Garten ruhig kommen.

oktober gewächse

Alpenveilchen
Cyclamen-Arten

Elemente	
△	Feuer
▽	Wasser
⊽	Erde
⊼	Luft
Planeten	
♃	Jupiter
♂	Mars
☉	Sonne
♀	Venus
☿	Merkur
☽	Mond
♄	Saturn
Sonstiges	
✺	pflegeleicht
!!!	Vorsicht geboten!

Farbe: rot, rosa und rotlila
Blüte: Oktober – Dezember
Höhe: 10 – 25 cm

Aussaat und Vermehrung: Sie können die kleinen Stauden im Herbst aus Samen ziehen oder einfach sich selbst überlassen. Die Knollenpflanze vermehrt sich dann von allein.

Standort und Bodenanforderung: Sonne oder Halbschatten; nährstoffreiche Gartenerde.

Pflege: Falls Sie diese Pflanze in Töpfen untergebracht haben, nehmen Sie diese den Sommer über aus der Erde und lagern Sie sie kühl und trocken. Setzen Sie sie nach dem Sommer wieder ein und wässern sie, um das neue Wachstum anzuregen. Gießen Sie nur von unten. Achten Sie beim Kauf darauf, ob das Alpenveilchen für drinnen oder draußen geeignet ist, da es sonst eingeht.

Medizinische Eigenschaften: Überlassen Sie die Anwendung unbedingt den Profis.

Magische Eigenschaften: Es sorgt in Haus und Garten dafür, dass ein schweres Herz wieder leichter schlägt und schützt Schläfer vor bösen Träumen.

Aster
Aster-Arten

Farbe: alle Rotschattierungen, weiß und gelb
Blüte: Oktober – November
Höhe: 10 – 50 cm

Aussaat und Vermehrung: Die unermüdlichen Polsterstauden können Sie am einfachsten durch Teilung des Wurzelballens vermehren. Nehmen Sie sich diese Arbeit für den Frühling vor oder nach der Blüte im Herbst. Teilen Sie den Wurzelballen und pflanzen Sie ihn gleich wieder ein.

Standort und Bodenanforderung: Sonne oder Halbschatten; gute Gartenerde, nicht zu feucht.

Pflege: Geben Sie ein- oder zweimal im Jahr Kompost, im Frühling und Herbst.

Medizinische Eigenschaften: Überlassen Sie die Anwendungen unbedingt den Profis.

Magische Eigenschaften: Die alten Griechen legten diese Blumen auf den Altar sämtlicher Götter, da sie jedem genehm waren. Pflanzen Sie Astern, wenn Sie die Liebe in Ihrem Leben stärken wollen. Als mehrjährige Staude eignet sie sich allerdings nicht für kurzfristige Wünsche in dieser Richtung, es sei denn, Sie suchen ständig neue Partner. Schenken Sie der neuen Flamme ein Bouquet, damit Sie sich herzlich verbunden bleiben.

> Pflanzen Sie Astern, wenn Sie die Liebe in Ihrem Leben stärken wollen. Schenken Sie der neuen Flamme ein Bouquet, damit Sie sich herzlich verbunden bleiben.

anhang

- adressen
- literatur
- autorin
- register
- bildnachweis

adressen

Für weiter gehende Fragen zum Thema **schamanische Reisen und magische Rituale** wenden Sie sich bitte an die Autorin:
ravenowl@esatclear.ie
Oder sehen Sie im Netz unter www.ravenowl.com nach.

Naturwuchs
Postversand von Pflanzen aus ökologischem Anbau. Die Firma hat sich auch auf traditionelle Heckenpflanzen spezialisiert. Sie können dort verschiedene Mischungen an Sträuchern erstehen, je nachdem, ob Sie lieber was Blühendes oder Schutzräume für brütende Vögel schaffen wollen.

Gärtnerei Naturwuchs
Bardenhorst 15
D-33739 Bielefeld-Vilsendorf
Tel. 05 21/87 51 500
Fax 05 21/8 53 56
E-mail info@naturwuchs.de

Ökologisch Nützliches für Garten (und Haus) finden Sie bei folgenden Versandhäusern:

Panda (liefern nur in Deutschland)
Dieser Ökoversand vertreibt Solarpumpen für Wasserspiele und wurde ursprünglich vom WWF gegründet.
www.panda.de
Bestellfax 01 80/5 23 23 20

Waschbär (liefern auch innerhalb Europas)
Waschbär vertreibt ebenfalls Solarpumpen für Wasserspiele und ist auch ein Ökoversand mit ähnlichen Vorgaben wie Panda.

Waschbär Umweltversand
Triaz GmbH
D-79093 Freiburg
www.waschbaer.de
bestellannahme@waschbaer.de (zum Anfordern einer Bestellkarte)
kundenservice@waschbaer.de (zum Anfordern des Katalogs)

Fragen zu Produkten und Lieferzeiten beantwortet der Kunden-
beratungs-Service
unter Telefon 01 80/5 82 72 10 (€ 0,12/min)
(Mo.–Fr. 9.00–17.00 Uhr)

Persönliche Bestellannahme rund um die Uhr
unter Telefon 01 80/5 39 56 56 (€ 0,12/min)
Bestellfax 07 61/13 06-1 50

Spinnrad
Der Versand führt zum Beispiel die nötigen Fläschchen für die
Herstellung Ihrer Tinkturen und runde Metallnetze fürs Räuchern,
Räucherwerk, Windspiele, Statuen und anderes, was sich für
Ihre magischen Vorhaben eignet. Ob es Spinnrad-Läden in Ihrer Stadt
gibt, entnehmen Sie bitte dem Branchenverzeichnis.
www.spinnrad.de

Wünschelrutengänger
Wenn Sie in Ihrer Gegend einen Wünschelrutengänger finden wollen, hören Sie sich als Erstes
bei Nachbarn und Freunden um. Sehen Sie
ansonsten in einschlägigen Magazinen
nach, die zum Beispiel Workshops
zu esoterischen Themen im Angebot haben. Oder Sie surfen unter
diesem Stichwort im Netz, um
jemand Passenden in Ihrem
näheren Umkreis zu finden.

literatur

Um Ihren **Wohnbereich und Garten** energetisch ins Lot zu bringen, können Sie eine ganze Menge unternehmen. Anregungen finden Sie zum Beispiel in:

Ulrike Ascher: **Wohnen mit Magie,** Goldmann Verlag, München 2002

Wenn Sie auf den Geschmack gekommen sind und die **magische Sichtweise** auch auf andere Lebensbereiche übertragen wollen:

Ulrike Ascher: **Hexeneinmaleins für freche Frauen.** Magie für den Alltag, Hugendubel Verlag, Kreuzlingen/München 2000

Ulrike Ascher: **Liebeseinmaleins für freche Frauen.** Magie für 1001 Nacht, Hugendubel Verlag, Kreuzlingen/München 2001

Ulrike Ascher: **Hexendiät.** Magie und Küchenzauber gegen Pfunde, Heyne Verlag, München 2002

Zum Thema **Mondenergie** finden Sie Ausführliches in:

Johanna Paungger/Thomas Poppe: **Vom richtigen Zeitpunkt.** Die Anwendung des Mondkalenders im täglichen Leben, München 1999

Helga Föger: **Mondkalender,** München (erscheint jährlich)

autorin

Ulrike Ascher, geboren 1960, ist Journalistin, Übersetzerin und »freischaffende Hexe«. Nach einigen Jahren Arbeit für Greenpeace wechselte sie ganz in den Journalismus. Unter anderem war sie in dieser Zeit Chefredakteurin des Magazins *Irish Life* und Lektorin für englische Literatur. Bereits in den Achtzigerjahren begann sie, Gruppenreisen zu magischen Orten in England und Wales zu leiten. Sie ist Reiki-Lehrerin, leitet Rituale und führt schamanische Reisen durch. 1998 siedelte sie nach Irland über.

Kontakt:
ravenowl@esatclear.ie

Homepage:
www.ravenowl.com

Wenn Sie der Autorin schreiben möchten, senden Sie Ihre Post an den

Ludwig Verlag
Lektorat Bewusstes Leben
Postfach 15 13 29
D-80048 München

Von dort werden die Briefe umgehend weitergeleitet. Vergessen Sie nicht, einen internationalen Postcoupon und einen adressierten Rückumschlag beizulegen, da eine Antwort sonst leider ausbleibt.

register

a

Achat 120 f.
Ackerschachtelhalm 220
Ahnenaltar 93 f.
Ahnenritual 93 ff.
Ahnensteine 94 f.
Akasha 65, 260
Alpenveilchen 272
Altar 65, 93 f.
Amethyst 121 f.
Anderswelt 37, 41 ff., 81
Angelika 197
Apfel 166 f.
Aphrodite 67
April 157 ff.
Aster 273
Astrologie 31 ff., 116 f.
Atemmeditation 44 f.
Aufräumen 85 ff., 89 ff.
August 230 ff.
Aurora 67
Aussäen 116, 134 f., 150 f.

b

Bad 127 f.
Balder 67

Basilikum 242 f.
Beinwell 198
Beltane 175
Bergkristall 122 f.
Bernstein 106, 123 f.
Beschneiden 22, 115, 134, 176, 232 f., 266 f.
Blattläuse 221
Blutstein 125
Brennnessel 182, 221
Brigid 67, 133
Brot 234 ff.
Buch der Schatten 60, 66
Buch der guten Dinge 234 f.

c

Cerridwen 67
Christrose 129
Cybele 67

d

Dankbarkeit 234 f.
Demeter 68
Dezember 98 ff.
Diana 68
Dienstag 29

Dionysos   68
Donnerstag   29
Duftveilchen   154 f.
Duftwicke   222
Düngen   115, 117, 175 f.

e

Efeu   96
Eier   158 ff.
Eisenhut   199
Eisenkraut   200
Eisheilige   135, 175
Endritual   92
Energie   117 ff., 136 ff., 149 f.
Energiespirale   158 ff.
Erde   57, 151, 257 ff.
Erdung   58 f.
Erntedankritual   234 ff.
Erntefest   22, 231
Eros   68
Essigessenz   135

f

Farbmeditation   46 f.
Februar   132 ff.
Federn   178 ff.
Feensuppe   194
Fenchel   243
Fest   191 ff.
Fetthenne   201
Feuer   29, 56, 188, 251 ff.

Feuertanz   139 f.
Fichte   113
Fingerhut   202
Fische   36
Formel   53, 59, 75 f.
Freitag   30
Freya   68
Frost   82 ff., 135
Frühling   20 f., 130 ff.
Frühlingsanfang   133 ff.

g

Gaia   69
Gartenjahr   16 ff.
Gartenplanung   100 ff., 119 ff.
Geißblatt   183
Geister   57, 119, 192 f., 196, 218, 270 f.
Gießen   84 f., 135 f., 176, 232 f.
Gießkanne   189 ff., 214 ff.
Gleichgewicht, energetisches   117 ff.
Gold   124 f.
Götter   66 ff., 163
Große Mutter   17, 105
Grundritual   54 ff.

h

Hämatit   125
Heiraten   188
Hera   69

Herbst 22 f., 228 ff.
Herbstanemone 246
Herbstanfang 231 ff.
Hexen-Abc 65 f.
Hexeneinmaleins 63 f.
Hexengrundkurs 39 ff.
Hexenkugeln 108 f.
Hexentage 28 ff.
Himmelsrichtungen 55 ff., 100 ff., 164 f.
Hopfen 203
Hüttenkäse 193

i

Imbolg 133

j

Jade 125
Januar 114 ff.
Jasmin 204
Johanniskraut 223
Juli 213 ff.
Jungfrau 32
Juni 187 ff.
Jupiter 29, 33

k

Kamille 205, 221
Karneol 106

Kelch 71
Kerze 56, 59, 139 f., 251 ff.
Knoblauch 220
Kompass 100 f.
Kompost 22, 86 ff.
Königsfarn 97
Königskerze 183
Kore 69
Kraft-Mittelpunkt 102 f., 136 f.
Kraftort 20, 55, 70, 136 ff.
Kräuter 127 f., 193, 232
Krebs 32
Kreis, magischer 55 ff., 90 ff., 139 f., 164 f., 180 f.
Krokus 83, 141
Kupfer 126

l

Lammas 231
Lavendel 206
Lebensbaum 106
Lichterfest 109 ff., 137
Lichtjahr 19
Lichtkegel 219 f.
Lichtmess 20
Liebeszauber 21, 29, 178 ff.
Lilie 207
Lorbeer 167 f.
Löwe 32
Löwenmäulchen 208
Luft 55, 247 ff.

m

Magie   40 ff.
Mai   172 ff.
Mars   29, 33, 69
März   145 ff.
Medea   69
Meditation   42 ff., 147 f., 214 ff., 238 f., 264 f., 267 ff.
Mehltau   220
Melisse   209
Merkur   29, 32
Mittsommer   21, 187 f., 191 ff.
Mittwinter   19, 99, 105, 109
Mittwoch   29
Mohn   184
Mond, abnehmender   22, 27, 116 f., 214 ff.
Mond, Mondkräfte   20, 24 ff., 29, 32, 115 ff., 266, 270 f.
Mond, zunehmender   26 f., 115 f., 164
Mondritual   27, 68 f., 162 ff.
Mondstein   126
Mondwasser   214 ff.
Montag   29
Musik   147 f.

n

Nachtkerze   224
Narzisse   83
Neptun   36
Neumond   20, 23, 26, 268
Norden   57, 257 ff.
November   80 ff.

o

Oktober   263 ff.
Ostara   157 f.
Osten   55, 247 ff.
Osterglocke   155

p

Pan   70
Pele   70
Pendel   100 f., 118 f.
Pentagramm   107
Pfingstrose   185
Pflanzen   61 ff.
− aussäen   116, 134 f., 150 f.
− beschneiden   22, 115, 134, 176, 232 f., 266 f.
− düngen   115, 117, 175 f.
− gießen   84 f., 135 f., 176, 232 f.
− teilen   152 f.
− umsetzen   82 f., 116, 231
− vermehren   82, 150 ff.
− verziehen   152
Pilzerkrankungen   220
Planetenstunden   29 ff.
Pluto   37
Prachtspiere   261
Primel   142

q

Quellwasser 56

r

Ran 70
Räucherwerk 55 f., 59
Reinigen und segnen 71 f.
Ringelblume 210
Ritual zum Loslassen 18, 23, 90 ff., 264 ff.
Rituale 18, 23, 25 ff., 30, 40 ff., 48 ff., 54 ff., 68 f., 90 ff., 162 f., 234 ff., 264 ff.
Rosmarin 168
Rost 220

s

Salbei 225
Samen 115, 231 f.
Samhain 18, 81
Samstag 30
Saturn 30, 33, 70
Schafgarbe 226
Schamanische Reise 72 f.
Schmuckstücke 107 ff.
Schnecken 219 f.
Schneeglöckchen 143
Schönheitsritual 30
Schütze 33

Schutzwände, lebende 104 ff.
Schutzzauber 29
Seife 221
September 245 ff.
Sicherheit 50 ff.
Silber 126
Skorpion 37
Sol 70
Sommer 21, 170 ff.
Sommeranfang 175 ff.
Sommerquark 195
Sommersonnenwende 21, 187 f., 191 ff.
Sonne 29, 32, 190, 236 ff.
Sonnenblume 262
Sonnenhut 227
Sonnenwasser 189 ff.
Sonntag 29
Sophia 70
Spinnmilben 220 f.
Stechpalme 104 ff., 112
Steinbock 33
Steingarten 258 ff.
Steinkreis 122 f.
Steinstatue 259 f.
Stiefmütterchen 156
Stier 32
Süden 56, 251 ff.

t

Tagundnachtgleiche 20, 22, 146, 245 f.
Tanne 113

Teilen   152 f.
Thymian   211
Tiamat   70
Tierkreiszeichen   31 ff., 116 f.
Tinkturen   236 ff.
Tomaten   194
Trennungszauber   30
Tulpe   169

u

Umsetzen   82 f., 116, 231
Unkraut   134, 175, 217 f.
Unkraut-Meditation   214, 218, 269
Uranus   35

v

Venus   32
Verabschiedung   268 f.
Vermehren   82, 150 ff.
Verziehen   152
Vier Elemente   55 ff., 56, 94 f., 116, 121 ff., 149 f., 163 ff., 178 ff., 246 ff., 264 ff.
Visualisieren   42,   57 f., 73 ff., 165, 189 f.
Vollmond   21, 162, 173

w

Walpurga   174
Walpurgisnacht   21, 172 ff.

Wasser   30, 56, 59, 238 f., 254 ff.
Wassermann   36
Wasserspiele   255 ff.
Weihnachtsbaum   105
Weißdorn   186
Westen   56, 254 ff.
Widder   33
Windlichter   109 ff., 136 ff., 253 ff.
Windspiel   124 f., 149 f., 248 ff.
Winter   18 ff., 78 ff.
Winteranfang   82 ff.
Wintersonnenwende   19, 99, 105, 109
Wotan   70

y

Ysop   212

z

Zaubersprüche   75 f.
Zauberstab   76 f.
Zeus   70
Zudecke   270 f.
Zwergschwertlilie   144
Zwiebelgewächse   83, 232
Zwillinge   32

bildnachweis

Bluebox/Arndt Asperger: S. 113
Bluebox/Christian Blumenstein: S. 186
Bluebox/Justus de Cuveland: S. 96, 144, 167, 183 (rechts), 185, 204, 211, 212, 223, 227
Bluebox/cw-fotodesign: S. 207
Bluebox/Thomas Finken: S. 209
Bluebox/Bildarchiv Gagel: S. 129, 244
Bluebox/Steffen Hauser: S. 201, 225
Bluebox/Christian Hüller: S. 156
Bluebox/Franz Hümpfner: S. 154, 155
Bluebox/Innerhofer Photodesign: S. 166, 168, 262
Bluebox/Gerhard Krämer: S. 141, 169, 183 (links), 273
Bluebox/Tim Krieger: S. 210, 224, 242
Bluebox/Kunst & Scheidulin: S. 112, 143, 199, 205, 208, 222, 243, 261
Bluebox/Manuela Leder: S. 142, 182, 200, 206, 226
Bluebox/Günter Peschel: S. 203 (rechts)
Bluebox/Alexander Pietz: S. 184
Bluebox/Rudolf Schmidt: S. 197, 203 (links)
Bluebox/Umweltbild: S. 198, 202
Bluebox/Franz Waldhäusl: S. 272
Gettyimages/Taxi; Gen Umekita: Titelbild
Lavendelfoto/Höfer: S. 97